U0027391

陶希聖日記 ㊤

1947－1956

陶晉生 編

1932 年在北京大學

1956 年《中央日報》董事長

1965 年與夫人合影

1970 年與同年聚會

1978 年八十壽辰嚴家淦來賀

1980 年在台北

1986 年與陳立夫在自宅合影

《陶希聖日記》序

　　先父希聖先生曾經有寫日記的習慣。 1947 年以前的日記因戰亂中的遷徙都已佚失，現存的只有從 1947 年到 1955 年上半年比較完整，以及 1956 年的一部分，是當時參加國民黨的各種會議的詳細經過的速記，這部分可以窺知各種會議的情形，尤其是總裁的發言。此外還有關於 1948 至 1949 年的日記摘存，內容亦比同時的日記詳細，可以比對。 1951 至 1955 年日記還有另一個版本，與付印的這一部分平行，其中只記載國際和大陸新聞。偶然有少數國內的新聞，已經補入。（用楷體字）

　　另有一本 1947 年與民社、青年兩黨交涉的記錄，其中較日記詳細的部分皆已補入。（用楷體）一冊速記，內容大都是參加會議的筆記，使用鉛筆記錄，字跡不清楚，現存中央研究院歷史語言研究所，希望不久可以用先進的技術來研讀。至於 1956 年以後，雖留有日記本，其中只有一些演講和應酬的日期。

　　從日記中可見先生撰寫多種與國民黨改革有關的論著，亦可見為總裁寫各種文告。至於《中央日報》社論及其他報紙專論更是不計其數。先生長期訂閱香港的《南華早報》（*South China Morning Post*），曾對我說，不看外國報紙不能了解世界現勢。這樣的信息自然是他寫社論和專論的材料。日記中亦可見 1955 年在大溪租屋，就近查看大溪檔案，開始搜集材料撰寫「與共黨並存」（即《蘇俄在中國》的原稿）。也許因此停止寫日記。

　　這些日記都是記載在很小的日記本上，日記本多為倫敦 Charles Letts 的產品，便於攜帶。但因篇幅的限制，以致所記的事件都很簡略，尤其是 1950年的日記，每頁記載四天的事情，因此特別簡單。日記的書寫是草書，字跡細小。記載了甚多不易解讀的人名。我才疏學淺，無法一一查考，故以掃描將放大的日記原貌呈現，附以家兄泰來（1947-1951）和我（1952-1955）的解讀。

附注：

無法辨認的字用問號？

辨認卻不能確定者用（？）

1951 至 1955 年補入部分用楷書體。

陶晉生識於民國一〇三年六月

目次

1947 年

* 一月一日星期三

雷儆寰去滬數日，今晨返京，即見主席，向彼要求全權代表性，俾得與各黨派接洽時即作決定。

余昨已報告主席，此刻為黨派內部正有爭執，若去接頭，必致欲速不達。余將於五至十日之間去聽取其決定。吳鐵老下午赴滬。

晚九時往普陀路九號晤陳修平，彼建議立監兩院與國府政院同時改組，俾各黨得以（？）安頓其幹部份子，始可解除彼等之困難而有助於政府改組。

* 一月二日星期四

上午簽呈委座三院何時改組之建議，請示後赴滬取得具體結果。（建議立法院增加七十名之額，各黨各分二十餘人，保留二十名給民盟等。監院亦加百分之五十，憲改實施促進會各黨各二十人，共計每黨可安置五十餘人。）

陳修平中國文化研究所基金一億元事，決召見時面呈請示。

下午四時，大學生為抗議北平美兵強姦女生事件作反美遊行，過新街口。

下午七時市民慶祝憲法成立遊行過國府路。

＊ 一月三日星期五

下午中央大學學生遊行。市上標語有「反對中美商約」「反對中美航空協定」「美軍對華威脅和平」等。晚寫社論予以批評。

叔康自新疆回，予為作一社論，慰問張主席治中。

＊ 一月四日星期六

主席對二日簽呈，批示布雷先生與余商量。下午八至九商討，先定原則請示，即立院多納各黨派分子，促進會多容頑固分子，監委參政員可酌一比例分配。

原擬（立夫，辭修，雪艇，力子等擬）

立院加　　49　　（孫院長同意）

監院加　　24

參政員　　44　　（遴委會定）

促進會　　50　　（余等擬加為 150）

* 一月五日星期日（空白）

* 一月六日星期一

上午八時錢塘號車赴滬，下午三時許到，布雷先生亦乘此車，訓念到站，乘其車回狄思威路。

下午四時拜訪盧廣聲，談及民社黨對參加政府尚未具體提出問題，君勱不能代表全黨說話，對雷儆寰交換意見，亦只是官話而已。

下午八時至十時訪陳修平，彼謂問題之癥結有三（1）行政院長（2）行政院中各黨地位，（3）立法院改組。彼擬與民社黨聯合採取一致步驟，希望主席於明悉各項問題癥結後，正式邀約入京交換意見。

* 一月七日星期二

全日在宅候湯住心來談。方秋夏、劉亦宇於下午一至三之間先後來訪。余對秋夏表示將約彼入中央日報任主筆，請其考慮後答覆。

立法院增加之立委多為各黨派留名額，已由布公於五日請示得准，函立夫統籌。

本日預約明日上午十一時見吳秘書長。修平建議吳張雷共同招待民社黨之張君勱、伍憲子、萬仞千、湯住心、徐學岩、李大明六人正式討論改組問題，然後再共同約青年黨諸人討論，此為準備工作，如？？結果，再由蔣主席正式邀請兩黨首腦入京會談。

修平及廣聲皆主張在改組政府之時，作一對共和談之姿態，俾彼等對和談問題有一交代。

* 一月八日星期三

預定上午十一時往見吳秘書長。

馬歇爾回國。貝爾納斯辭職，馬歇爾繼任國務卿。

馬歇爾聲明，由國務院發表，指斥中共企圖設立共產政府，並指斥國民黨頑固分子破壞政協，指出中國出路在國民黨中進步分子與少數黨合作，實行新憲法。

八日上午十一時往海格路 464 晤吳秘書長及張岳軍先生，報告各黨派對內對外各問題（1）對中共之政策（2）行政院長問題（3）行政院地位之分配（4）立監兩院擴大及參政會促進會名額分配問題。並告以立監兩院擴大之事，總裁已有決定。

岳軍今起，正式與各黨集體磋商改組政府各項具體問題。

* 一月九日星期四

正午在惇信路鄧宅與湯住心先生談話，湯表示民社黨並不知君勱對岳軍偵實提出行政院長問題，彼將與陳修平晤後，最好不以政院院長人選為參加政府之前提，望余稍留數日，俾彼得將努力之成果見告。

九日正午在惇信路 54 鄧宅晤湯住心。彼告以如下數點：

（一）民社黨必參加政府，但尚需一個時間做工夫，內部少數人反對，

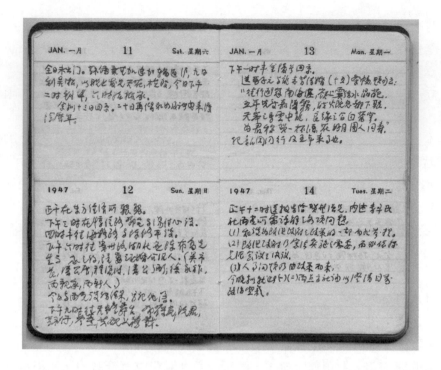

並無影響。

（二）民社黨有為之人不多，參加政府並不能發揮效能，此為該黨所顧慮者，但亦不如君勱所持態度，即讓政府改組，好好的幹，不必強求民社參加。

（三）立監兩院讓入多少人，民社黨並不著重，因該黨人少也。

（四）行政院長為何人，君勱雖曾問岳軍傲霜，但直至日昨傲霜告訴該黨中常委云「君勱先生所提行政院長應換人，已報告蔣主席」，該黨始悉此事。該黨並不堅持行政院長為何人為參加政府之前提。

＊一月十日星期五

下午三時參加陳大小姐婚禮，四至五時海格路晤陳修平，修平告以彼正用兩種工夫（一）使民社黨積極參加政府而不迴避，（二）使該黨改變主張先和談後組府為同時並進，兩黨今日開始擬訂改組政府之方案（一）政策包括對共政策在內（二）全盤改組中央政府（三）地方政府亦應於一年內改組以吻合憲法

之省縣制。

余委婉建議兩黨勿首先以行政院長人選為前提。蓋如此則對主席及國民黨所給予之印象不佳，而少數黨將捲入國民黨矛盾之內。

下午九時至十一時訪晤道藩先生於文化會堂，研討改組政府及選舉時黨內同志之反應與作風。彼推測委員長有任張岳軍先生為政院長之意。

＊ 一月十一日星期六

全日未出門。蘇儒乘基加速加輪反滬，九日到吳淞，以船上發見天花，檢疫，今日下午二時到埠，六時始抵家。

余擬十三日回京。二十日再偕冰如及諸兒來渡陰曆年。

＊ 一月十二日星期日

正午在東方經濟所聚餐。

下午三時在悼信路鄧宅與湯住心談。湯告以民社黨由伍憲子萬仞千二人於今日上午回答岳軍，謂君勱病，中常會未開，無具體結果奉告。

青年黨則略提辦法。四時半往晤陳修平，謂青年黨對於立監兩院及參政會擴大，望政府分配各黨派名額。（湯謂民社黨初亦有此擬議，後打消未提）至國府與行政院改組，俟達到一共同方案再說，此刻宜對和談設有一辦法，和談有動機時，再談政府事。

余歸納兩黨所談者，問題之癥結在所謂方案。而所謂方案，可列舉數則如下：

（一）共同政策，如對共，整軍，金融經濟，行政改革（包括中央地方）。

而對共包含和談及和談以後之辦法。（此為商定後應公佈者）

（二）國府三院改組方案。

　（甲）政權公開之範圍（包括兩黨所分得之地位）

　（乙）政治作風

　　（a）行政院向憲法上內閣走

　　（b）立監兩院向憲法上之立監院走（包括兩黨所佔名額）

　　（c）地方政府向憲法上地方制度走（包括兩黨所期望之選舉區）

湯陳二人皆以此為然。民社黨下星期三可商一腹案。參加政府已達到一

致，所差者此腹案耳。青年黨則候政府提一方案。

余回京後即按照此項研討昨報告請示，以為再來商談之底本。

四時半往海格路與陳修平談。

下午六時往貴州路湖社（？）應陳布雷先生與？家之約，陪宴證婚介紹人。（吳市長、潘公展、程滄波、潘公弼、徐永祚，兩親家，兩新人。）

今日與兩黨談話結果，另記他簿。

下午九時往天蟾舞臺，鄧葆光、阮君、蘇儒，琴薰，共觀義務戲。

＊ 一月十三日星期一

下午一時半金陵號回京。

送馬子元與龍志芬結婚（十五）條幅，題句云：

「徒行避寇南海涯，嶺上靄結水晶葩。

五年共度嘉陵霧，戰火既息都下聚。

天峰之馬雲中龍，良緣之合自蒼穹。

為君稱賀一杯酒，花好月圓人同壽。」

記韶關同行及五年來事也。

＊ 一月十四日星期二

正午十二時送報告給賀（？）強兄。內述青年民社兩黨所需諒解之各項問題。

（1）和談為改組政府之政策的一部而非前提。

（2）改組政府乃憲法實施之需要，而非依據黨派會議之決議。

（3）人事問題乃由政策而來。

今晚擬就此（一）（二）兩點寫社論以澄清目前政治空氣。

＊ 一月十五日星期三（空白）

＊ 一月十六日星期四

挪威與蘇聯締結史培茲貝根島聯防協定，英美表示反對。（Spitsbergen 挪威北，北緯七五至八十度之間，又名 Svalbard 群島）群島在北極圈上，距加拿

大、格林蘭均逼近，為航空時代世界心臟部中心之重要基地。

* 一月十七日星期五

　　英法同盟締結之議，勃魯姆訪倫敦，與艾德禮商定，並經公佈。

　　政府公佈如中共不願派代表來京商談，已派張治中往延安。

* 一月十八日星期六

　　民社黨青年黨負責人到京。政府代表與彼等會商和談方案。擬於明日發表，但今日王炳南已以延安拒絕張文伯前往之正式答覆司徒大使。孫科謂改組政府之意見甚為接近，但各黨認為尚待協商。

* 一月十九日星期日（空白）

* 一月二十日星期一

偕冰如及諸兒乘錢塘號赴滬。下午三時到。

* 一月二十一日星期二

上午十時訪盧廣聲。彼表示民社黨要與國民黨黨部合作，原是與岳軍聯絡不夠。余只說少數黨應與蔣主席合作，勿捲入國民黨矛盾之內。

下午訪陶子欽朱仰高鄧葆光，偕冰如送鹽水鴨等禮物。

今日為舊曆除夕。

二十一日上午十時訪盧廣聲於施高塔路。盧談：

（1）改組政府事，民社黨之僵持，由於岳軍儆寰於一月初專與君勱談，且據以報告蔣主席，後儆寰來告該黨中常委云：「你們保薦的人，我已陳明主席，你們主張撤換宋子文，我已報告主席，主席謂可以考慮」。該黨中常委大詫，疑君勱尚有更深之諒解，故反對參加政府者多起來。

（2）和談事，民盟透露中共對國大與憲法，可暫置不談。一月十三軍
　　事位置與政府所主六月七日以後東北軍事位置兩者可以交換。
　　張東蓀亦已同意與兩黨一同進京。後（a）因雷震未約東蓀一同
　　進京（他說要請示）（b）因兩黨進京，使中共疑此又為政府之政
　　治攻勢，故當日即答覆拒絕和談。

盧謂如政府不改編接洽方式，該黨參加政府，恐不肯應允云。

又談及各地黨務及選舉，須與國民黨黨部合作，單由岳軍出面接洽改組政
府，似亦不夠云。

余答以趁此春節時間，可予以研究，使改組政府事可打開僵局。

* 一月二十二日星期三

舊曆元旦。上午往華哥果路216杜公館拜年，並訪鐵老布公。

與布雷先生談及岳軍儆寰在滬接洽情形，及余與各方接洽情形。布公謂委
員長曾命彼向孫哲生說明「暫下仍保留宋院長，俟國府委員會改組後看情形，
如半年內國內情況好轉，再行換人」。如此則宋院長尚未可改換。余告以曾建
議兩黨勿先提人事，亦勿以人事為條件參加政府。並告以儆寰報告主席，又轉
達兩黨謂主席可考慮，引起民社黨中人疑惑，遂致高唱反對參加政府。布公對
儆寰甚不滿，余謂余只能說話說到相當程度，過此即蔣個人引入是非渦中矣。

* 一月二十三日星期四

下午五時在惇信路鄧宅與湯住心談。彼告以彼與君勱密商民社黨先提國
政委員名單，行政院問題從緩。初二過後，該黨即開會討論，當可達到決定。

余告以宋子文去留，當視財政金融之情狀況為定，望勿以此為參加政府先
決條件。湯先生諒解。

* 一月二十四日星期五

下午三時，中宣部（孝炎）在中央日報召集京滬各大報（超過兩張者）會
議，商減少篇幅問題。

新聞報記者方舟來訪，告以青年黨已準備參加政府之人事。

* 一月二十五日星期六

今日下午大雪，訪健中，被告以（1）陳立夫陳辭修聯合，（2）李石曾勸宋聯二陳，二陳表示如宋能支持黨，黨亦將支持宋。（3）君勱派人活動岳軍與二陳聯合，岳軍答以雙方本無問題，分立乃委座之意，吾人皆委座使用之人，自無衝突之必要。

余告以兩黨對行政院長人選一度商量，但現似無問題，並告以余曾建議少數黨勿牽入國民黨內矛盾。

彼告以湯住心盧廣聲願與公展及彼一談。

* 一月二十六日星期日

初放晴。

下午七時約新聞報諸人晚餐。

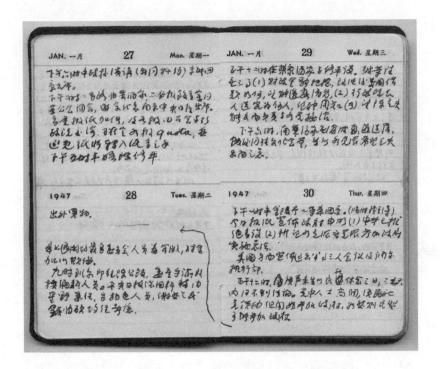

*　一月二十七日星期一

下午六時中政校演講（新聞科約）未能回京出席。

下午二時馬路伯樂酒家，上海報館商業同業公會開會，邀余代表南京中央日報出席。商量報紙加價，及各報由公會與行政院交涉，確定各報 quota，並避免紙張轉入紙商之戶。

下午五時半晤陳修平。

彼與余商結果（1）俟民社黨有決定後，政府應派包含哲生岳軍立夫代表來滬正式談商改組政府問題（2）在談商中成立共同政策（3）依據政策之一致，續在南京開會，決定人事等問題（4）國府及五院之陣容應有一新耳目之效。（5）希望立夫亦入閣，表示國民黨在新路線上合作，並減少各黨顧慮（6）行政院長人選為各黨所關心。

余將依此作成報告呈遞蔣主席。

＊ 一月二十八日星期二

出外買物。

＊ 一月二十九日星期三

正午十二時在榮康酒家與修平談。彼等注重三事（1）財政金融把握，改組後美國借款如何，望能透露消息，（2）行政院長人選究為何人，望能關知（3）望陳立夫能出面負責與各黨接洽。

下午六時，南華酒家應滄波宴，遇道藩，飯後同往文化會堂，告以各黨派希望立夫出面之意。

＊ 一月三十日星期四

下午二時半金陵號二等車回京。（臨時換頭等）

今日報紙宣佈政府申明（1）中共已推絕商談（2）惟望各黨派無黨派參加政府實施憲法。

美國方面宣佈退出軍事三人會議及調處執行部。

正午十二時，盧廣聲來告以民社休會三日，三五天內得不到結論。黨中人士高調，須民社黨領袖組閣始參加政府，如然則民盟可能參加政府。

車上遇國防最高委員會人員著軍服，對余加以欺侮。

九時到京即往陳公館，委座手諭改換編輯人員。中央日報總編輯暫由星野兼任，另物色人員，謝然之或錢昌碩均經考慮。

正午十二時，盧廣聲來寓密告以民社黨迄無成議，今決休會三天，爭點在參加之條件，條件不實現即不參加。此條件即由民社黨領袖（張君勱）長行政院，邀民盟各黨人士入閣。彼謂（1）當然要邀國民黨入閣，（2）如此民盟可能入閣，以孤立中共。

余答以余將試探中央對改組人事之實際意見，三五日再來滬晤談。

＊ 一月三十一日星期五

送出報告，建議（1）派出代表（包括孫哲生、張岳軍、陳立夫）與各黨派加緊談判（2）確定行政院長人選側面暗中談商（3）對民社黨施用壓力。

送出呈國防會秘書長文，請收回昨日侮辱余等之人員軍服，並禁止一班職

工穿著軍服出京，在車船上招搖欺罔。否則請免余職。

下午三時訪布公談陳啟天中國文化研究所基金事，及在滬接洽經過。布公推測委座不至引立夫入閣。

晚往報社寫「飛機失事案」。

* **二月一日星期六**

回盧廣聲信，謂個人初步思考認為所擬一節或將引起驚疑，尚未宜有所決定。容再從旁探詢，隨時奉告。

下午六時，往中政校講時事問題（由政協到到國大）。

黃金開始上漲，破四百萬關。

* **二月二日星期日**

晚寫社論「惟有訴諸憲法」。

今日主席召集政府代表諸人商討改組政府之事。

李璜稱改組政府為事尚遠。

＊ 二月三日星期一

正午十二時半，中宣部會餐，彭部長指示以「統一建國」為口號對共黨作攻勢宣傳。

資生告以主席連日召宴立委，各部次長，及國府委員，乃因政府改組在即，示惜別之意。

下午二時半，一家往觀 "Fantasia"，為 Walter Disney 漫畫，以畫面表現音樂者。

今晚發羅志希社論「展開統一建國運動」。

上海新聞電稱本星期三民社黨慶續開會，可望決定政府改組建議案。

＊ 二月四日星期二

夜寫社論「中共的鬥爭口號」。

黃金潮洶湧。

＊ 二月五日星期三

上午十時，魏際青來，謂已被推負民社黨與政府接頭之責。彼認為改組政府不宜遲延。應將行政院長及各部地位，各省可改組者，密告彼以便運用。余已將此建議送出。

魏際青由上海來，彼轉達四先生意見如下：

（一）改組政府事不宜遲，夜長夢多。

（二）民社黨內高調仍為內部隔膜所致。

（三）政府商談方式須改。

余決簽呈意見如下：

（一）派初孫？趁張在內之代表正式商談，（二）確定行政院長人選及各部地位，各省政府可改組者，秘密通知湯氏，俾其運用。（三）限期改組國府，如先改組立間參政會等，亦不可將國府政院改組之決定遲延。

＊ 二月六日星期四

下午八時，湯住心陳修平先後打電話到京說民社黨已決定參加政府，及整個參加。澹先提四個原則。

金價四百九十一萬。

＊ 二月七日星期五

修平於上午十二時來談湯住心託帶之信，謂彼已費力氣達到目的，但君勱是否參加則成問題。

中國文化研究所基金已批准。

下午四時訪吳秘書長，五時訪陳布雷先生。

金價五百二十三萬，美金一萬○五百元。

＊ 二月八日星期六

中國文化研究所基金一億元，由陳修平與吳秘書長接洽，此款今日已交。

下午一時半訪王雲五先生，談東方經濟研究所與經濟部工商督導處合作

事。彼談及新聞報民報文匯報發表經濟部分配福利基金事，其中大剛報有發動嫌疑，疑為國民黨內之人對彼有所計畫。余勸其鎮靜，勿重視此事。並為之明示黨無此種政策。

* 二月九日星期日（空白）

* 二月十日星期一

　　黃金漲至九十萬以上。

* 二月十一日星期二

　　黃金國有由立法委員提議，本報及申、新兩報由余決定明日發表。本日為黃金潮最高峰，破九十萬關。黃金一條八千元。

* 二月十二日星期三

　　金價跌二十萬。

* 二月十三日星期四（空白）

* 二月十四日星期五

　　哥回鄭州。

* 二月十五日星期六

　　晚為「黃金潮的啟示」專論。

　　中國赴日記考團由京出發。陸鏗代表中央日報。陳博生，程滄波，陳訓念，王芸生等均往。

* 二月十六日星期日

　　公佈經濟緊急措施方案。(國防部最高委員會通過)

* 二月十七日星期一

　　民社黨參加立法院,監察院,參政會,憲法實施促進會之名單提出。

* 二月十八日星期二

　　連日參加中央提案委員會憲改組與政治組之會議。

* 二月十九日星期三

　　下午三時半,憲改組起草委員會未開成。六時政治組起草委員會開會至九時始轉報館。余對兩組起草人提出意見,以為三中全會之決議如能做到指示本黨對時間之態度及今後之方向,即可謂成功。政治組起草人贊成余所說。

　　楊光揚派人送信來,余回信問民社黨如何始可打開第二步僵局,參加國府政院。

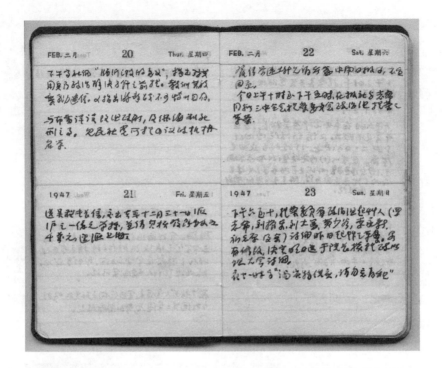

＊ 二月二十日星期四

　　下午寫社論「臨沂之役的意義」，揭出對共用兵乃政治解決方針之前提。教訓共放棄武力迷信。又指出游擊戰不可恃以自存。

　　與布雷詳談改組政府，及佛海判死刑之事。見民社黨所提四議政機構名單。

＊ 二月二十一日星期五

　　送吳秘書長信，交出去年十二月三十一日匯滬之一億元單據，並請其核發餘數五千萬元逕匯上海。

＊ 二月二十二日星期六

　　發信答連士升兄請考慮中南日報事，不宜回京。

　　今日上午十時至下午五時，在報社與志希同擬三中全會提案委員會政治組提案之草案。

* **二月二十三日星期日**

下午六至十，提案委員會政治組起草人（羅志希，劉振東，劉士篤，黃少谷，李永新，祈志厚及余）討論昨日起草之草案。另有修改，決定明日送于院長核提政治組大會討論。

夜十一時寫「論實物供應，請勿忘房租」。

* **二月二十四日星期一**

上午七時送冰如攜龍生赴上海覗琴薰。

下午三時半，提案委員會憲政組之政綱政策小組會。

中午，中宣部社論委員會。

下午六時在中央黨部遇吳秘書長，謂五千萬元已匯出。又謂行政院內地位分配二三日可決定。行政院長或由主席兼。余告以（1）內定腹案側面通知兩黨，俾其醞釀。（2）派出包括岳軍立夫哲生在內之代表正式商談，兩黨可以參加國府及政院。

＊ 二月二十五日星期二

下午憲政組起草人會，未見通知，未去。往中南銀行存一百萬元。夜往報館，寫「再論生產貸款與管制物價」主張以收買成品代貸款，管制物價限於三數種：米面、煤炭、房租。

＊ 二月二十六日星期三

憲政組起草會昨議指余起草政綱政策。

楊光揚回信謂余所擬打開僵局辦法可行，惟伍憲子李大明已離港，戢勁丞在滬，宜加入。余之辦法如下：（1）改組國府政院事不宜遲，（2）政府派出代表邀兩黨入京正式談商，（3）民社黨可約君勱、憲子、仞千（加勁丞）、住心、大明、孟岩。（4）確定行政院中地位分配，先以通知彼方討論。

＊ 二月二十七日星期四

全日在家起草政策草案。

昨晚寫美國託管太平洋日本委任統治島嶼草案，蓋中國左派正在反對，而蘇聯卻予以同意也。

＊ 二月二十八日星期五

上午十一時至十二時往中政校講課。

下午四至六，往新都看電影。

晚往報社，新命由滬來，寫小評。論京滬渝治安當局限中共辦事處於六月五日以前離開。

＊ 三月一日星期六

下午一至二在中政校講課。

下午三時半提案委員會政治組開會。

下午四時中常會國防會聯席會議，批准宋子文辭職，行政院長由主席暫兼。張嘉璈繼貝？淞蓀為中央銀行總裁。

夜寫社論「把握政局的動向」論此為改組政府之進一步辦法。

同時四議政機構各黨派及本黨部份人選均確定，並公佈。

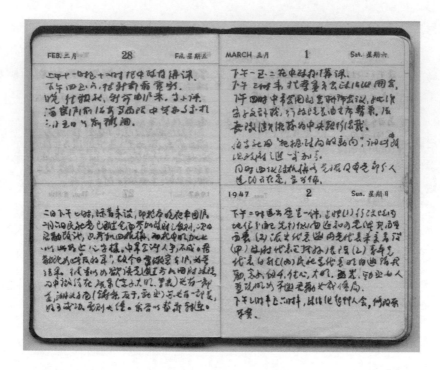

＊ 三月二日星期日

　　下午二時送出簽呈一件，主張（1）行政院內地位分配先行側面通知各黨俾其醞釀，（2）派出代表邀兩黨代表來京商談（甲）政府代表包括孫張陳（乙）青年黨代表白？？（丙）民社黨代表明日邀請君勱、憲子、忉千、住心、大明、孟岩、勁丞七人，並說明如單邀君勱必成僵局。

　　下午三時半至六時半，政治組起草人會，修改原草案。

　　二日下午七時，際青來談，即於本晚夜車回滬。

　　二月六日民社黨已通過全面參加政府之原則，次日君勱改議，只參加四機構，而於申明加上以此為止之字樣。中常會諸人爭，不成。君勱既如此「反將軍」，故今日雷儆寰去滬，必無結果。彼告以如欲該黨通過參加國府政院，內中藏結在廣東（憲子、大明、孟岩）必有一部長，湖北方面（鑄新、友于、勁丞）亦必有一部長，始可成功。否則必僵。余答以暫難轉達。

* **三月三日星期一**

　　正午十二時半，中宣部社論委員會。

　　下午四時送出簽呈報告民社黨行政院部長仍由廣東湖北兩組中各？一人擔任，可解除該黨之癥結。

　　蔣君章來轉達布雷先生意，請擬總裁之中全會開幕詞。

* **三月四日星期二**

　　上午十一時訪湯住心。

　　下午九時湯來談民社黨紛爭內情。

　　此次該黨雖有代表應政府之召而來，但仍不能達到參加政府之結論。張公權之任中央銀行總裁，使該黨一般人對張君勱起重大之隔膜也。

* **三月五日星期三**

　　下午五時晤湯住心，商政府提名徵詢民社黨意見之程序。

下午六時至八時，政治組起草人商對共方案，決由賀揚塵（？）起草。

八時半晤陳布雷先生。

十時到報館寫社論「救國衛國的決心」。

＊ 三月六日星期四

下午三時至五時，憲改組起草會。

五時至六時半，布公交代寫總裁申明，並告以三中全會後，行政院長為張岳軍。

下午四時送出民社黨提名方式之報告，並請准與之連絡，已請示。

＊ 三月七日星期五

全日夜起草委座申明，勸匪戢亂。

* 三月八日星期六

晚九時初稿送布公。

* 三月九日星期日

接盧廣聲信，湯先生約余即往滬一談。

晚起草憲政組提案茲文。決即往滬一行。

* 三月十日星期一

上午八時錢塘號車偕冰如龍生赴滬。下午二時三刻到，四時往訪廣聲，未晤。下午九時，廣聲來談，伍憲子李大明可來，若政府提名徵求該黨同意而所提名能得黨人多數同意者，自無不成之理。（名單擬議另冊記下）政府曾告該黨，將以孫哲生為副主席，岳軍為行政院長，王雪艇副院長，雷儆寰為政院秘書長。

莫諾拖夫在四外長會議提議討論中國問題。

* 三月十一日星期二

上午發信致吳秘書長及布公，告以刻已尋得打開民社黨僵局之辦法。但此次如再生波折將永無該黨參加政府希望，故須慎加研究，妥為處理。

下午三時半至六時，湯鑄新、盧廣聲、劉景光來寓共商政府徵求民社黨同意之名單，及提出之辦法。另冊記錄。余決於明日凱旋號車回京報告請示。

英美法三強均拒絕中國問題加入議程，中國政府外交部長發表聲明反對。

* 三月十二日星期三

上午七時凱旋號回京。下午四時送出報告請示。所列民社黨名單如下：
國府委員：伍憲子、湯鑄新、徐傅霖（如要部長，即與戢翼翹互易）胡海門。
行政院：戢翼翹、李大明（以上部會長），蔣勻田（政務委員），盧廣聲、孫寶剛（以上次長）

* 三月十三日星期四

上午十時第一次宣傳會報。

正午十二時，委員長召見，指示可依名單，徵求民社黨同意，但（1）勸湯鑄新自動不參加政府，支持戢翼翹以為替人（2）徵求同意，由主席電請君勱、鑄新、憲子三人入京接洽。（3）李大明可任部長但不可主僑委會。余面陳明日往滬接洽。同時催青年黨準備於二十日以前，隨時可提名單。

下午以此指示告知吳秘書長。訪夏先之於榮安里一號，定後日赴滬。

* 三月十四日星期五

杜魯門對援希臘土耳其發表強硬對蘇之演講，今日見報。

下午八時往晤布公，談及湯鑄新不出任國府委員必至失望。余請其陳明委座可否任以戰略顧問委員會海軍上將顧問。

九時，中央日報紙倉失火，瞬息燒去紙三百餘噸。

* 三月十五日星期六

上午八時偕泰來乘錢塘號車赴滬。下午三時到，四時通知盧廣聲。下午十時至十二時湯盧劉（景堯）均到寓談商。（1）名單略改一府委：李大明，湯

鑄新（2）梁秋水或左志泉；行政院：戢翼翹，徐傳霖。？長安如舊。民社黨十八日開會，決定應政府之邀，十九日政府即須提出名單。余意四月一日可公佈。

＊ 三月十六日星期日
　　上午九時半，吳秘書長自京來電話告以昨日民社黨開會，主提條件及只要參加國府，余告以尚未得情報。十時盧廣聲來告以詳情，李大明主提條件，全面參加政府；君勱主政府點將，但只參加國府。現李萬（仞千）正草擬方案。余促彼等設法達到（1）條件不取換文方式（2）全面參加（3）政府提名。如然，則政府邀張君勱李大明湯住心徐孟岩入京面商。即以此意電告吳秘書長。

＊ 三月十七日星期一
　　下午一時許，偕冰如往大馬路購衣料等。
　　本日下午民社黨擬條件，預定由蔣勻田攜京，余設法使其打消。

＊ 三月十八日星期二

上午九時，岳軍先生自滬寓來電話，謂彼已到滬。民社黨提條件事務望設法打消。彼擬邀兩黨中人入京。九時半，吳秘書長電話告以總裁諭以民社黨不可提條件事。陳布雷先生來電告以委座准給湯以戰略顧問委員會名義。

上午十一時，往中央銀行取得之匯票，交 Brentaro's　Bookstore 美金1200。正午晤湯，彼甚疑張君勱忌彼入政府。余告以至低亦可請石友于代替入府，且將畀湯以高名義。

下午八時，劉景堯告以該黨仍由蔣勻田入京攜條件與政府商談。

＊ 三月十九日星期三

下午發快信致布公，主張邀君勱大明等四人入京談商，並向四人公開提出民社黨參加政府名單。以示大公，而取得該黨中人支持。書中說明不可單與君勱交代之理由。

蔣勻田入京後，主席囑邀君勱及重要諸人進京商談。勻田聲明該黨建議並

非條件，該黨參加政府之意見已趨一致。

上午十時，胡宗南之第一師打進延安。

＊ 三月二十日星期四

民社黨之中常委除戢、徐、沙三人而外，均進京。青年黨左李等同時前往。（夜車）余亦定明日金陵號回京。

＊ 三月二十一日星期五

下午一時半車回京。

民社黨所提十一條，已由政府代表與該黨代表商定為十二條。青年黨又提八條，尚未妥協。

＊ 三月二十二日星期六

上午十時晤湯住心於地產公司。商訂仍由政府提名為佳，下午囑劉景堯與盧廣聲商，最好明日議訂條件案時，由大明申明政府提名方式為佳之意見。余送上報告上委座，說明如此始可迅速解決此一問題，並將最後所訂名字開列呈上。

＊ 三月二十三日星期日

今日上午小組會談。兩黨提議通過。

下午七時半，主席約兩黨來京人士晚餐，可能談改組政府意見。

兩黨代表夜車回滬。

陳啟天告以青年黨無法提名之癥結（1）院長（2）府委要比民社黨多一名（3）政院所界之部為何部（4）省政府參加之待解。

＊ 三月二十四日星期一（空白）
＊ 三月二十五日星期二（空白）

＊ 三月二十六日星期三

中常會國防會聯席會修改國府組織法，增設副主席。內定孫科。又行政院

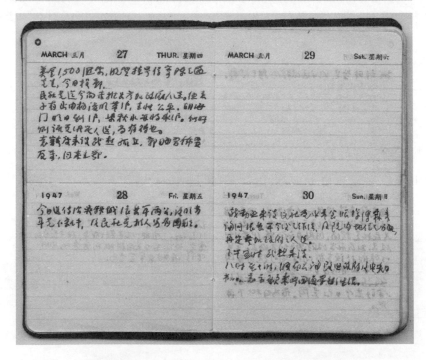

院長張群，副院長原擬王雪艇，現吳鐵城爭，秘書長原擬雷震，現仍有以吳國楨抵制雷震者。凡此皆待下星期中常會定局。

＊ 三月二十七日星期四

美金 1500 匯票，航空掛號信寄陳之邁先生，今日投郵。

民社黨迄今尚未推出參加政府人選。伍憲子有函由楊浚明帶滬，主張公平。胡海門明日到滬。梁秋水亦將來滬。似此則該黨決定人選，尚有待也。

袁？？來談武樵孤立，郭晦吾佈置反萬，自來主鄂。

＊ 三月二十八日星期五

今日送信給吳鐵城張岳軍兩公，說明青年黨條件及民社黨推人略有困難。

＊ 三月二十九日星期六（空白）

＊ 三月三十日星期日

戢勁丞來談民社黨中常會派徐傅霖來詢問張岳軍今後之作法，及院內地位之分配，再定參加政府之人選。

下午五時武樵來談。

八時至十時，晤布公論改組政府及中央日報事，表示願乘此回復學術生活。

＊ 三月三十一日星期一

擬辭職簽呈，明日送政務局轉呈總裁。

＊ 四月一日星期二

楊光揚來談湯住心力爭府委，君勱謂政府迭次提名，均無湯在內，政府表示如民社黨提湯，政府自無問題，但若引起攻擊，則民社黨與政府兩方均不好云。余告以政府於該黨推湯時無問題，如有困難，亦必畀以軍事上一高名義。

余辭呈今日以呈閱。看如何批下再說。

MARCH 三月　31　Mon. 星期一

APRIL 四月　2　Wed. 星期三

APRIL 四月　1　Tues. 星期二

1947　3　Thur. 星期四

APRIL 四月　4　Fri. 星期五

APRIL 四月　6　Sun. 星期日

以前歷次所給者 12,451,000，今取去 500,000元，利息均未計。

1947　5　Sat. 星期六

1947　7　Mon. 星期一

* 四月二日星期三（空白）

* 四月三日星期四（空白）

* 四月四日星期五

源華之酬勞千萬元匯票今收到。交中南銀行孫萬福存。

以前歷次存放者 12.451.000，曾取出 500.000 元，利息均未計。

* 四月五日星期六（空白）

* 四月六日星期日

致函南方印書館催告出版中國政治思想史。如七月尚未在各地發售，即委託其他出版家印行。

* 四月七日星期一（空白）

* 四月八日星期二

金龍章來。

致吳秘書長張岳軍函告以民社黨內部問題惟有勸君勱轉圜全面參加國府政院及政院參加人事公開討論兩點可望解決。

* 四月九日星期三

下午八時晤陳修平，彼託陳蔣主席。（一）青年黨要加一名府委，可少一名政委。（二）參加地方政府要成立諒解分步驟實現。

* 四月十日星期四（空白）

* 四月十一日星期五

盧廣聲劉景堯來詳告民社黨中常委前日開會，當場決裂，現民主憲政黨，湯鑄新、盧廣聲、汪世銘等已決定分裂，共同否認張君勱之領導。如調停只有蔣主席邀兩方到京，各提參加政府之人選之一半，（有中常委九人致函蔣主

APRIL 四月　　8　　Tues. 星期二

金融豪牢
（段）某某医院兵军出有州民社党内部向贺
批有功君勘 科園 金南牟如阅的好晚
及祝院本此人各先阅诗阅而三丁名軒
次。

1947　　9　　Wed. 星期三

下午小时呀隙停牟，似池隆窝名牟
(一)軍牛牟实如一至席品，可夕一名政事
(二)本如地方後附要成立诗辞 小岁現
实观。

APRIL 四月　　10　　THUR. 星期四

庸檬声剥羕气来澤方氏社党中亭品高
日用会，立坊快发，妣氏书家战克，偿
蝻剥，庸廣牟，尼世箫牟已快名分茏，
芙阅兑現佀君勘己効爭。以洞停品
拓蒋王崇阅雨多刹来，才托亭加从剧人
些之一彙。(百中亭各九人毦此苗主牟)拓
多主好怪临为骑彙，本木附为卲氏，
庄澄声点侨高，此払囚君勘佬此佬
协的。(舍段由高亭剥树的囷勘李羊科姷)

APRIL 四月　　12　　Sat. 星期六

叶发佑诗协伙啊雨洞停联军。以仼今为
剝。

1947　　13　　Sun. 星期日

下午的阅児美彩考佑，佬长亘此砚名相此
佬二此似群上汝劝君勘弱牟。

APRIL 四月　　14　　Mon. 星期一

金融豪牟释樑對民社克的纷争取阅停多到。
富狂慄佀沂庙当阅危阅，诗佬君勘立实拯
卲苫，伐矣氏题别阿甬亦冤阅亿槔数似佀冇
为改偈闲阄，今似啊洞停為主，而如央君勘弱
多敀竞尺。以爲多囷家役亭物的茔命名名池汝
人名亭攝，佅肓僄佬。
剥牟己杨児彷来，文物浔君勘点愎爭，峑乙
美録勅氕旵囷争。富牟以舍多名力洞停。
亭乃迁逆诗兒囿氐牟洞辞勘嵒莬名佬。

1947　　15　　Tues. 星期二

凛佗以弟出甲呀拢木佬愿氏弘莬牟从结
肠的，本山玤望曇学院，富此苦呆啤，诗洞
已乙争，拓亭氕抙槔学品 虞豫声佬亏堡，
若佗狁糼乃用贤诟蓄们也 尤愿佈。

席）彼方主張伍湯為府委，李大明為部長，盧廣聲為政委，此外由君勱任提誰均可。（余致函岳軍主張勸君勱尊重多數）。

* 四月十二日星期六

昨發信湯住心取調停態度。此信今可到。

* 四月十三日星期日

下午四時見吳秘書長，張岳軍已託公權及張二小姐往上海勸君邁和解。

* 四月十四日星期一

金龍章來稱彼對民社黨內紛爭取調停方針。

余根據彼之分析函吳張兩公，謂張君邁不主擔任部長，係受民盟影響而孫寶剛之慫恿，糾紛亦為民盟關係，今仍亦調停為主，而必須君邁尊重多數意見。如蔣勻田萬仞千為政委而其他諸人無安頓，惟有爆炸。

蒯卓之楊光揚來，光揚認君邁應讓步，卓之責鑄新不應鬥爭。余告以余當盡力調停。

唐乃建認為只有由岳軍調解最為恰當。

* 四月十五日星期二

湯住心來函申明彼於促成民社當參加政府後，專心管理學院。余函告吳張，謂湯已不爭，惟李大明徐傅霖盧廣聲須安置。若只提蔣勻田為政委仍必爆炸。

* 四月十六日星期三

余函住心以余昨告吳張之語。

* 四月十七日星期四

中常會國防會聯席會議通過府委名單，孫副主席，張行政院長。陳果夫立夫均不列入。立夫爭持，乃畀以中政會秘書長。

APRIL 四月　16　Wed. 星期三

余品細以書味考先均訂詞。

1947　17　Thur. 星期四

中常會團防會兩種會議通過兩案名單，好割節，張紹諫洪等。據来本元光寄代到人。三去申報，今併中法官對生意。

APRIL 四月　18　FRI. 星期五

國府要公正本全部公佈。力者抗林中外及与答素沒活。

1947　19　Sat. 星期六

APRIL 四月　20　Sun. 星期日

APRIL 四月　22　Tues. 星期二

舣逢的任名内容古布。

1947　21　Mon. 星期一

今午新同常忠住余书任行後晚到同為到局長1內張為章教名，為均局在二人，(光一名即屋为) 吃同家为中央时故1人洗吃追去人檄书案同意，于玄人面知会以此言，以去石將。害道份申辞兩版为告電訊。

1947　23　Wed. 星期三

上午十時，國民往幹幕玄会吾汉玄，彭沒院長临虛捉石彭味彼诿意及神含皆含州宝章。

* 四月十八日星期五

國府委員名單全部公佈。主席招待中外記者發表談話。

* 四月十九日星期六（空白）
* 四月二十日星期日（空白）

* 四月二十一日星期一

今午新聞界忽傳余將任行政院新聞局副局長（局長為董顯光，副局長二人，其一為曾虛白）晚間余為中央日報同人說明迄無人徵求余同意，亦無人通知余以此事，此必不確。余並請申新兩報勿發電訊。

* 四月二十二日星期二

魏道明任台灣省主席。

* 四月二十三日星期三

上午十時，國民政府委員會首次會，行政院長張群提出行政院政委及部會長全部名單。

* 四月二十四日星期四

辭職簽呈得批「慰留約見」。

* 四月二十五日星期五

連日為清潔運動，集合讀者來信舉京市各地汙穢地點刊登中央日報社會服務版。

* 四月二十六日星期六

葆東亦有來談。

* 四月二十七日星期日（空白）

APRIL 四月　24　Thur. 星期四

辭呈簽呈待批 筹款的 ...

1947　25　Fri. 星期五

連日的防禦運動，筹的很多来信举手予为地方職地亞列芝中央日报社会附持凡。

APRIL 四月　26　Sat. 星期六

復发方有来信

1947　27　Sun. 星期日

APRIL 四月　28　Mon. 星期一

上午九时主席无兄哥，谈向年今没工作，免勉不因也必能成功。

晚与逸孚去希赴约礼拜。

1947　29　Tues. 星期二

国防会送救费念 $2,490,000 ——。中央日报期接支自末元，以偿循用的会新律。此为希奇先生的定，自四月作起在。

APRIL 四月　30　Wed. 星期三

下午二己本定，(1)挽吻对党民社党已议算，(2)范佩中央日报言词方针之不高把支責任，(3)毛席主播没考定。不评司中央日报又後陡去别包圈宝。

MAY 五月　1　Thur. 星期四

存物陪你 5,500,000 元。

* 四月二十八日星期一

上午九時主席召見哥，詢問其今後工作，勉勵花園口合龍成功。

晚寫送羅志希赴印社論。

* 四月二十九日星期二

國防會遣散費發，＄2,490,000。

中央日報每月增支百萬元，以彌補國防會薪津。此為布雷先生所定，自四月份起給。

* 四月三十日星期三

下午五點半召見，（1）說明對民社黨之政策，（2）說明中央日報言論方針之不易擔負責任，（3）主席並提及「老兄」。不許辭中央日報事。

張院長雞尾酒會。

* 五月一日星期四

存孫蔭濃 5.500.000 元。

* 五月二日星期五（空白）
* 五月三日星期六（空白）
* 五月四日星期日（空白）

* 五月五日星期一

五月一日漢口各報刊載新聞，黃岡立委競選以余希望最大，此為武樵囑紹徵（新聞處）向各報示意者。日前紹徵信來及此。余今日回信謂正從各方研究決定。請紹徵晉謁徐志成先生表示於本意推徐，如徐不競選，其他人士情況明晰，再為決定。

布雷先生贊成余競選，謂黨團中央支持有百分之七十把握。

* 五月六日星期二（空白）

MAY 五月　　2　　Fri. 星期五

MAY 五月　　4　　Sun. 星期日

1947　　3　　Sat. 星期六

1947　　5　　Mon. 星期一

五月一日 滬市各報均載新聞，美國記者團
遂訪 陶希聖論文，上海私立大學 私縱
（新聞者）向政府呈意見。日昨 （有縱代表
及此。今天四代表正式多方所表決定
活躍激昂演得若成老生 表示 各表示
抵得，为得衣极送，當地人士好处叫
班比，再否決了。

都會先生力贊成 宗族追求治先国中央
支持多多计十抱歉。

MAY 五月　　6　　Tues. 星期二

MAY 五月　　8　　Thur. 星期四

含治医系私专决案小业学务举，吴夏芝兄友
诸做 含绪沙一番，和此芝院路宜四程
沙，走捷私如解。

1947　　7　　Wed. 星期三

屬僧唐来京 林氏和兄友对征决衰弱
动反张 宅得運務，还的牵得北生考。

1947　　9　　Fri. 星期五

老扬来衣波和佛爱望，扬含天表划屋
含决计一行，至渝此东宇信房一暖宴
的诸 在友守行长。

＊ 五月七日星期三

　　盧廣聲來京稱民社黨反對派決意發動反張宣傳運動，並將牽涉張岳軍。

＊ 五月八日星期四

　　余以民社黨決裂事函告岳軍，岳軍先生電話盼余往滬一行，彼亦託蔣勻田往滬，主張和解。

＊ 五月九日星期五

　　光揚來京談和解無望，勸余不必往滬。余決計一行，並留函岳軍謂有一腹案將試探反對派。

＊ 五月十日星期六

　　盧廣聲於余到滬後得電話，即轉知湯先生來接洽。湯謂勻田今晨到滬，訪伍憲子表示和解之意。

冰如龍生同行。

* 五月十一日星期日

湯先生再來稱君勱表示讓步。

* 五月十二日星期一

訪張雅若先生，遇陳班候湯住心。

* 五月十三日星期二

湯來告以昨日君勱等到伍憲子處開會，派蔣勻田代表該黨與政府接洽普選事。此事對反對派予以甚大之刺激。

冰如往共濟醫院檢查。

* 五月十四日星期三

交大學生二千八百人集北車站據車赴京請願。余未能入京。

* 五月十五日星期四

盧廣聲來謂和解無望。

* 五月十六日星期五（空白）

* 五月十七日星期六

回京，路上遇戢勁丞張九如。余與勁丞談，請其和解。

* 五月十八日星期日

九時晤布公，談國務會議議決限制請願辦法經過，並讀主席談話及參政會開會詞。

寫社論「嚴厲制止吃光運動」。

紹徵來商競選立委事。

＊ 五月十九日星期一

午參加社論委員會。

訓念競選新聞界立委，決定由余寫信託魏紹徵拉武漢各報票。

＊ 五月二十日星期二

金龍章來，余託其轉達湯鑄新先生，持中立態度以為和解之地，余並表示支持金之中立及團結方針。下午魏際青來談湯已接受彼之建議，取中立態度。魏謂彼已有一作法，非兩方決裂後不拿出來。如拿出，必可收效。

蔣主席開會詞提到對共政治的解決方針。

今日上午十一時，中大等（英大領頭）學生列隊游行請願，到國府路，為警憲所阻，派代表十人到參政會請願。中山北路有衝突。

* 五月二十一日星期三（空白）

* 五月二十二日星期四

下午六時至九時半，在外交部與王德芳，鄧葆東，羅貢華諸人談湖北選舉事。湖北選舉，同鄉欲推居覺老主持。

* 五月二十三日星期五

簽呈民社黨分裂，即轉圜湯薌銘中立，及與金龍章連絡事，並請准在五千萬元以內支給活動費。

* 五月二十四日星期六

晚在外交部參加關於選舉之小座談會，到習文德，楊°°°，楊玉清，黃？明，及前日商談諸人。余提出綱要，加以討論，由羅貢華整理，於居覺老到京後交去，請覺老在中央指委會主張。

* 五月二十五日星期日

下午晤布公，談中央政情。

參政會和平提案十九件，中央日報之方針，對和平放鬆口氣，對學潮力主管束制裁。

* 五月二十六日星期一

繕就本黨提名候選人辦法，簽呈總裁。

下午七時舉行座談會（中央日報）討論「如何普及憲政知識」。

楊光揚去滬，余囑其注意君勱對封閉報館及取締學生運動之反應，余力主中立派在民社黨組委會中主張調停。

* 五月二十七日星期二（空白）

* 五月二十八日星期三

余簽呈候選人提名辦法之建議，已批示中央選舉運動委員會。

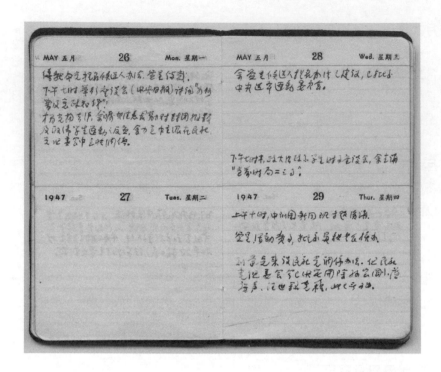

　　下午七時半，政大法政系學生時事座談會，余主講「當前時局二三事」。

* 五月二十九日星期四

　　上午十時，中訓團新聞班專題演講。

　　簽呈活動費事，批交吳秘書長核辦。

　　劉景堯來談民社黨調停辦法。但民社黨組委會今已決定開除孫寶剛，盧廣聲，汪世銘黨籍，此已無可為。

* 五月三十日星期五

　　下午六時，中央日報股東大會。

* 五月三十一日星期六

　　上午十一時晤吳秘書長，彼提及選舉提名辦法簽呈，已奉批，彼並允支持余在本鄉競選。

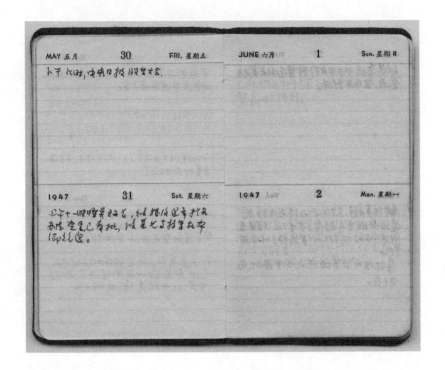

* **六月一日星期日（空白）**
* **六月二日星期一（空白）**

* **六月三日星期二**

　　劉景堯託以胡海門戢翼翹致吳文官長函，余即為轉吳。

* **六月四日星期三**

　　魏際青來談，湯先生問題應即解決，最好國府發出顧問聘書後，彼來京進見，即行他往（武漢最便）以後再談。

　　哥往廣州築黃埔港事，當須再託俞部長。

* **六月五日星期四**

　　外蒙軍隊入侵新疆六百華里，向奇台附近之北塔山我駐軍攻擊，並有蘇機四架轟炸掃射。

JUNE 六月　3　TUES. 星期二

JUNE 六月　5　Thur. 星期四

1947　4　Wed. 星期三

1947　6　Fri. 星期五

JUNE 六月　7　Sat. 星期六

JUNE 六月　9　Mon. 星期一

1947　8　Sun. 星期日

1947　10　Tues. 星期二

＊ 六月六日星期五

簽呈國府發湯住心顧問聘書，連日金龍章、楊光揚、魏際青、張仲宣等來談，湯雖革新派，而君勱之間的問題未解決，故擬請國府發出聘書，而湯往印一行。但光揚認為湯去印必至失去該黨中地位。

＊ 六月七日星期六

金龍章再度託談二事（一）該黨下屬，彼有力量，在七月開該黨代表大會中，彼可有五十人以上之代表，願得主席支持。（二）彼？談之分化中共內部工作。余答以（一）余可為聯絡人（二）余願請主席指定唐縱參加研究。

＊ 六月八日星期日（空白）

＊ 六月九日星期一

金龍章往滬。金謂君勱有二十億元在鑄新之手，他為上海總支部要錢，要房子，均無結果，彼將在代表大會提出查詢。

＊ 六月十日星期二

楊光揚往滬。余將民社黨代表大會準備狀況連日所得報告，縷列要點，簽呈總裁，請示對策。

湯住心國府顧問聘書事，奉批以君勱來京面商後再定為妥。

今晚外蒙軍侵入新疆事件消息發表。中央日報寫社論勸國人靜觀並警覺，希望政府採取鄭重而堅定之步驟。

中央宣傳部部長決以許孝炎繼任，許提余為副部長，總裁于少谷及余二人中，決定余任此。

＊ 六月十一日星期三

魏紹徵回信謂克成決定如漢口不依直轄市選舉名額，彼將在黃岡競選，如漢口有立委五人彼將協助余競選。

＊ 六月十二日星期四（空白）

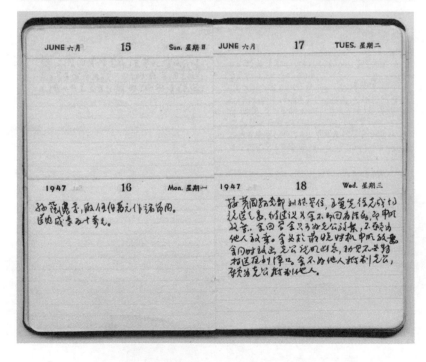

* 六月十三日星期五（空白）

* 六月十四日星期六（空白）

* 六月十五日星期日（空白）

* 六月十六日星期一

孫蔭濃處，取伍佰萬元作端節用。

送沈成章五十萬元。

* 六月十七日星期二（空白）

* 六月十八日星期三

接黃岡縣黨部劉德基信，王覺先、徐克成均競選立委，彼建議如余不即回省活動，即申明放棄。余回答余只可為克公放棄，不願為他人放棄。余必於最晚時機申明放棄。余同時致函克公說明此意，勸其不必轉？選區到漢口。余

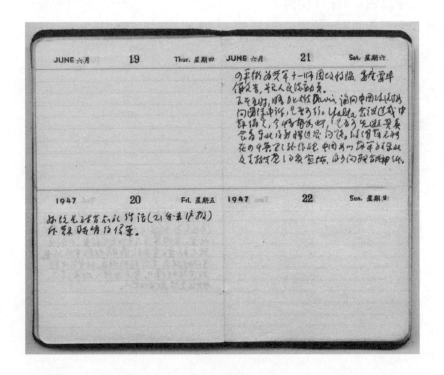

不為他人抵制克公，願為克公抵制他人。

＊ 六月十九日星期四（空白）

＊ 六月二十日星期五

孫院長對合眾社談話（21 發表滬報）斥蘇聯背約侵華。

＊ 六月二十一日星期六

四平街為共軍十一師圍攻將陷，委座要準備文告，號召人民總動員。

下午五時，晤加大使 Davis，詢問中國政府如向國際申訴，是否可行。Yalda 會議造成中蘇協定，今情勢如此，是否可先邀英美會商東北及新疆邊界問題。彼謂蘇不能在四千英里之外作戰，中國如以蘇軍駐東北及支持共黨之事實宣佈，自可向聯合國申訴。

＊ 六月二十二日星期日（空白）
＊ 六月二十三日星期一（空白）
＊ 六月二十四日星期二（空白）
＊ 六月二十五日星期三（空白）
＊ 六月二十六日星期四（空白）
＊ 六月二十七日星期五（空白）
＊ 六月二十八日星期六（空白）

＊ 六月二十九日星期日

哥嫂來京，即於明日轉滬，為眉壽主婚。

金龍章來，告以民社黨代表大會又要發生波折，海外諸人開會結果，已發動對張君勱之攻勢宣傳。國內出席代表亦非蔣等諸人所能掌握。革新派十五開代表大會，彼保持靜觀態度。

晚間為陶孚萬事訪鄧雪冰局長。

* **六月三十日星期一**

　　哥嫂往滬。

　　陶孚萬事，雪冰答覆彼可函王司令長？保全此人，望即往前方。余轉達，並力主彼前往。

* **七月一日星期二（空白）**

* **七月二日星期三**

　　率諸兒赴滬，冰如及龍生留京。火車加價（三萬加為九萬）故乘二等。

* **七月三日星期四**

　　下午八時往靜安寺訪湯住心。

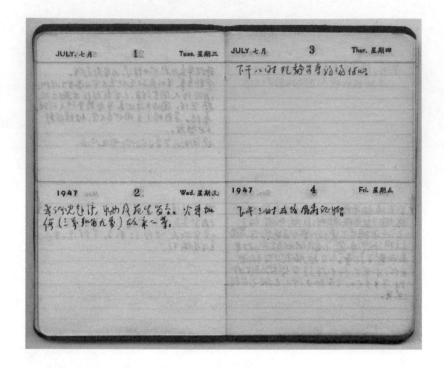

* **七月四日星期五**

　　下午三時或為眉壽證婚。

* **七月五日星期六**

　　午間，湯先生來寓。

* **七月六日星期日**

　　正午，民社黨反對派諸人約午餐於施高塔路大陸新村 11 汪世銘宅。

　　上午徐克公來訪，告以黃覺生在黃岡競選，到處臭罵，彼乃決心競選，勸余亦勿鬆口放棄。同時接紹徵德基來信謂覺生到處拜訪及漫罵，克公成敗尚未可知。又云縣中諸人已推克公競選矣。

* **七月七日星期一**

　　乘凱旋號回京。

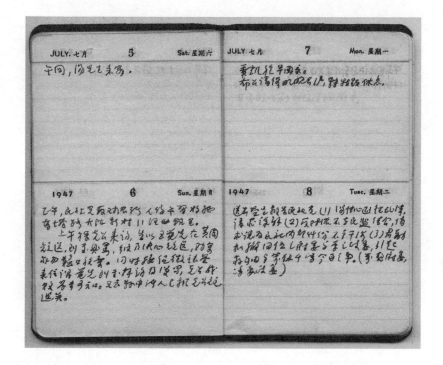

布公請假明晚去滬，轉牯嶺休息。

* 七月八日星期二

送出簽呈報告民社黨（1）湯住心避往武漢，請求諒解（2）反對派不與民盟結合，請求認為民社黨內部糾紛，不予干涉（3）君勱擬撤回伍之府委與李之政委，引起蔣勻田與萬仞千馮今白之爭（萬想府委，馮想政委）。

* 七月九日星期三

中常會忽決定李惟果長中宣部。

冰如往滬。

* 七月十日星期四（空白）

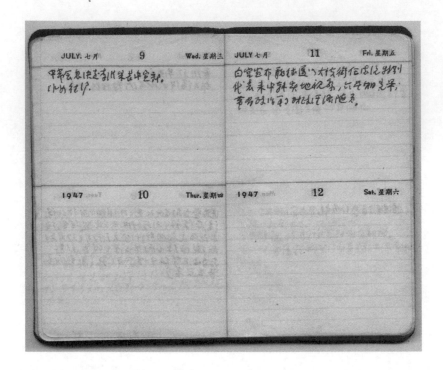

* **七月十一日星期五**

　　白宮宣佈魏德邁以大使銜任總統特別代表來中韓實地視察，六星期完畢，帶有政治軍事財政經濟隨員。

* **七月十二日星期六（空白）**
* **七月十三日星期日（空白）**

* **七月十四日星期一**

　　遇維果，謂？約有效。

* **七月十五日星期二**

　　下午，吳秘書長電話告以總裁手諭，任余為中宣部副部長。昨又得惟果電話，謂另一副部長為李俊龍。李為中央團部宣傳處長，蓋黨團合併之預備也。

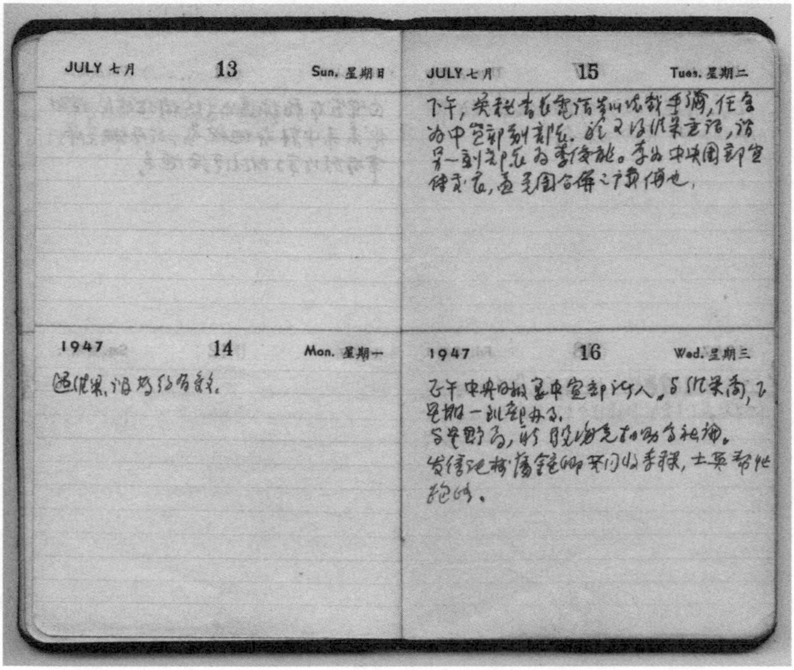

* 七月十六日星期三

正午中央日報宴中宣部諸人。與惟果商，下星期一到部辦事。

與星野商，盼殷海光相助寫社論。

發信託樹藩鍾卿共同收 ？？，士英幫忙跑路。

* 七月十七日星期四

往滬。車過丹陽站時，前面飯車出軌，共誤四小時。天雨，頗冷。

* 七月十八日星期五

上午到公濟醫院，張閩珠醫生為拔牙一顆。

* 七月十九日星期六

下午五時訪朱仰高，為題所繪蘭。

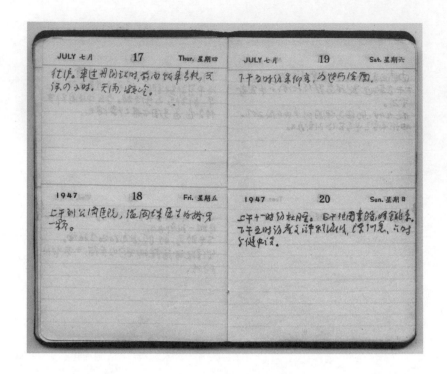

* **七月二十日星期日**

　　上午十一時訪杜月笙。正午往圖書館，晤金龍章。下午五時訪詹文滸程滄波，陳訓悆，六時與健中談。

* **七月二十一日星期一**

　　由滬回京。冰如及小兒等均留滬。

　　下午寫歡迎魏德邁特使社論，中宣部發出。

　　晚九時，殷海光開始到中央日報工作。與惟果商定中常會後到部辦公。

* **七月二十二日星期二**

　　魏德邁特使下午四時到。

* **七月二十三日星期三**

　　中常會通過余為中宣部副部長。

* **七月二十四日星期四**

　　到中宣部開始工作。

* **七月二十五日星期五**

　　下午寫論中美友誼現階段。

　　與孔昭愷（？）晤談。與申新兩報接頭，建議言論方針。

* **七月二十六日星期六**

　　下午五時，主席召見，（芷町、彥芬、惟果、鐵老同見）囑改寫黨團統一組織告同志書。

　　上午看卷子。午間寫社論一篇，評如何增進中美瞭解。

* **七月二十七日星期日**

　　寫文告初稿未成。上午 ？？ 看卷。晚寫至四時，七時又起。

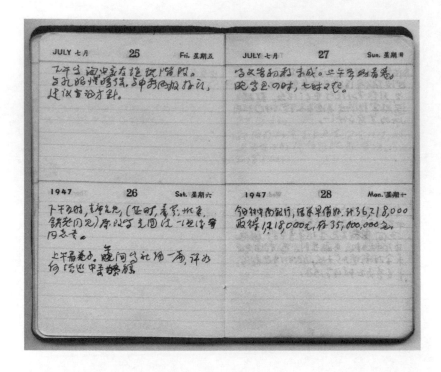

* 七月二十八日星期一

今日往中南銀行，結單早備好，計 36,218,000 取得 1,218,000 元，存 35,000,000 元。

* 七月二十九日星期二

陸鏗發表經濟部某司長供給之孚中揚子建設？公司結匯及違禁輸入調查報告，引起中外記者重大之注意。魏德邁將軍往滬時，美國商人控告中國政府，此為主要事件之一。

* 七月三十日星期三

今日陸鏗又發表監委王冠吾查辦孚中揚子？公司事件之談話。

晚間，總裁召見李惟果罵星野盛怒申斥中央日報。馬病未到。李於進見後，來舍相告，並擬辦法，追問消息來源，並發表更正數目字消息。

* 七月三十一日星期四

上午十二時同惟果進見，總裁對更正滿意，並決定發表調查報告。旋申斥中央日報。

下午追問陸鏗，彼拒絕說明來源，星野懇辭。

夜間乃擬定處分辦法，包含記過，改組中央日報及傳訊陸鏗等項，以為和緩之地。

* 八月一日星期五

上午九時半，總裁召見惟果，說明不處分陸鏗及供給消息之人，只須供出此人。

下午召見陸鏗，連此人亦不追問。

夜寫文告二次稿。至二時始成。

* 八月二日星期六

　　文告二次稿送芷町。

* 八月三日星期日

　　下午五時，在政務局會商文告，決修改數處後呈閱。到者芷町、彥芬、惟果及余。

* 八月四日星期一（空白）

* 八月五日星期二

　　冰如龍生回京。

* 八月六日星期三（空白）
* 八月七日星期四（空白）

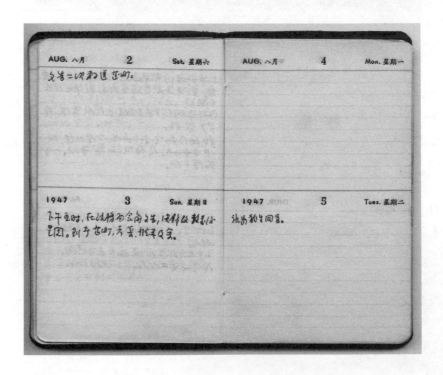

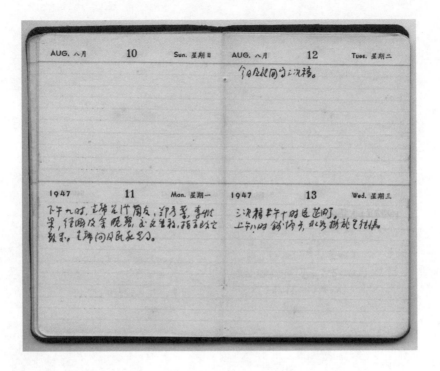

* 八月八日星期五（空白）
* 八月九日星期六（空白）
* 八月十日星期日（空白）

* 八月十一日星期一

　　下午九時，主席召洪蘭友，鄭彥棻、李惟果、經國及余晚餐，交文告稿，指示改定數處。主席問及民社黨事。

* 八月十二日星期二

　　今日及夜間寫三次稿。

* 八月十三日星期三

　　三次稿上午十時送芷町。
　　上午八時錢塘號，冰如攜龍生往滬。

* 八月十四日星期四（空白）

* 八月十五日星期五

　　四次稿送芷町。

* 八月十六日星期六（空白）

* 八月十七日星期日

　　上午往行政院？明處取改定外匯結匯辦法底案，下午在部寫社論交電台發出。

　　上午訪邵毓麟及李惟果。

　　下午七時芷町兄來，交第四次稿，依總裁指示於夜二時改竣。

* 八月十八日星期一

　　五次稿早八時送芝町。

* 八月十九日星期二

　　下午在部寫「自力更生與國際合作」。

* 八月二十日星期三

　　下午在部寫「所望於魏特使者」。

* 八月二十一日星期四

　　上午九時半至十一時半，在砲兵學校演講。題為國際形勢。教育長洪士奇、訓導處副處長余廷堅（瀋陽人）相陪。

* **八月二十二日星期五**

上午軍官訓練團演講，此一班為第二線兵團之將校，美國軍官訓練。

發熱，下午臥，服藥。

* **八月二十三日星期六**

上午陸軍大學將官班演講，此為編餘將官一百六十人，上校佔少數，多為將官。

病癒。

* **八月二十四日星期日**

下午三時半，偕國防部新聞局余專員紹新乘凱旋車，下午八時到蘇州。由測量學校派員招待，寓樂鄉旅館。

* 八月二十五日星期一

上午十至十二，在測量學校演講，曹教育長正午宴甚豐。下午略為休息。四至七時遊獅子林及虎丘，七時曹教育長再招待晚餐，送回寓所。

* 八月二十六日星期二

二〇七師副師長自駕吉普，迎往演講。七時半至九時，講後遊留園西園。正午姚師長在司令部宴會，下午五時在青年俱樂部廣播，論魏德邁將軍聲明。下午九時往滬。

* 八月二十七日星期三

上午在國防醫學院演講。

正午見杜月笙先生。

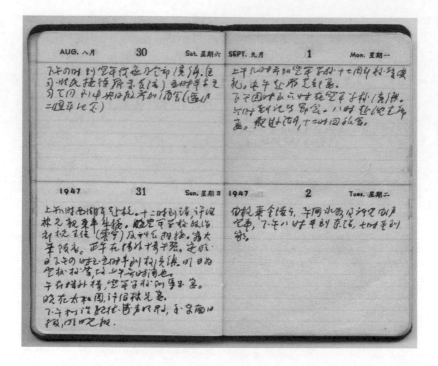

＊ 八月二十八日星期四

上午在二〇二師演講，顧旅長接待，該旅負上海防護之責。

＊ 八月二十九日星期五

上午在吳淞口砲兵學校要塞幹部訓練班演講。

下午往顧嘉棻宅祝月笙壽，見月笙先生略談即去。

＊ 八月三十日星期六

下午四時到空軍供應司令部演講。（王司 ？ 民接待羅處長陪）五時半與王司令同到中央日報參加酒會（遷滬二週年紀念）。

＊ 八月三十一日星期日

上午八時西湖號赴杭，十二時到站，許紹棣兄親乘車來接。空軍學校政治部祝主任（震宇）及科長相接。寓大華飯店。正午在樓外樓午餐。定明日下午

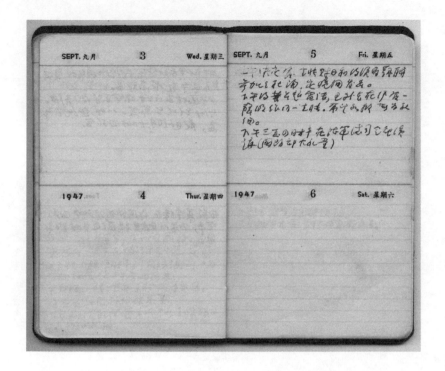

四時至五時半到校演講。明日為空校校慶，故上午無時間也。

　　午在樓外樓，空軍學校訓導處宴。

　　晚在太和園許紹棣兄宴。

　　下午擬談魏德邁聲明稿，交東南日報，明日見報。

* 九月一日星期一

　　上午九時參加空軍學校十七週年校慶典禮。中午赴省黨部宴。

　　下午四時至六時在空軍學校演講，六時到記者節會。八時赴沈主席宴。夜遊湖，十二時回旅舍。

* 九月二日星期二

　　由杭乘金陵號，午間冰如及諸兒由滬登車，下午八時半到京站，十時半到家。

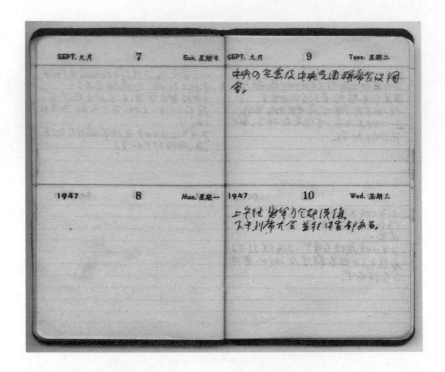

* 九月三日星期三（空白）
* 九月四日星期四（空白）

* 九月五日星期五

上午決定發主張對日和約須有蘇聯參加之社論，定晚間發出。

下午得葉公超電話，王外長在滬發一聲明作同一主張。希望各報著為社論。

下午三至四時半在陸軍總司令部演講（國防部大禮堂）。

* 九月六日星期六（空白）
* 九月七日星期日（空白）
* 九月八日星期一（空白）

* 九月九日星期二

中央四全會及中央黨團聯席會議開會。

* 九月十日星期三

上午往海軍司令部演講。

下午列席大會並往中宣部辦公。

* 九月十一日星期四

上午往警官學校演講。

下午五時出席宣言起草會，總裁指示宣言要極少，重力行不重空言。

晚間志希與余均在中央日報寫稿，至二時半回家，余仍足成所寫，上午四時就寢。

＊ 九月十二日星期五

　　上午十時出席宣言起草會，就志希、俊龍及余之稿審查，將三稿均送總裁。

　　下午八時居院長茶會，同鄉談競選事，魯蕩平方子樵？？？？及湖北團幹事長均在坐。

＊ 九月十三日星期六

　　正午在洪蘭友先生家會商，就羅稿改訂宣言。（蘭友、芷町、惟果、志希、俊龍均在坐）。下午三時出席大會，宣言略改數字通過。總裁有長時間之訓話。

＊ 九月十四日星期日（空白）
＊ 九月十五日星期一（空白）
＊ 九月十六日星期二（空白）
＊ 九月十七日星期三（空白）

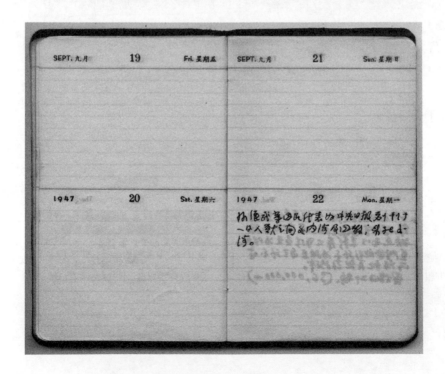

* 九月十八日星期四（空白）

* 九月十九日星期五（空白）

* 九月二十日星期六（空白）

* 九月二十一日星期日（空白）

* 九月二十二日星期一

　　孫繩武等國民大會代表為中央日報副刊十一日人獸之間文涉及回教，來社交涉。

* 九月二十三日星期二（空白）

* 九月二十四日星期三

　　正午官邸宣傳會報，余報告今後宣傳方針，堅決守民族民主的立場，坦白承認缺點，而以表彰奉公守法官吏（？？）為對抗。並陳述現行外交為獨立自

主外交，無所謂親美親蘇路線。

買煤油二十桶。（36,000,000）

＊ 九月二十五日星期四（空白）

＊ 九月二十六日星期五（空白）

＊ 九月二十七日星期六（空白）

＊ 九月二十八日星期日（空白）

＊ 九月二十九日星期一（空白）

＊ 九月三十日星期二

　　津浦路在符離集被共軍突斷。

＊ 十月一日星期三

　　上午九時半二十四軍先入煙台。正午宣傳會報，總裁說明共匪戰略全盤失

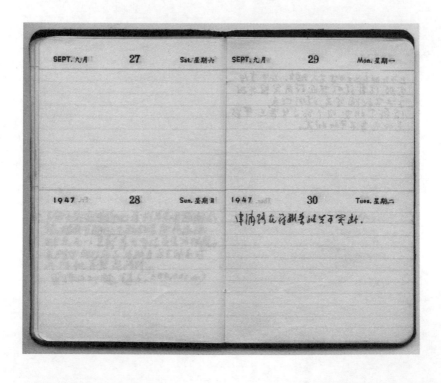

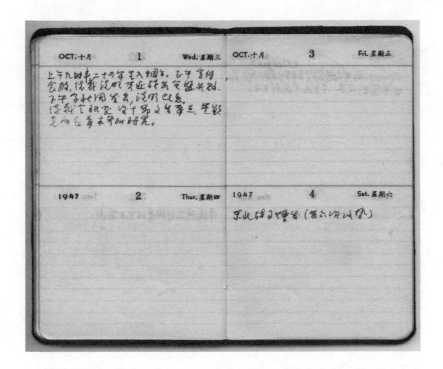

敗。下午寫社論發出，說明此意。

　　總裁令研究雙十節文告要點，董顯光局長要求參加研究。

* 十月二日星期四（空白）
* 十月三日星期五（空白）

* 十月四日星期六

　　東北戰事爆發（第六次攻勢）。

* 十月五日星期日

　　歐洲九國共產組織聯合情報局（Belgrade），發表宣言，反美，號召民主民族主義。

* 十月六日星期一（空白）

OCT. 十月	5	(Belgrade)	Sun. 星期日

歐州九國共產黨起作了布許848机局，
召集宣言，反美，罵各民主党稱走狗。

OCT. 十月	7		Tues. 星期二

夜間到约瑟夫博海峡十五里。

1947	6		Mon. 星期一

1947	8		Wed. 星期三

晨到約区布喜先生。

OCT. 十月	9		Thur. 星期四

研究第十社論。

OCT. 十月	11		Sat. 星期六

布哲罗"訪幸观感"中文首表

1947	10		Fri. 星期五

上海商务发表，用筆名，社论内容分二立点：
一总其成的立（一）貴定民主制度（二）
赞激民主文改進（三）贊成独立自主
思想（四）刊华運信的文座。

1947	12		Sun. 星期日

鸣珠为轮题记12。中午遊孟山。下午遊
金山。

* **十月七日星期二**

夜間起草主席雙十文告。

* **十月八日星期三**

文告初稿送布雷先生。

* **十月九日星期四**

下午寫雙十社論。

* **十月十日星期五**

主席文告發表，用余稿，將對日合約一點改換，共成四點（一）奠定民主法治基礎（二）貫徹民生主義之設施（三）養成獨立自主思想（四）刻苦勤儉的生活。

* **十月十一日星期六**

布立特「訪華觀感」中文發表。

* **十月十二日星期日**

偕冰如往鎮江。中午遊焦山。下午遊金山。

* **十月十三日星期一**

上午遊北園，甘露寺大都破壞，山下觀音洞看焦山絕佳。

下午六時四十分回京，八時二十分到。

* **十月十四日星期二（空白）**
* **十月十五日星期三（空白）**

* **十月十六日星期四**

夜晤適之先生。

OCT.十月　　13　　Mon. 星期一

上午 超此回 生我专市市召那院, 此下
現省洞看 島山 池径.
下午六叶的社回家, 八叶二十分刚.

1947　　14　　Tues. 星期二

OCT.十月　　15　　Wed. 星期三

1947　　16　　Thur. 星期四

他将运し三七.

OCT.十月　　25　　Sat. 星期六

1947　　26　　Sun. 星期日

OCT.十月　　27　　Mon. 星期一

内段部空位何为 宣害民宣路以份因
律各
宾陸是君多修学指美大级.

1947　　28　　Tues. 星期二

* 十月十七日星期五（空白）
* 十月十八日星期六（空白）
* 十月十九日星期日（空白）
* 十月二十日星期一（空白）
* 十月二十一日星期二（空白）
* 十月二十二日星期三（空白）
* 十月二十三日星期四（空白）
* 十月二十四日星期五（空白）
* 十月二十五日星期六（空白）
* 十月二十六日星期日（空白）

* 十月二十七日星期一

內政部宣佈政府宣言，民盟為非法團體。

羅隆基黃炎培等找美大使。

* 十月二十八日星期二（空白）

* 十月二十九日星期三

發表斥民盟談話。

* 十月三十日星期四（空白）
* 十月三十一日星期五（空白）

* 十一月一日星期六

中央日報招待新疆歌舞團。

函少谷在審查湖北省會報名單時為我放一炮。

函魯蕩平委員說明余與徐克成有諒解，黃岡可出兩個立委，不必去徐留我或去我留徐。余退一步亦可為第一名候補。

OCT. 十月　29　Wed. 星期三

省委乃民盟後派。

1947　30　Thur. 星期四

OCT. 十月　31　Fri. 星期五

NOV. 十一月　1　Sat. 星期六

中央的胡政村群程張亭園。
出力发在筹备们以名言报及午時地
戰犯一船。
止等宏车意汉阳岩勾张气威名
浄解，黄兇了击西個主要，不交号绿
型绘我多鲜的绝。會达一号和了治市
一流候林。

NOV. 十一月　2　Sun. 星期日

尺实培府出政物院左内邦民盟的
动解散。

1947　3　Mon. 星期一

NOV. 十一月　4　Tues. 星期二

1947　5　Wed. 星期三

* **十一月二日星期日**

黃炎培有函致張院長說明民盟自動解散。

* **十一月三日星期一（空白）**
* **十一月四日星期二（空白）**
* **十一月五日星期三（空白）**

* **十一月六日星期四**

夜車赴上海。

* **十一月七日星期五（空白）**

* **十一月八日星期六**

余生辰（49）在上海。

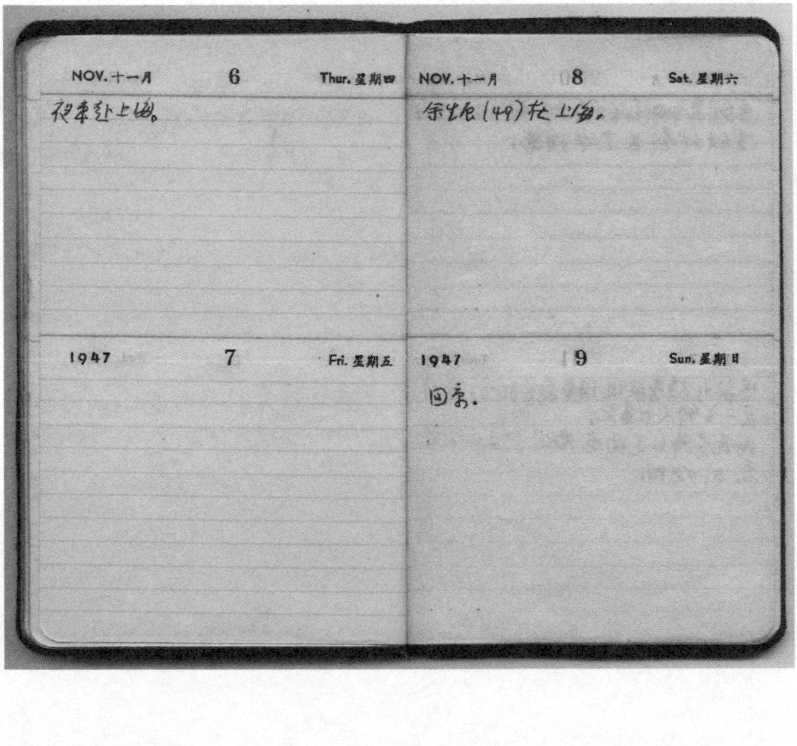

* **十一月九日星期日**

　回京。

* **十一月十日星期一**

　馬歇爾向兩院外交委員會聯席會議宣佈援歐計畫，並宣佈援華。

* **十一月十一日星期二**

　馬歇爾援華建設消息夜半到京。余發表一首都人士意見。

　國民黨青年黨兩黨國代提名名單發表。明日見報。

* **十一月十二日星期三**

　晤陳修平，請其向美記者發表談話。

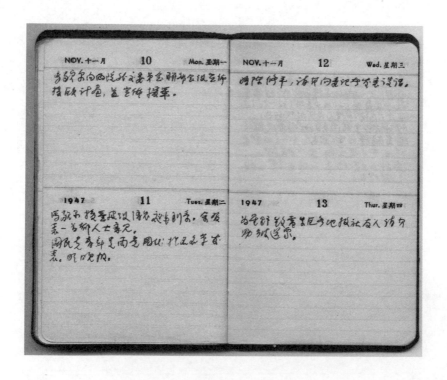

＊ 十一月十三日星期四

為星野致電東區各地報社友人請其助彼選票。

＊ 十一月十四日星期五

晚間鄧克愚（？）來談，湖北二區可能將余代夏斗寅之地位，與徐克成二人均圈出。余允為克愚覓一外省中委為之放一炮，蓋彼在三區申請提名，為會報所制也。

陳啟天應余請向美聯社發表談話，主張美援華應為三十億。

＊ 十一月十五日星期六

上午遊燕子磯。首都戡亂遊行。

＊ 十一月十六日星期日（空白）
＊ 十一月十七日星期一（空白）

* 十一月十八日星期二

省會報將余列二區立委候選第七名（當選五名）中央今日審核，維持原案。少谷曾為余爭。

託中央社發電漢口各報：陶希聖頃對記者宣稱彼請本黨提名二區立委第一候補人，因彼與徐源泉 ？ 有互讓互助之成約也。

* 十一月十九日星期三（空白）
* 十一月二十日星期四（空白）

* 十一月二十一日星期五

婦女團體選舉國大代表。

* 十一月二十二日星期六

職業團體選舉國大代表。余往介壽堂投票，選馬星野。

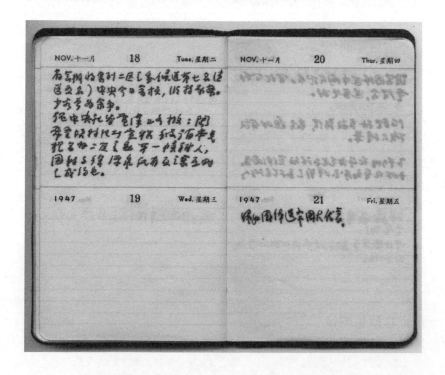

陸鏗接馬歇爾信，表示適時有效擴大援華。

下午四時在布雷先生處討論宣傳綱要。十時在晏勖甫處晤鄂立委提名諸人。

＊ 十一月二十三日星期日（空白）

＊ 十一月二十四日星期一

下午七─九在本黨部講憲法。

＊ 十一月二十五日星期二（空白）

＊ 十一月二十六日星期三

下午接家電母病，即定後日飛機票，準備回省。

夜謁布公報告。

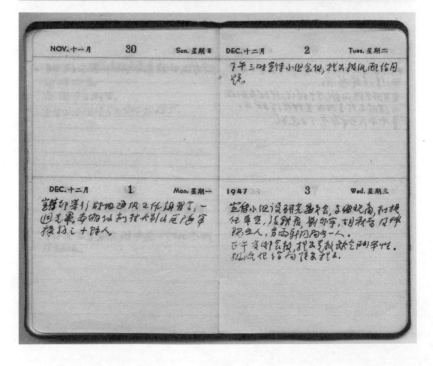

NOV. 十一月　26　Wed. 星期三

下午接永兒母病，即赴陶日病新家。
伴滄回居。
起滄亦已病否。
苗佬小組仍作今日由陶赴楼州。

1947　27　Thur. 星期四

下午接永兒母病耗傳，飛抵字的
亡色期三。
今日谷長秦歡前段中央的礼記子兄
及記錄。

NOV. 十一月　28　Fri. 星期五

NOV. 十一月　30　Sun. 星期日

1947　1　Mon. 星期一

苗譜印等行故地西况之化增男帛，一
回光臬，奉相紐約程大別以尾陰字
接紐之二十餘人。

DEC. 十二月　2　Tues. 星期二

下午三時苗佬小組會談，找去撥况面給国
兒。

1947　3　Wed. 星期三

苗佬小組設研究善会合，乌細妃商，村捉
化每瓷，於鍈商，剖初字，胡秋香凡紳
况之人，另西引阿陶多一人。
正午麦約会散，找去委教咸亥陶宇忙，
佝况化给句楼本卷人。

宣傳小組組織今日由總裁核准。

* **十一月二十七日星期四**

下午接家電母病轉安。飛機票改定星期三。

今日發表馬歇爾致中央日報記者函及社論。

* **十一月二十八日星期五（空白）**
* **十一月二十九日星期六（空白）**
* **十一月三十日星期日（空白）**

* **十二月一日星期一**

宣傳部舉行戰地通訊工作講習會，一週完畢。本期約擬往大別山區隨軍採訪之十餘人。

* **十二月二日星期二**

下午三時宣傳小組會議，提出報紙配給問題。

* **十二月三日星期三**

宣傳小組設研究委員會，與佛觀商，擬提任卓宣，張鐵君，劉亦宇，胡秋原及佛觀五人，另兩新聞局各一人。

正午官邸會報，提出黨報缺乏鬥爭性。報紙配給問題亦提出。

* **十二月四日星期四**

擬訂白報紙配給之標準，即提出宣傳小組討論，請總裁核准。

夏安侗弟託向新之先生說話，升彼為副理，函滄波兄從旁相助，並轉信給錢公。

哥書冰如五十壽序，今日送到。

* **十二月五日星期五**

湖北省參會與省府衝突，武樵提總辭職，昨向張院長密函說明真相。

DEC. 十二月　4　Thur. 星期四

批評日報復刊的話到（船）坞，即把稿件交他付排，得稿再寄檢併。
見周宗冰向部完話，針擬為到涯，出價先收他二期所要材料價今若干元。
尋午有七五將斤，今日還起。

1947　5　Fri. 星期五

測試各字完另布局商定，魚孔並把其餘孔內的諸孔在裏再說起明格。

DEC. 十二月　6　Sat. 星期六

1947　7　Sun. 星期日

DEC. 十二月　8　Mon. 星期一

1947　9　Tues. 星期二

下午宣傳小組。把很多積得說，另打成簡底事單。三個月宣傳計畫打定。

DEC. 十二月　10　Wed. 星期三

午後發郵宣機，宣傳小組新訂了三個月宣傳運動計畫呈出，下午日記，書字部復宣傳隊五十餘元，其他五十餘元，均作尋看四圆書。以元圆在各條表給寄客函新聞宣傳会談等五電。

去年已查看國府領到停止校登記。

1947　11　Thur. 星期四

今日宣北用"為國家報刊進一言"小冊承銀行放發之為專物的局一期，以便停七二期宣款告對個國報刊不予支持。

因畢報刊畢了，故此宣傳情不得。

* 十二月六日星期六（空白）
* 十二月七日星期日（空白）
* 十二月八日星期一（空白）

* 十二月九日星期二

下午宣傳小組。配紙事暫緩議，另訂澈底辦法。三個月宣傳計畫訂定。

* 十二月十日星期三

正午官邸會報，宣傳小組擬訂之三個月宣傳運動計畫呈進，下午得批，青年難民宣傳隊五十億元，其他五十億元，均經手諭照撥。晚間布公與惟果及余會商籌開宣傳會議案辦法。

主席已條諭國家銀行停止放款。

* 十二月十一日星期四

今日寫社論「為國家銀行進一言」斥國家銀行放款助長物價高潮。主張停止工商貸款並對倒閉銀行不予支持。

為梁漱溟事，致函重慶張市長。

* 十二月十二日星期五（空白）
* 十二月十三日星期六（空白）
* 十二月十四日星期日（空白）
* 十二月十五日星期一（空白）
* 十二月十六日星期二（空白）
* 十二月十七日星期三（空白）
* 十二月十八日星期四（空白）

* 十二月十九日星期五

美特別議會通過援歐案，五億七千萬元，撥一千八百萬元給中國，為援華對共之象徵。杜魯門咨文保證明年正式國會提長期援華案。

DEC. 十二月	16	Tues. 星期二

DEC. 十二月	18	Thur. 星期四

1947	17	Wed. 星期三

1947	19	Fri. 星期五

黃杜別說总通過擇便有普，由後七9
萬元，折算一千八百萬元給中國，擬援
華對共之未徵。社會力激促征
吧至一月正式開會把這事告。
兌現

DEC. 十二月	20	Sat. 星期六

夜寫元旦文告初稿，至明早六時好就
寢。

DEC. 十二月	22	Mon. 星期一

夜宮宣傳週領游程去明日宣傳小組，
宣傳社把宣傳會議。（由布雷讓枘果三
人奉派名果）

1947	21	Sun. 星期日

上午八時初教區密。

1947	23	Tues. 星期二

主席希還 5,000,000（匯退而
上午宣傳小組都是通過宣傳週負責。

* **十二月二十日星期六**

夜寫元旦文告初稿，至明早六時始就寢。

* **十二月二十一日星期日**

上午八時初稿送出。

* **十二月二十二日星期一**

夜寫宣傳綱領，將提出明日宣傳小組，定案後提宣傳會議。（由布雷立夫惟果三人奉諭召集）。

* **十二月二十三日星期二**

主席節送 5,000,000（聖誕節）。

下午宣傳小組初步通過宣傳綱領草案。

* **十二月二十四日星期三**

正午官邸會報，報告宣傳綱領大旨。

晚補使用注意事項。

* **十二月二十五日星期四**

國府下令三月二十九日召集國民大會。

* **十二月二十六日星期五**

宣傳綱領草案修改，加擬各方面應用之注意點。口號亦付油印。

* **十二月二十七日星期六**

上午九至十二時半，下午二時半至六時半，舉行宣傳會議，布雷立夫惟果為召集人，兼主席。出席者五十四人。

* **十二月二十八日星期日**

上午十時配紙問題會商。下午六時修改宣傳綱領口號（佛觀、正鼎、彝

DEC. 十二月　24　Wed. 星期三

正午友即会报,报告臺住團諸大宗。
晚補(填用)注意事項。

1947　25　Thur. 星期四

國府下令三月二十九日名為國民大會。

DEC. 十二月　26　Fri. 星期五

宣傳個談平素停頓,加秋以為,而本周之
注意点。口头交付細印。

1947　27　Sat. 星期六

□号林今基□附近,住曲布。
上午九至十二時半,下午二時半至六時半,
举引宣傳会议,布爲去从住長两名學人,
莅去神。此爲为五十四人。

DEC. 十二月　28　Sun. 星期日

上午十時,西己低向鄭言商,下午六時候何的
宣傳個公之日子(佛訳,正升,嘉升,一貫,
曼宣,鈇生,信等七人)

1947　29　Mon. 星期一

DEC. 十二月　30　Tues. 星期二

1947　31　Wed. 星期三

正午友即会报,宗陸速安撤退頻兆
此話清束,望去岸及待晓东小,260,
皇陸先之。
下午九一十一,Professor George
除出来之國际批判保僑及
東歐突況乃甲對本國之沖商,(在
美國青意味中國宜争此立憲去別
申國。

鼎、一貫、卓宣、鐵生及余七人）

* 十二月二十九日星期一（空白）
* 十二月三十日星期二（空白）

* 十二月三十一日星期三

正午官邸會報，余陳述梁漱溟預在北碚講學，望主席及張院長予以助力，主席允可。

下午九至十一時，Professor　George 陳述第三國際控制俄國及東歐實況及對中國之計畫（在美國未察覺中國重要性之前擊敗中國）。

1948 年

* 一月一日星期四

上午參加中央黨部團拜，正午中央日報聚餐，二時攝影。王芸生託陸大聲向余聲明大公報絕不為戡亂盡力。彼認為中國問題終必走國際調停之路。彼對余「由割據到割讓」一文表示憤慨。

* 一月二日星期五

上午八時在中央廣播台廣播「為了中國為了世界」指出共產國際企圖孤立中美而於美國人不注意之中奪取中國。即作為中央日報社論。

* 一月三日星期六

下午三時至七時半，宣傳小組決定宣傳綱領，其口號尚待布雷先生改定。決定各地文化宣傳黨團名單，主要都市均有決定，其餘各地決定書記副書記。武漢書記為方子？副為袁雍及省黨部副主委余拯。各地黨團策動費五千萬三千萬兩級。

* 一月四日星期日

　　楊虔洲來電（一）選舉現勢於余有利（二）彼所辦晚報要紙（三）岳母來京，萬壽康送。

　　晚寫社論指斥稅務行政上中飽之必須整頓，人民不增加負擔，國庫可增加收入。

* 一月五日星期六

　　正午社論委員會。

　　下午與曾擴情談請其主持重慶黨團事。

　　下午寫「毛澤東路線是什麼」指出兩點（1）亞洲國際是歐洲九國共產國際的亞洲版（2）土革與蘇誰埃路線。結論是「毛澤東路線是新漢奸路線」。

* 一月六日星期二

　　下午一至三時在戡亂建國幹部訓練班講國際問題。

為魏際青在湖北第三選區競選事，致函力夫井塘兩先生。

＊ 一月七日星期三

下午七一十中央日報主筆會談。

正午官邸會報，報告毛澤東報告文要點及意義。並陳述宣傳小組派鄭彥棻往粵，曾擴情往川，趙仲秀（？）往平津，余往漢口。

俞大維以技術顧問往華盛頓事，已確定不改變。因美不希望俞與馬歇爾作政治談判，此事有政學系 "politics" 在內。

Hull 先生將於一月二十六日發表回憶錄，南京中央日報被指定獨家發表。

＊ 一月八日星期四

下午七至九軍官訓練團講國際問題。

*一月九日星期五

定十一日機票，余夫婦攜龍生回武漢。

*一月十日星期六

明日停航。

*一月十一日星期日

氣候不佳，未起飛。下午五時再晤王副局長談上海緊縮信用事，及中紡股票如投入交易所，可收入七十萬億事。

六時，大公報宴京報界，余到後大公報同人甚喜，因中央日報正在打擊大公報，彼等歡迎此種 sportsmanship 也。

八時半訪布公，談湖北黨政及報紙情形。九時半往報館交代余去後數日言論事。

* 一月十二日星期一

上午八時到機場，正午十二時二十分始起飛。

同機者有曾擴情，衛挺生諸人。

* 一月十三日星期二

下午三時黨團成立會。

* 一月十四日星期三

下午二時分組召集人會，發現裂痕。

* 一月十五日星期四（空白）

* 一月十六日星期五

下午出席市文化座談會，講九龍問題。

* **一月十七日星期六**

　　連日夜接洽競選事。

* **一月十八日星期日**

　　下午三時黨團首次會。

* **一月十九日星期一**

　　上午十時市黨部紀念週，余講國際問題。

　　下午八時，平漢路局開會，余講國際問題。

　　原定明晨飛京，夜間同鄉數人強逼改期。

* **一月二十日星期二**

　　上午書記副書記會議分組辦法，擬定分文化（楊錦星，潘仲素）教育（徐會之，王文俊）青年（余拯，郎胤漢）工商（熊東皋，鄭南宣）新聞（石信嘉，

宋漱石）婦女（周敏，顧若昭）。

　　武昌與漢口兩方得分別召集各組聯席會議，幹事會兩星期開會一次。方子？會後建議黨費停止後，縣黨務遊行辦法，請余轉呈總裁。

　　新聞加劉威風，加農運。

＊ 一月二十一日星期三

　　氣候轉劣，乃決定乘輪船東下，買定大達公司大豫輪大餐間票。

　　夜九時半上船。

＊ 一月二十二日星期四

　　上午九時開船，下午八時到武穴，停泊過夜。

　　氣候愈劣。

＊ 一月二十三日星期五

上午六時開船，九點到九江停泊，吾等下船入市買瓷器一套（79 件）及零品。回船，余重入市買 aspro 等藥，以備受寒之救濟。天雨夾霰，甚冷。

四時半船離碼頭至江心過夜。

乘客均焦急，如此則到南京尚需三日以上也。

＊ 一月二十四日星期六

大風雪。上午五時自九江開船，下午三點半過安慶，未停，振風塔巍然在望。五時船在大通上游江中停泊，有軍人與船長交涉，六時半續開，十時到大通泊宿。

＊ 一月二十五日星期日

上午五時開船，風稍小，雪更大。下午到蕪湖停三小時後續開，十時半到京，天放晴，月圓在空，奇冷。十二時抵家。

＊ 一月二十六日星期一

開始工作。

＊ 一月二十七日星期二

寫社論「勗林崇墉局長」。下午參加宣傳小組，報告此行經過。

下午七一九軍官訓練團約請演講。

＊ 一月二十八日星期三

正午官邸會報，報告此行經過，及梁漱溟講學事。張市長有信來，梁要求十億元助力，其中勉仁學院需四億元。

＊ 一月二十九日星期四

張院長發表關於美國援華問題之聲明，提出十項經濟財政改革原則。

上海同濟大學打吳市長。

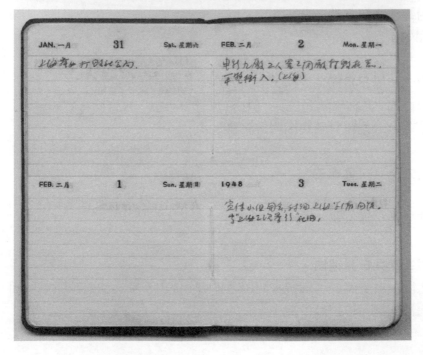

* 一月三十日星期五

夜九時得訊，甘地被刺。

* 一月三十一日星期六

上海舞女打毀社會局。

* 二月一日星期日（空白）

* 二月二日星期一

申新九廠工人罷工閉廠打毀機器，軍警衝入。（上海）

* 二月三日星期二

宣傳小組開會，討論上海學潮問題，寫「上海三次暴行」社論。

* 二月四日星期三

正午官邸會報，主席指示兩點（一）對學潮工潮採取嚴厲方針，（二）國家銀行元宵後亦不開放貸款，應嚴守定貨及收購政策，余報告數點（a）國家銀行不應以發行為貸款（b）商業銀行錢莊可貸款，（c）小工業有借貸權，決不通融大工業（d）貸款應當公開。

* 二月五日星期四

夜車赴滬。

* 二月六日星期五

上午八時到滬。訪吳市長（偕陳雪屏兄）晤胡健中兄。晚在青年團學生幹部講習班演講。

夜車回京。

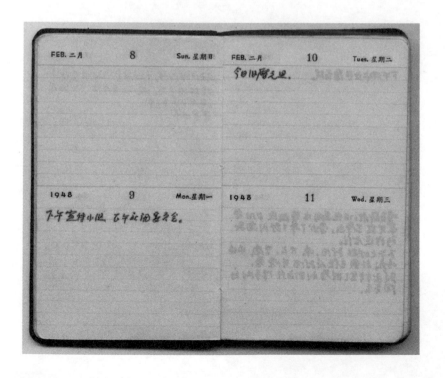

* 二月七日星期六（空白）

* 二月八日星期日（空白）

* 二月九日星期一

下午宣傳小組。正午社論委員會。

* 二月十日星期二

今日舊曆元旦。

* 二月十一日星期三（空白）

* 二月十二日星期四

下午雨中訪道藩長談。

* 二月十三日星期五

　　馮玉祥於八日在美國左翼報紙 PM 發表其致主席函，要求主席下野到南美阿根廷居住。

　　下午七時邀新聞、申、大公、東南、中央各報外勤主任及特派員晚餐。

　　致函徐會之推薦劉世海任漢市府新聞處長。

* 二月十四日星期六

　　下午冀朝鼎，谷宗瀛，孟泰莊晤談，宣佈 ? 鬼運動。

* 二月十五日星期日

　　起草新生活運動十四年紀念，主席代電。

　　牯嶺曹聖芬電話，主席命余或徐佛觀往寫一文，決請佛觀前往。

* **二月十六日星期一**

今日聖芬又電話謂主席囑余亦往，余乃請國府交際科定票。

正午社論委員會，晚論文文藝通訊委員會。

* **二月十七日星期二**

九江天氣不佳，中航機不降落，未成行。

* **二月十八日星期三**

上午寫向「國家行局再說幾句話」，力主國家行局不直接貸款，反對過去送禮式貸款之恢復。

國府交際科電話，主席命明日一定往牯。

旋又電話通知中航機明日停航。

租用中南 271 保險箱。

* **二月十九日星期四**

美國杜魯門總統援華咨文發表。（昨日下午十一時）余發表社論，指出政治經濟改革，及自助與外援之關係。

今日下午司徒大使發表聲明指摘國共兩黨，主張成立真正民主政府。余為社論論反美運動，間接予以答覆。

* **二月二十日星期五**

上午八時到飛機場，南京九江兩處氣候不佳，未起飛。此次乃準備乘郭總司令（晦吾）專機。

往新聞研究員結業禮。

夜參加中央日報同樂會。

* **二月二十一日星期六**

上午九時飛九江，十一時到，當即上牯嶺，住社會公寓。同行者郭晦吾，蔣緯國，周宏濤，沙孟海，徐佛觀。下午夏功權武官來談。七時半江西省府王主席宴客，有郭總司令，石主任（警衛）楊所長曹處長（國防部三廳）。

* **二月二十二日星期日**

　　上午遷居四十六號勵志社招待所，訪俞侍衛長郭總司令（託其副官帶信回京）於九十四號。

　　下午八時詣官邸晚餐，陳述國家行局貸款辦法必須改變，使發行與貸款之關係切斷。主席交下「新勦匪手本」，由余與佛觀改定，並由余整理全編。

　　晚閱手本，覺其各節均欠深入。

* **二月二十三日星期一**

　　上午分配手本節目，佛觀改訂軍事部分，余擔任政治部分。

　　全日在寓。著手改訂手本。

　　司徒大使前日發表談話，合眾社記者誤記其主張國共重開談判以達到和平解決之目的。余陳報主席，決由沈昌煥兄訪問司徒大使，再作報告。

　　司徒上午召集美國記者申明其本意，否認合眾社報導。下午向中央社記者

發表談話。

　　余晚間與各報通長途電話多次。

* **二月二十四日星期二**

　　新聞報記者向司徒提出詢問，問其是否以國民政府為交涉對手，彼答以一切為國府。

　　余全日改訂手本。中午繞山徑散步。

　　今日元宵節，下午八時在官邸吃元宵。

* **二月二十五日星期三**

　　上午主席召見曹處長，佛觀及余，交下手本下半，並指示政治分析應強調獨立自主及自立更生之原則，不可表現只為美反蘇。

　　下午八時又召見，謂可回南京寫作。余陳述發行與貸款切斷之必要，及限額進口貨配給制度改革之必要。

晚向主席陳述紙配給制度有改革之必要，並謂中宣部有此決心。

* 二月二十六日星期四

今日下午主席下山回京，天雨，余擬與佛觀、孟海下山往九江，明日搭機回京。（九江勵志社王處長，凌主任，袁副主任均誠懇招待）

* 二月二十七日星期五

張介僧（？）兄託向雪冰談，如能在重慶衛戍司令部政工處長最好，其他相當職務亦可。

上午在街上買瓷器，下午三時乘機起飛，四時一刻到京。

* 二月二十八日星期六

接紹徵信，湖北二區立委，次序為夏斗寅，徐源泉，劉文島，孔庚，胡秋原當選，余與黃天玄，喻育之，郭泰禎，王覺先為候補。

繼續改寫手本。

＊ 二月二十九日星期日

續寫手本。正午，主席召宴，陪東北耆宿張作相（輔忱）馬占山，萬福麟（壽山）鄒作葦。劉？，莫德惠，陳？等。布公、芷町、昌煥均在坐。飯後，主席詢問手本。

晚到報社，囑寫東北問題社論。

＊ 三月一日星期一

續寫手本。

＊ 三月二日星期二

呈上手本第一第二章改訂稿。

* 三月三日星期三

正午官邸會報，主席指示除東北問題，不就國際問題為美評蘇。

余報告手本寫作情況，並於五六兩日往徐州演講。

* 三月四日星期四

改訂手本。

* 三月五日星期五

上午八時上車往徐，普通快車為軍人所擁擠，甚不適也。雨中到徐已下午六時，總司令部秘書長滕傑（俊夫）新聞處吳處長相迎。下車後往勵志社（主任史中美）晚改在顧墨三總司令官舍。

* 三月六日星期六

上午十時為徐州各界公開演講，宣佈政府對美蘇中立政策。

下午為總司令部演講，晚八時觀平劇。

夾旺第三綏靖司令部尹高參心田接洽前往演講，余決定留一日。

* 三月七日星期日

上午八時登汽機發動小火車往賈汪，為五十八軍（前二十九軍之一支）演講，晤陳希文，張吉墉（幼青）皆北平舊友。馮（？）司令病，李副司令文田（燦軒）陪。下午二時回徐，四點半始到，五一七為江蘇學院演講「中國政治思想的兩個流派」，院長徐直民。

* 三月八日星期一

上午八時至九時一刻，出席總司令部紀念週，演講憲法的精神及製憲經過。

十時特別快車回京，下午七時四十分到浦口，九時到家。

* 三月九日星期二

上午整校手本第三章一節稿，送呈主席。

* 三月十日星期三

下午六時十分，軍官訓練團演講。

* 三月十一日星期四

上午八時錢塘號偕冰如龍生赴滬。雨。馬星野赴滬轉歐出席新聞自由會議，中央日報社事託余代管。

下午到滬，夜聽馬連良戲劇。

* 三月十二日星期五

下午六時半在東方經濟圖書館宴冀朝鼎，葉？村，徐建平等三人，討論外匯廢止牌價問題。

中午往老正興便餐，遇劉湘安及東南日報諸人。

下午四時半往中央銀行晤劉攻芸兄，談中國經濟通訊社國行投資 30 億

事，約定下星期五與杜月笙劉攻芸共同請四行兩局負責人？集。

* 三月十三日星期六

　　正午宴同鄉，談會館設立學校事。

* 三月十四日星期日

　　金陵號回京，奇冷。易乘雪佛蘭新車。

* 三月十五日星期一

　　手本餘稿呈主席。

　　黨報社長會議開會。

* 三月十六日星期二

　　寫金融問題意見書，備明日面呈主席。

晚間余為社長會議說明對世界問題所取看法。

* 三月十七日星期三

下午中央日報宴各社長，余為說明對日態度及對自由主義之態度。

正午官邸會報，論及社會經濟研究會事。

* 三月十八日星期四

預定今日夜車赴滬，十一時上車。

社長會議閉幕，余為說明勘匪軍事之性質與目的。

杜魯門總統發表聲明美以軍事力量為後盾，支持歐洲民主國，北歐希臘義大利如受共產主義控制，美即用武力亦在所不惜。但和平之門常開。

* 三月十九日星期五

今晨抵滬，上午十時訪張乾？先生，正午與劉攻芸杜月笙共請四行兩

局及李？蓀徐寄？，商投資中國經濟通訊社事，三十億元由四行兩局任
二十億，其他銀行十億。下午五時湖北同鄉會茶會，商在湖北會館辦學校事。
七時宴逆產處理局審議會諸人，為愚園路房屋已估價，請助其准於三個月內分
期付款。

　　夜車回京。

* 三月二十日星期六（空白）
* 三月二十一日星期日（空白）
* 三月二十二日星期一（空白）

* 三月二十三日星期二
　　布公寫主席國大開會詞囑余寫要點送參考。

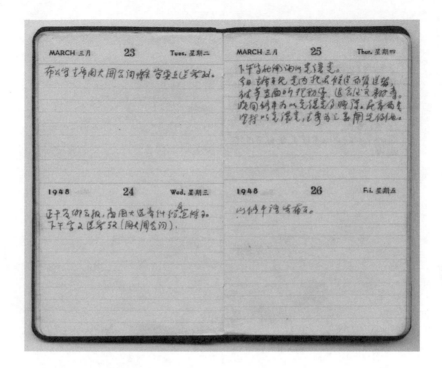

* **三月二十四日星期三**

　　正午官邸會報，商國大選舉糾紛及宣傳事。

　　下午寫文送參考（國大開會詞）。

* **三月二十五日星期四**

　　下午寫社論論以黨讓黨。

　　今日主席召見黨內提名候選而落選者，彼等當面聽從勸導，退會後又翻案。晚間修平為以黨讓黨事晤談。民青兩黨堅持以黨讓黨，主要為立委開先例也。

* **三月二十六日星期五**

　　以修平語告布公。

＊ 三月二十七日星期六

正午主席召見鐵城、立夫、厲生諸公，布雷先生、惟果及余亦在座，宣示解決國大代表兩項糾紛之方針，命余執筆作一聲明。

下午六時半稿呈布公改定，八時進謁主席核改，十時交中央社發稿。夜半一時核閱英文譯稿。

今日下午主席召見以黨讓黨者，彼等聽從勸告。

＊ 三月二十八日星期日（空白）

＊ 三月二十九日星期一

國民大會開幕，有以黨讓黨的代表十人拒絕退讓，入會堂不去，並絕食，今晨始搬離，已逗留二十餘小時矣。

＊ 三月三十日星期二（空白）

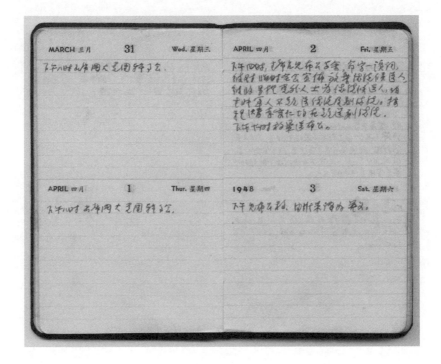

* **三月三十一日星期三**

　　下午八時出席國大黨團幹事會。

* **四月一日星期四**

　　下午八時出席國大黨團幹事會。

* **四月二日星期五**

　　下午四時，主席召見布公與余，命寫一演詞，彼對臨時全會宣佈放棄總統候選人，彼將另提黨外人士為總統候選人，彼（？）主張軍人不競選總統及副總統。按程潛李宗仁均在競選副總統。

　　下午十一時稿畢送布公。

* **四月三日星期六**

　　下午見布公稿，由惟果譯為英文。

* **四月四日星期日**

上午十時臨全會開會，主席宣佈放棄總統候選。下午會中，中委吳稚老發言，暗示贊成總裁主張，羅家倫發言贊成總裁決策，係為最高政治道德，與最高政治政策。此外均人云亦云反對，有胡說亂道者。最後總裁又說明主張，指責中委不討論政策只討論個人進退。並決定三點（一）本黨提名總統候選人與否，交中央常會討論，提誰亦由中常會決定，報告全會（2）副總統自由競選，但（3）下不為例（國大前三個月由本黨全代會決定候選人）。

* **四月五日星期一**

中常會開會，主張接受總裁政策與反對者各半。後因鑑於國大選舉無把握，恐為有野心者以突擊取得總統，總裁始未堅持。

* **四月六日星期二**

全會通過擁護總裁為候選人，但對國大則由同志自由簽（？）署提名。

余寫社論題為「總統提名取決於國民大會」，此次總裁政策未能貫澈，余認為國運無可說。在宣傳上尤覺困難也。

* 四月七日星期三（空白）
* 四月八日星期四（空白）

* 四月九日星期五
　　論是非與利益社論刊出後，倪青原等表示憤慨，因社論指出馬薩里克自殺後，中國自由主義者仍欲尋覓中立之路，乃由於少看外國書報。

* 四月十日星期六（空白）
* 四月十一日星期日（空白）
* 四月十二日星期一（空白）
* 四月十三日星期二（空白）

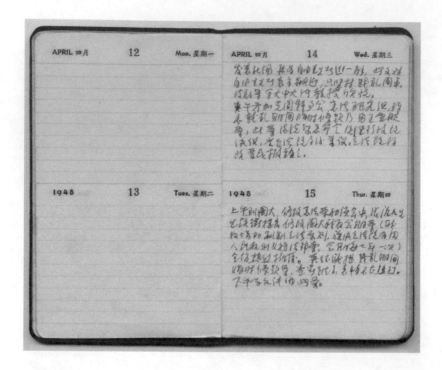

* 四月十四日星期三

　　發表社論再為自由主義者進一解，此文對自由主義者表示歡迎，只堅持戡亂國策，頗得金大中大諸教授欣悅。

　　下午參加黨團幹事會，憲法研究組，得悉戡亂期間臨時條款乃用王雪艇案，此案總統緊急命令須經行政院決議，發立法院事後審議，立法院得改變或撤銷之。

* 四月十五日星期四

　　上午到國大，修改憲法案初讀會中，張？九先生領銜提出修改修改國大職權會期案（職權增加創制立法原則，複決立法院有關人民福利義務法律案，會期每二年一次）全場熱烈擁護。莫德威提戡亂期間臨時條款案，簽署雖多，表情不甚熱烈。下午寫文評論此案。

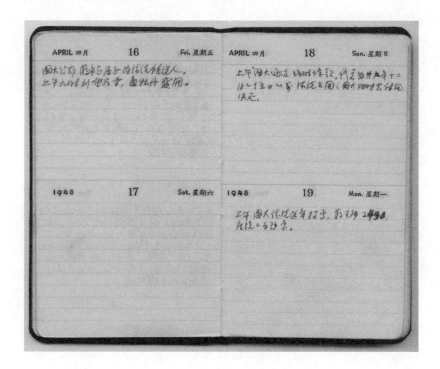

* **四月十六日星期五**

　　國大公佈蔣中正、居正為總統候選人。

　　上午九時到靈谷寺，適牡丹盛開。

* **四月十七日星期六（空白）**

* **四月十八日星期日**

　　上午國大通過臨時條款。修憲留卅九年十二月二十五日以前總統召開之國大臨時會討論決定。

* **四月十九日星期一**

　　上午國大總統選舉投票，蔣主席 2430，居正二百餘票。

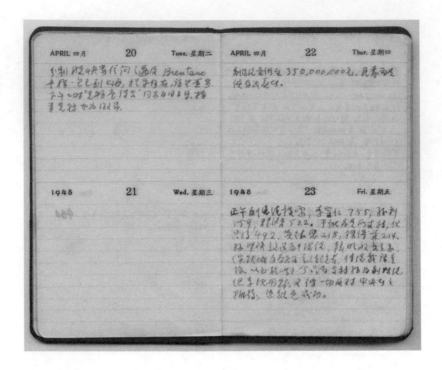

* **四月二十日星期二**

  分別航快寄信向之邁及 Brentano 書稿一包已到上海，提單何在請其查寄。
  下午二時黨務座談會同志自由召集，指責黨務甚為激昂。

* **四月二十一日星期三（空白）**

* **四月二十二日星期四**

  副總統票價至 350,000,000 元，民青兩黨俱有出賣者。

* **四月二十三日星期五**

  正午副總統投票，李宗仁 755，孫科 559，程潛 522。于雖為黨所支持，但
只得 492，莫德惠 218，徐傅霖 214。孫堅決競選副總統，聲明放棄立委，（吳
鐵城自欲為立法院長，傳總裁話走樣以至於此）今只有支持孫為副總統，但李
既用錢，又得一切反對中央者之擁護，恐難免成功。

* 四月二十四日星期六

下午一時副總統第二次投票畢，李 1163，孫 945，程 616。

3045 過半數 1523。明日上午舉行第三次選舉。

夜間楊光揚來謂民社黨中常會決議支持李德鄰，君勱態度如此轉變，殊出意外。蔣勻田、孫亞夫、戢翼翹均力主支李。余介紹光揚與孫九錄見面，商抽出三十票事。

程頌雲決定放棄，山西、湖北、東北、四川票均有？與李者。

* 四月二十五日星期日

上午三時李德鄰送稿到了新民報，聲明放棄。

七時半余得電話始知。上午九時官邸開會。上午十時半記者來告大會被擁李叫囂，不能開會。主席宣告休會一天。（白部長九時到官邸對主席有強硬之說明。黃紹雄昨日下午已向張院長透露如主席施用壓力，李可放棄，但會開不成，「我們亦將採取行動」云云。）

* 四月二十六日星期一（空白）

* 四月二十七日星期二

　　今日社論表示中央日報不偏，但點出整肅選舉風氣，暗指賄選。

* 四月二十八日星期三

　　國民大會續會。李 1156，孫 1040，程 515，明日上午九時舉行四次選舉會。

　　今日社論表示無記名之投票可保障選舉人意志自由。

* 四月二十九日星期四

　　李 1438

　　孫 1295

　　正午一時開票結果，李宗仁當選。

* 四月三十日星期五

晚間為于院長起草大會閉幕主席講詞。

* 五月一日星期六

立法院否決增加國代 300，立委 150 案，（國務會議四月二十二日決議）民青兩黨立委過少，恐將退出合作。

* 五月二日星期日

兩友黨立委當選只有 22，以黨讓黨如解決可得 60，去 155 之數尚遠，今本黨已不勸讓，兩黨不能不退出立院及政府。

* 五月三日星期一

下午九時中央常會，立委以得票多數為當選，其友黨為候補第一，本黨當選同志如願退讓，本黨予以鼓勵。

提孫科陳立夫為立法院院長副院長候選人。（黃紹雄運動院長）

* **五月四日星期二**

上下午本黨各地黨務負責同志及國大代表檢討黨務。

* **五月五日星期三**

中午會報，報告上海經濟調查停止，小報發出金鈔自由買賣消息，致昨今金鈔狂漲（由三億八到五億元）下午補呈？手令東方與中央銀行合作加強各大都市金融調查，隨時準備對大戶予以打擊。

下午二時與金龍章接洽，力促其阻止兩黨聯合和聲明。

下午九時陳修平通話，請兩方均向轉圜做去。

* **五月六日星期四**

晚寫救濟特權舊話重提，力詆上海金鈔買賣運動廢止告密獎金辦法，發出

自由買賣消息，致金鈔價格一日三漲。

* 五月七日星期五

上午八時，陳修平回京即電話告以兩黨聯合聲明昨晚發表，係針對新聞局聲明。彼謂立法院無少數黨參加，即回到一黨政治，青民兩黨名額太少，萬難出席，希望日內能有補救，即增加？？兄亦可。

* 五月八日星期六

立法院集會。

報載上海警察局抄套匯大戶，電話詢問東方，係東方供給材料，抄後金價由六億多跌至五億七。

青年黨立委當選者只有 5（8 名之中三個有問題）當選為候補第一第二者 22 第三者 9，未報者 6，三項加起 33。第三者 9。

民社黨當選者 17，候補第一第二者 33，未報者 5，共計 55。

上午蔣主席接見余陳左，徐蔣（？），表示對立委名額仍在困難中力謀解決，望予一個時間安置讓黨之人。

* 五月九日星期日

行政與立法各方面三黨合作一併檢討與決定，此意於八日下午五時與修平商，彼可同意。

三黨合作綱領即以行政院對立法院提出之政黨為準，不必另有綱領，此點彼亦同意。

* 五月十日星期一

下午七—九綏靖政務研究會座談會，余為講國際形勢。

* 五月十一日星期二

下午宣傳小組。

＊ 五月十二日星期三

官邸會報談及立法院副院長選舉，黨中立委意見紛歧，總裁認為黨之存亡所在，乃黨員對黨魁之問題而非立夫問題。

莫斯科發表美蘇換文，直接談判，英國表示驚異，而美駐蘇大使司密斯事前亦不知其發表事。余報告總裁蘇之對外政策自義大利選舉共黨失敗，有變化。中共之聯合政府舊話重提亦即此一變化之反映。

＊ 五月十三日星期四（空白）

＊ 五月十四日星期五

晚寫「民初國會可為殷鑑」，指斥立法院中有人主張行政院各部會長名單應提立法院通過，民初國會有此權，致令志願入閣者疏通議員。造成議會政治最難堪之記錄。余為文堅決反對。

* 五月十五日星期六

今日有立委告中央日報記者，立委將質問中央日報，編輯部答以歡迎質問。我們好做文章。

* 五月十六日星期日

社論晚寫共匪的鴕鳥政策，斥其五一所提民主聯合政府口號。

立院副院長立夫提名遭反對，反對者主傅斯年，今晚立夫方面發表傅不當立委之一封信，係胡適致汪少倫者。

全運會閉幕，台灣團體第一。

* 五月十七日星期一

上午立院選院長，下午選副院長。

社論論立法院不應自提議案，行政院？政策應於該院成立後再上立法院議程。

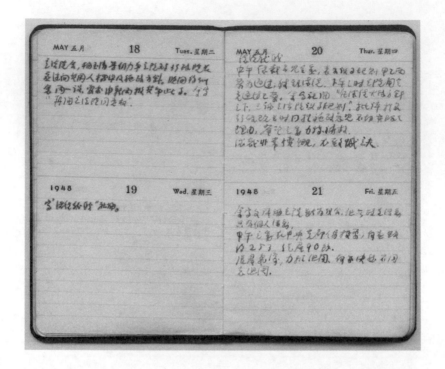

＊ 五月十八日星期

　　立法院會，楊玉清等仍力爭立院對行政院長應過問及用人標準其施政方針。晚間約訓惥？一談，要求申新兩報共爭此事。余寫「再論立法院同意權」。

＊ 五月十九日星期三

　　寫「總統就職」社論。

＊ 五月二十日星期四

　　總統就職。

　　中午總裁召見立委，表示議事規則甲乙丙案如通過，彼辭總統。下午三時立院開會先通過乙案。余寫社論「在總統大政方針之下，三論立法院議事規則」，批評提名行政院長時同時提施政意見不切實際之理由，希望立委力謀補救。

總裁非常憤慨，甚致憾立夫。

* 五月二十一日星期五

余寫文評論立院雖為議會，但無政黨活動只有個人活動。

中午立委在中央黨部假投票，何應欽得 253，張群 90 餘。

張群飛渝，力推組閣，何亦決然不同意組閣。

* 五月二十二日星期六

自昨夜至今日下午四時，職業學生包圍青年部，塗特工部等字樣於牆上，余寫社論作嚴重之表示「為國救亡，為黨雪恥」並警告新民報勿得為彼宣傳。

下午四時？秘書會議，決取分化政策。

今日總裁尚未提行政院長，告孫科稱立夫以何打張，兩人都不能幹，余將提第三者，如立院不通過，余即辭職，至第三者為何人，余事前絕不相告。

＊ 五月二十三日星期日

上午衛戍司令部首都會報議決（1）組織各界鋤奸會（2）今晚金大晚會嚴屬制止。晚會未開。今晨社論「為國救亡，為黨雪恥」，頗有影響。

晚間與修平談。

＊ 五月二十四日星期一

今晨社論斥立法院本身無政策，政府之政策有若干原則不可改變，引起立委反響，政界中人讚頌。

上午中常會，總裁提出翁文灝組閣，下午二時本黨立委在中央黨部開會，一致支持翁先生，下午立院院會通過翁閣，關於兩黨入閣事，告布公。

＊ 五月二十五日星期二（空白）

* 五月二十六日星期三

社論「反迫害，反暴動，反賣國」引起交大反響。（文中指責浙江大學交通大學）

官邸會報，余報告對立法院之言論編輯方針。總裁痛斥立夫，要他反省，指出黨不容團，致有今日惡果。

* 五月二十七日星期四

上午八時到滬，往狄思威路省視岳母，中午約莫孝威小吃靜安寺路老正興。

下午四至六時半，在申報召集申、新聞、中央、和平、新夜各報主筆談話。

下午七時東方圖書館董事會在十八層樓杜先生家舉行。

夜車回京。

交通大學學生開會要打上海中央日報，余以中宣部發言人名義發表談話，支持中央日報。

* 五月二十八日星期五（空白）
* 五月二十九日星期六（空白）
* 五月三十日星期日（空白）

* 五月三十一日星期一

結匯證明書辦法今日實施。

* 六月一日星期二

社論高叔康寫「新行政院的新措施」論結匯證明書辦法。

* 六月二日星期三

國民印刷所領來（中宣部交）中央銀行 36 年三月十九日發 US5000 支票（No.SC.165310 滬字第 59 號）。

寫社論論反美運動。

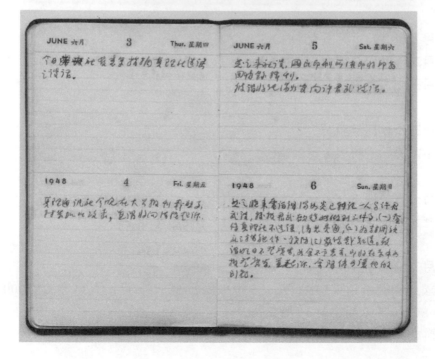

* **六月三日星期四**

今日中央社發表余指摘真理社造謠之談話。

* **六月四日星期五**

真理通訊社今晚在大公報刊載啟事，對余加以攻擊，並謂將向法院起訴。

* **六月五日星期六**

然之來社訪談，國民印刷所決將印翁回憶錄輯刊。

彼謂將託湯如炎向許君武說話。

* **六月六日星期日**

然之晚來電謂湯如炎已轉託一人與許君武談，據報君武願趁此做到三件事，（一）宣傳真理社不造謠，消息靈通，（二）為封閉該社之措施作一預防（三）要總裁知道。彼謂明日不登廣告，如余不予表示，即將在京中各報登廣告，並起訴，余謂儘可讓他做到？。

* **六月七日星期一**

陳修平晨間由滬來電謂青年黨決於十五日前如立委問題無頭緒，即請政府將經農兩部另派他人。

* **六月八日星期二**

參加起草吳秘書長陳代秘書長（布雷）關於三黨合作之聲明。

* **六月九日星期三**

陸鏗朱沛人去職，報館同人歡送。

陳修平晚間由上海來電話，謂聲明發表後青年黨反應甚好，兩黨監委決定報到。

* **六月十日星期四**

函陳武鳴司令，請飭解凡儔青年審訊，如其誠意悔悟可令其自首自新。凡

JUNE 六月　　**7**　　Mon. 星期一

陶伯平屋同南1户来電话甚早毛以北
十却萬處正等同陈与场11年，中酒政
前的位居南部各1花他人。

1948　　**8**　　Tues. 星期二

参加教材美托专表陶用裁专表(布言)圈
松之呈筹作之陈雨。

JUNE 六月　　**9**　　Wed. 星期三

陸輝事人号我，报陸旧人就遇。
陸的半晚向吧山母来電话，陪得抗萬表
必者斗究及益白好，两至范表快无敵到。

1948　　**10**　　Thur. 星期四

此陆武唱司令，招缩性凡的事易事汛
必其威惹帖钱了笮只白者白然。凡雨
似2日抗电事程住辞乐取遮色者，富四
即加榜材的知，至松廿七好记信载
蛋。

JUNE 六月　　**11**　　Fri. 星期五

JUNE 六月　　**13**　　Sun. 星期日

翁陆若松立信院顷词，表示辞孝(己亭眠政
高务民耗委保载)信義英隈果大，梁天各
决奋少忙保。

1948　　**12**　　Sat. 星期六

翁陆表向主信院大犯禄材酐报告，气候
陆度词在副，围淡張(引寄表大据高務
部革李。

1946　　**14**　　Mon. 星期一

苓毛託希号劝勉沛布五到入大信表。

儔係五月十九由平往津轉東北匪區者，當日即在楊村被扣，並於二十七解武清縣署。

＊六月十一日星期五（空白）

＊六月十二日星期六

翁院長向立法院提出施政方針報告，立法院質詢甚烈，開頭發言者為賴璉蕭錚邵華等。

＊六月十三日星期日

翁院苦於立法院質詢，表示辭意。（王雪艇鼓動翁氏抬出總裁）總裁責陳果夫，果夫否認有小組織。

＊六月十四日星期一

舉王齡希曾劭勳請布公列入大法官。

＊六月十五日星期二（空白）

＊六月十六日星期三

官邸會報，面呈中行與東方所訂預算案，請准備案。

＊六月十七日星期四（空白）

＊六月十八日星期五

王齡希曾伯猷列入大法官事，布公告已以請總裁交王院長參考。

＊六月十九日星期六（空白）

＊六月二十日星期日

居院長約同鄉談湖北文徵事。

JUNE 六月	15	Tues. 星期二	JUNE 六月	17	Thur. 星期四

1948	16	Wed. 星期三	1948	18	Fri. 星期五

發部金款，西呈主席另有個打政
并要請此講書

王軌唐言個歡到入大清言了，希各報已
活凍程求王院在考察。

JUNE 六月	19	Sat. 星期六	JUNE 六月	21	Mon. 星期一

1948	20	Sun. 星期日	1948	22	Tues. 星期二

居院在約回信說湘此久倒了。

除殺者希各以 青年毛希日中午以青，寺
北考院剝院去，即以扎寶黃毛。寄
承蓄奇巳個系到院去，但子湾竟報信
沒毛時，主項先覺爭源。

下午室傳小說，存蓄先生主希乎乃尚先春伯
及青年毛得扎同建。
下午二室以修平先來電院予以青年毛去乎
下午至
會快尹在七工系接件 寺日各表各以等
不扎考就.院剝院在木任各寿昌各享.
除殺事不以已不耐煩，呈 到私圍瘷.
在召院修平四在古這.

＊ 六月二十一日星期一

總裁告布公如青年黨本日中午以前，未提考院副院長，即改提賈景德。余家菊本已同意副院長，但曾琦電告已派（？）該黨時，李璜電覆否認。

＊ 六月二十二日星期二

下午宣傳小組，布雷先生宣布其與兩黨接洽及青年黨僵持經過。

下午二時修平兄來電話告以青年黨中常會決定在七項條件未得確答以前不提考試院副院長及大法官考委名單。總裁對此已不耐煩，恐難轉圜矣。

夜與陳修平通話未達。

＊ 六月二十三日星期三

夜接電話青年黨中常會推定大法官考試委員各二人，考試院副院長彼同意余家菊。但事實上前日正午以後此職即定賈景德。

* **六月二十四日星期四（空白）**

* **六月二十五日星期五**

　　發表社論主張中國政府促成對日合約初步會議之舉行。

　　夜車赴滬。

* **六月二十六日星期六**

　　上午十時至下午一時參加香港國民日報公司發起人會，當選為董事。

　　下午三時視察國民印刷所工廠。

* **六月二十七日星期日**

　　夜車回京。上車前在吳秘書長公館參加國民日報董事會，余當選常務董

事。

＊ 六月二十八日星期一

歐洲共產國際發表聲明譴責南斯拉夫共產黨鐵托元帥等。

＊ 六月二十九日星期二（空白）

＊ 六月三十日星期三

官邸會報報告兩事：（一）外交上政府對對日合約會議應取主動（二）經濟上應有緊急措施，隨即呈上簽呈兩項（甲）整頓金融機構（乙）清查上海倉庫。

中央與東方預算已蒙批准。

＊ 七月一日星期四

青年黨指定左余陳三人為全權代表，商談立行兩院參加事。

* 七月二日星期五

下午四時半在布公處轉達陳修平代青年黨所提各項要求。布公告以總統不願發表聲明，並不欲青年黨續長工商。

五時左余陳三人案，余辭出，並約略告陳以總統申明不可能事。

* 七月三日星期六

正午十二時電話陳修平，促行政院兩部就職。晚十時又電話報信。彼夜車赴滬。彼得悉吳鐵成陳布雷再發申明，及翁院長促其就職函發表，並發一消息說明兩黨立委解決實況，彼等三人以決定行政院參加事應肯定的決定，但仍往滬報告其中常會。

* 七月四日星期日

殷海光要辭主筆，在金陵大學教書。

下午寫「為對日合約而努力」響應葉公超聲明（此聲明乃說明政府為此事

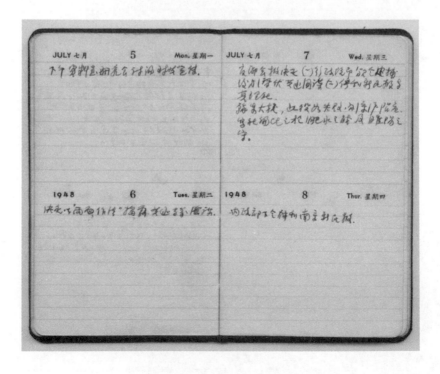

努力之經過者）夜十一時半與陳啟天（上海）通電話，彼告以青年黨全面參加政府。主張行政立法兩院同時參加。

* 七月五日星期一

　　下午資料室研究會討論對共宣傳。

* 七月六日星期二

　　決定以「兩面作法」揭露共匪當前陰謀。

* 七月七日星期三

　　官邸會報決定（一）行政院即頒令逮捕後方潛伏共匪間諜（二）停刊新民報與真理社。

　　豫東大捷，此役如失敗則京滬陷危，寫社論比之於淝水之戰及睢陽之守。

* 七月八日星期四

　　內政部下令停刊南京新民報。

* 七月九日星期五（空白）
* 七月十日星期六（空白）
* 七月十一日星期日（空白）
* 七月十二日星期一（空白）

* 七月十三日星期二

　　華商日報發表中共同意國際情報局譴責南共決議。（七月十日中共中央通過者）

* 七月十四日星期三（空白）
* 七月十五日星期四（空白）
* 七月十六日星期五（空白）
* 七月十七日星期六（空白）

JULY 七月	13	Tues. 星期二	JULY 七月	15	Thur. 星期四

革命政府在中美日奉國協循南今[冯]遣
衰南芽·夫訊。（七月十日中美中央圑通过）

1948	14	Wed. 星期三	1948	16	Fri. 星期五

JULY 七月	17	Sat. 星期六	JULY 七月	19	Mon. 星期一

今日發表永詞「民生主义第三讲」。
起草四战俊文举 為中其建立党会圑阶循批
為遣衰南芽之決議。早晏央方圑部起草。

1948	18	Sun. 星期日	1948	20	Tues. 星期二

起草之文。

下午宣傳小组。俄方宣傳圑诙，曾稿毛利次
早予宣傳面议。

* 七月十八日星期日

起草文告。

* 七月十九日星期一

今日發表社論「王芸生之第三查」。

起草總統文告，為中共響應共產國際情報局譴責南共之決議，號召各方團結勸共。

* 七月二十日星期二

下午宣傳小組。催寫宣傳綱領，並指示修改軍事宣傳要領。

* 七月二十一日星期三（空白）

＊七月二十二日星期四

晚間在董顯光公館討論白報紙配給辦法，在坐者曾虛白，鄧友德，霍寶樹，顧毓琛，李惟果，黃少谷，李俊龍。決定三點（一）六季起白報紙概由中信局統價出售。（二）各報社依五季配給直向中信局購進，如以自備外匯購買者亦在配額內申購。（三）貼補戡亂宣傳報紙，以中信局前獲利潤投入製紙廠，再由廠配紙給政府作為補貼。第三項密之。

總統視察太原，當日回京。布公往滬，文告初稿余繼續承辦。

＊七月二十三日星期五

中共同意共產情報局譴責南共決議之申明。

今日配社論見報。

＊七月二十四日星期六

官邸午餐，決定於一日起發動整飭學風。又決定文告由翁院長發表。

* 七月二十五日星期日（空白）

* 七月二十六日星期一（空白）

* 七月二十七日星期二（空白）

* 七月二十八日星期三

　　翁院長告國民書發表，指出共匪接受共產國際情報局之決定，證明其為國際第五縱隊。

* 七月二十九日星期四（空白）

* 七月三十日星期五

　　翁院長王財長等於俞鴻鈞上莫干山後即追往。力主經濟改革及幣制改革。

＊ 七月三十一日星期六

翁院長下山後即有一日公佈改革幣制說，上海謠言紛起。

＊ 八月一日星期日

今日未公佈經濟改革方案，余決發動一神經戰，以為林崇墉就任上海金融管理局之支持。今晚寫經濟改革之樞紐一文，明日見中央日報社論，夜間寫黨務改進基本方針。

＊ 八月二日星期一

「放過一著，萬事皆休」一「論經濟改革的樞紐」在中央日報發表，主張整頓金融機構，由六千單位減至二千單位。此文在行政院改革經濟聲中，發動一大神經戰。

夜間寫黨務改進基本方針。

* 八月三日星期二

　　黨務座談會。

　　晚間為發會場消息事，工作至一時。

　　夜間寫黨務改進基本方針（但將其劃掉），把握問題的焦點向黨務座談會建言，認為本黨應適應憲政制度而為改造。

* 八月四日星期三

　　黨務座談會。

　　金約指二億八千四百萬元。

* 八月五日星期四（空白）

* 八月六日星期五

　　金十字架為冰如造六千九百萬元。

＊ 八月七日星期六

下午遇昌煥，為言星期四翁院長與李惟果林崇墉蔣經國談話經過，翁謂如經國不任經改事，彼將不提方案而辭職。經國允作委員會之委員而以翁為主委，彼任聯絡策動之事，經常駐在上海。事後李蔣沈又談話，經國的結論是現政府下望改革為不可能。

買現洋七元（5,500,000）三千七百餘萬元，添金指約二錢為三錢〇八，加入四千八百九十萬。

＊ 八月八日星期日（空白）

＊ 八月九日星期一

官邸臨時會報，決十五日以前發佈行政院整飭？？令。

＊ 八月十日星期二（空白）

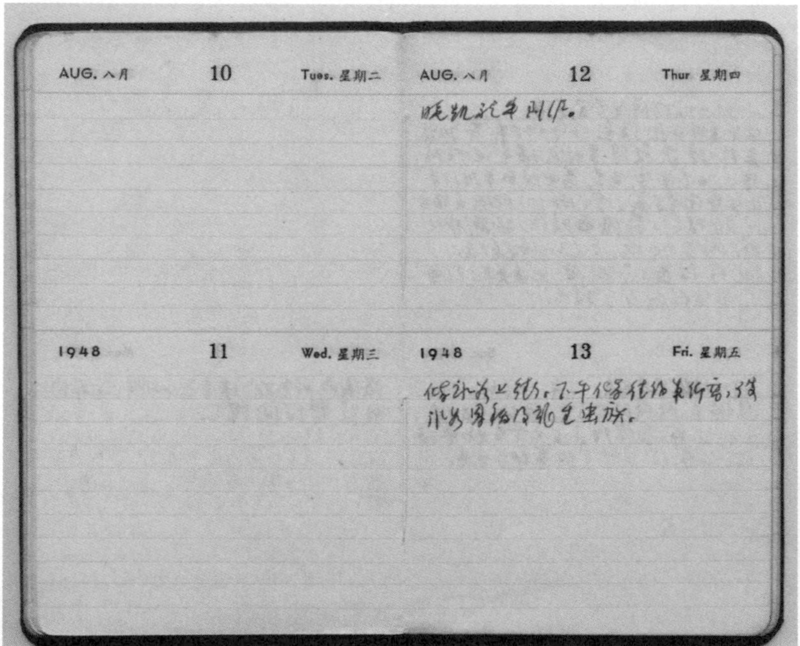

* 八月十一日星期三（空白）

* 八月十二日星期四

　　晚凱旋車到滬。

* 八月十三日星期五

　　偕冰如上街。下午偕往訪朱仰高，談冰如胃病及龍生虫疾。

* 八月十四日星期六

　　上午九－十，江灣海夏令會演講。

　　中午中央日報請客。下午三時半，范爭波（？）吳紹澍羅敦偉馬樹禮請客，說明彼等四報（前線，正言，益世報，和平報）對中央東南之反感。余以為（一）配紙應有合理調整（二）裁減篇幅（三）依裁減比例減少配紙，三項以平積憤，晚在林孟乙家晚餐，見中央銀行文有志於改革者數人。

* 八月十五日星期日

上午七時凱旋車回京。下午二時到，三時晤惟果，經濟改革案一星期內公佈，予在公布前宣傳事與王雲五秘密接洽。公布後宣傳事由黃部長負責。

* 八月十六日星期一（空白）
* 八月十七日星期二（空白）

* 八月十八日星期三

上午晤王雲五，閱四項辦法及財部長聲明。

晚間作宣傳指示。

總統由牯回京。

* 八月十九日星期四

上午整理宣傳指示稿。

正午北極閣官邸總統約吳鐵城鄭彥棻谷正鼎黃少谷及余談職業學生事。

下午三時中政會，接連行政院會議，通過四項辦法及經濟管制委員會組織規程。余亦將宣傳指示發出。

＊八月二十日星期五

總統依據臨時條款公布財政經濟緊急處分令，實施四項辦法，今日明日銀錢業傳票（？）。

中午北極閣宋宅總統召集會報。

下午七時行政院二號官邸宣傳會報。

＊八月二十一日星期六

總統發佈電令，貫徹經濟管制（芝町手草）

余上午三時至七時起草總統談話稿，十一時送呈。下午九時召見，略有修改。

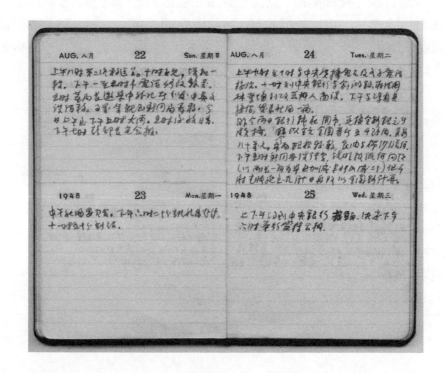

下午七時黃少谷宅會報。

＊ 八月二十二日星期日

上午八時第二次稿送呈。十時召見，增加一段，下午一至三時半電話修改數處。五時董局長邀集中外記者分發中英文談話稿。事前余親至新聞局看稿。今日上午至下午五時大雨，五時後放晴。下午七時彭部長宅會報。

＊ 八時二十三日星期一

中午社論委員會，下午六時二十分凱旋車赴滬，十一時五十分到站。

＊ 八月二十四日星期二

上午九時至十時與中央廣播電台及各方電話接洽。十一時到中央銀行與俞鴻鈞，蔣經國，林崇墉劉攻芸諸人商談。下午與馮有真接洽，發出社論一篇。

昨今兩日銀行錢莊開市，兌換金鈔銀元者頗擠，今以金兌金圓者五千餘兩。美鈔八十萬元。市面銀根放鬆，石油與棉紗漲價。下午五時新聞界談話會，說明報紙價問題（以兩張一角為準每加減半張加減二分）但市府主張延至九月十日再改以金圓鈔計算。

＊ 八月二十五日星期三

上下午約到中央銀行接頭，決定下午六時舉行宣傳會報。

＊ 八月二十六日星期四

發核定物價之標準社論，由滬中央日報電中宣部電告轉發各地黨部。
督導員決定檢查倉庫沒收三個月前囤貨，此項囤貨大抵為各銀行所存者。經檢隊明日起工作。
晚寫社論「檢查倉庫，疏導囤貨」，明日發出。
臨時舉行宣傳會報。（附記，此未能組織成功）

* 八月二十七日星期五

晚未寫文。

行政院李惟果電話謂報紙定價與裁減篇幅並行，報價仍每二張一角。

俞鴻鈞由京歸，亦說明此點，並謂最好不以會議方式宣佈，由余非正式告知各報。

* 八月二十八日星期六

上午十一時邀集大公，中央，申，新，和平，正言，前線，益世各報告以減張加價事，彼等要求二張一角二分，並要求中央銀行貸款結五季紙外匯，余允轉達。晚寫「上海一周」社論。

* 八月二十九日星期日

下午二時上海市黨部召集幹部會議，俞鴻均，吳市長，潘議長及余均到講話。

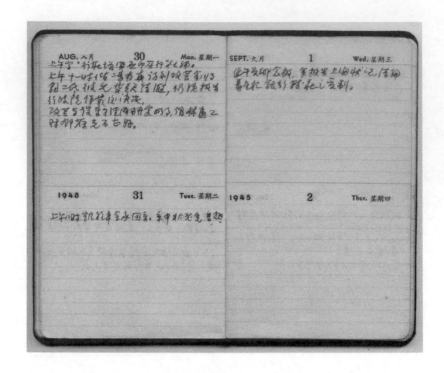

下午七時上海各夜報宴余於麗都花園。

請求貸款及定價特為提寫二事。

* 八月三十日星期一

　　上午寫「行莊增資應即實行」社論。上午十一時偕馮有真訪劉攻芸俞鴻均二氏彼允貸款結匯，仍須報告行政院做最後決定。

　　攻芸與談東方經濟研究所事，謂林孟乙對鄧葆光不甚好。

* 八月三十一日星期二

　　上午八時凱旋車全家回京。京中秋老虎甚熱。

* 九月一日星期三

　　正午官邸會報，余報告上海狀況，結論著重於銀行錢莊之管制。

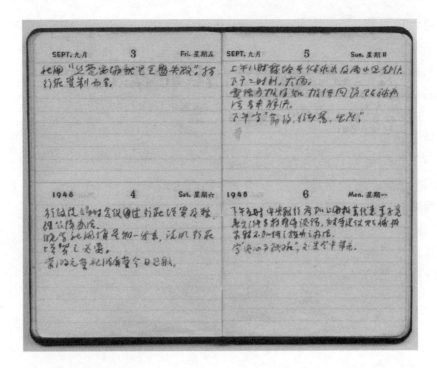

* 九月二日星期四（空白）

* 九月三日星期五

　社論「絲毫妥協就是全盤失敗」指行莊管制而言。

* 九月四日星期六

　行政院臨時會議通過行莊增資及整理公債辦法。

　晚寫社論備星期一發表，說明行莊增資之必要。

　榮鴻元案杜維屏案今日見報。

* 九月五日星期日

　上午八時錢塘號偕冰如及兩小兒赴滬，下午二時到，大雨。

　電話各報告知報價問題貼補辦法尚未解決。

　下午寫「節約、儲蓄、生產」。

＊ 九月六日星期一

　　下午五時中央銀行參加上海報業代表李子寬，詹文滸與蔣督導談話，彼等建議貼補報業暫不加價之損失之辦法。

　　寫「決心與鐵腕」，交朱登中帶京。

＊ 九月七日星期二

　　下午三時參加上海各界歡迎陳立夫大會，今日颱風逼近，大雨滂沱。

　　寫「商業銀行提存外匯」，交中央日報電台電京。

　　晚寫「節約由汽油說起」，明日郵寄中宣部後日發出。

＊ 九月八日星期三

　　昨夜今晨仍然大風雨。

＊九月九日星期四

下午五時李子寬詹文滸陳訓念約談五季紙事。

＊九月十日星期五

下午七時經國邀上海報界數人談今後方針。

上海金管局謝仲賢貪污（查帳員）上海稅局一科科長蘇鶴翔（局長親信，一切貪污皆其經手）。

＊九月十一日星期六

上午八時凱旋車偕冰如范生龍生回京。

下午二時參加勤儉建國綱領起草會議，八時參加北極閣官邸晚餐，報告上海情形，請指派唐乃健督導漢口，並陳述漢口金管局辦事不力。

＊九月十二日星期日

下午六時王外長邀晚餐，到者程天放張道藩陳博生黃少谷及余。對外蒙加入聯合國，韓國之扶助，及對日合約問題交換意見，余主張籌畫遠東防蘇聯合。

＊九月十三日星期一

下午寫「兩項諍議」對交通事業加價與稅收減少，兩事提出諍言，主張交通事業應依企業原則節約開支，稅務行政應加整理。

＊九月十四日星期二

批評交通事業的社論發表後，郵政總局派人來解釋，郵費為戰前（五分）二十分之一（五厘 ＝ 銀元二厘五）不能敷佈，其內部並無膨漲等。 又交通部次凌鴻勛發表談話。

批評稅務行政後，財政部國稅司長發表談話。

* 九月十五日星期三

今日總統以個人資格發起勤儉建國運動，綱要見報。（昨廣播）

正午會報。

* 九月十六日星期四

下午經濟會報。

總統犒金幣五百元。

* 九月十七日星期五

今日中秋。

* 九月十八日星期六（空白）

* 九月十九日星期日

上午八時錢塘號赴滬，冰如送至站內車上。

昨下午寫社論「從經濟管制中改革經濟」，舉出國家銀行國家化，財政政策經濟化，國營事業企業化，貼補貸放政策化四項意見。今下午下車後寫「實際成本」社論送北站郵亭寄京，廿一可見報。

* 九月二十日星期一

下午寫社論二篇「貼補政策」，「貸放政策」寄京。晤經國談稽核處洩漏秘密事，及漢口應有督導員事。

勤儉建國運動，經國謂上層之宣傳只可聽之，下層組織，彼有六千青年為基幹。正午十二時同紫霜漢平在天香樓午餐。

* 九月二十一日星期二

上午寫社論「上海一個月」鼓勵經國。

下午六時同紫霜漢平研究吳幹所提綱要（經濟合理化）七時同在老半齋晚餐，三日來天氣炎熱。

晚通電話，冰如告以財政部王部長指派涂克超為漢口金管局副局長，紀澤長未能得到。余心甚不安，夜間睡不穩。

* 九月二十二日星期三

蔡維屏送英國料冬衣，及藏青嘩嘰呢中山裝各一套。前者工錢五十圓，後者工料共一百二十餘圓。下午五時許訪林局長，七時經國公館參加新聞界聚會。

* 九月二十三日星期四

上午八時凱旋車回京，徐柏園回信另提涂克超為漢口金管局副局長事。

* 九月二十四日星期五

下午七時半參加經濟宣傳會報。

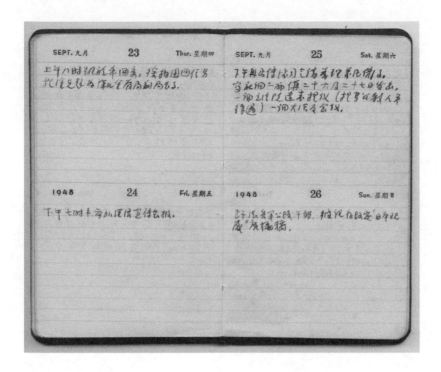

* 九月二十五日星期六

下午再函傅總司令請審查萬凡僑事。

寫社論二篇備二十六及二十七日發出，一論立法院違憲提議（提高公教人員待遇）一論大法官會議。

* 九月二十六日星期日

正午張岳軍公館午餐，彼託為改定「日本觀感」廣播稿。

* 九月二十七日星期一

正午中央日報社論委員會，宣佈宣傳方針為幫助新經濟政策，不怕得罪任何人。

下午四至七在張公館改訂廣播稿，在座者張之秘書，博生及毓麟。決定明日廣播。

立委提案增加公教人員待遇，徐佛觀痛駁之，昨見中央日報專論，今又有

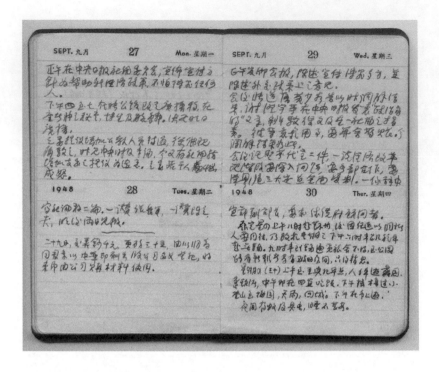

社論指增加支出之提議為違憲，立委若干人羞惱成怒。

* 九月二十八日星期二

寫社論稿二篇。一讚張岳軍，一讚陳立夫，明後兩日見報。

二十九日，交美鈔千元，英磅三十五，由以洞（？）高同君（？）？以中華印刷出版公司名義登記，將來即由公司購材料使用。

* 九月二十九日星期三、九月三十日星期四

正午官邸會報，陳述宣傳得罪多方，並陳述外交政策上之意見。

會後張道藩黃少谷告以昨調解結果，謝澄宇等在中央日報發表「政治家的」文章，辯駁徐文及星一社論之指責。彼等意氣用事，要算余舊帳。今調解結果為此。

會後託聖芬代呈二件，一說明經濟改革現階段要深入問題，要多部合作，要津粵滬三大定點全面管制。一係辭中宣部副部長，要求總統府顧問者。（跨

越九月三十日星期四）

　　原定星期四上午八時赴蘇州，後因任遠以洞（？）諸人要同往，乃改於星期三下午六時半凱旋車赴無錫。九時半到錫遍覓旅社不及，至公園路有新雅者尚有破舊房間，只得暫息。

　　星期四（三十）上午至興記早點，人力車遊蠡園，象頭渚，中午即在四宜吃飯，下午搖櫓過小茎山至梅園，天雨，回城。下午在市上遊，夜間有蚊及臭蟲，睡不甚安。

＊ 十月一日星期五

　　上午未雨，遊惠山，在第二泉吃茶，購牌帖三種，下山後購泥人，遊寄暢園，回旅社，中午晴，在太山旅社午餐，無錫多蠅，此餐無之，食甚安心。下午同冰如在美琪拍照為五十生辰作紀念。

　　下午二時普通快車往蘇，三時到站，四時在蘇州國際飯店下榻，四時半雇汽車遊虎丘，天氣晴朗，在山頂吃茶，在二仙亭前攝影，回城在蘇州老正興晚

餐。蘇州少蠅，食甚安，夜間旅社多蚊及臭蟲。

* 十月二日星期六

　　上午遊獅子林，冰如甚欣賞山石疊累之雅，拍照三張為紀念。

　　往車站與中國旅行社虞涂如君接洽，得金陵號頭等票三座，午餐在老正興吃飯，下午二時半到站，三時半上車回京。遇測量學校曹校長同座。

　　下午七時四十分到站，候車相接，九時始抵家。

* 十月三日星期日（空白）
* 十月四日星期一（空白）
* 十月五日星期二（空白）
* 十月六日星期三（空白）

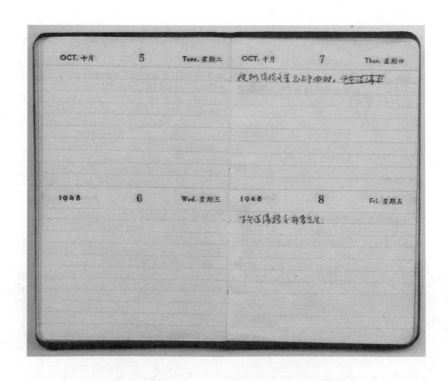

* **十月七日星期四**

夜擬總統文告至上午四時。

* **十月八日星期五**

下午送繕稿交布雷先生。

* **十月九日星期六**

總統由平回京。

下午社論指出亞洲之決定性，中國剿匪軍事對世界和平之關係。

* **十月十日星期日**

布雷先生言及余辭中宣部副部長事。彼諒解余須去此之理。

余擬稿未用。總統訓話強調民族主義。

* **十月十一日星期一**

社論「反常，正常，非常」，論經濟官制之演進。

布公決定謝然之赴港事。

* **十月十二日星期二**

上午十至十二中央訓練團政工班國際問題演講

下午宣傳小組。上海正言報處分事。及桂林中央日報與桂省府衝突事，提出討論。

四時半退席。晤傅孟真兄，並與胡適之先生及中研院同人共十一人往馬祥興晚餐。

* **十月十三日星期三（空白）**
* **十月十四日星期四（空白）**

＊ 十月十五日星期五

上午九半至十一半，在中訓團講「經濟管制」。

＊ 十月十六日星期六

攻芸注意新聞雜誌報載彼在福建鐵路公司時事，此案財部不予銷案，近又有人向總統府告密，轉財部查辦，而刊物又揭載，顯係有人有計畫攻擊。

＊ 十月十七日星期日

八時錢塘號赴滬，下午一時車到。

下午寫「維護立法院尊嚴」，斥候選立委聯誼會另行集會之議，並希望立院中事事以憲法為先。

＊ 十月十八日星期一

寫「物價管制兩原則」寄京明日發各報。

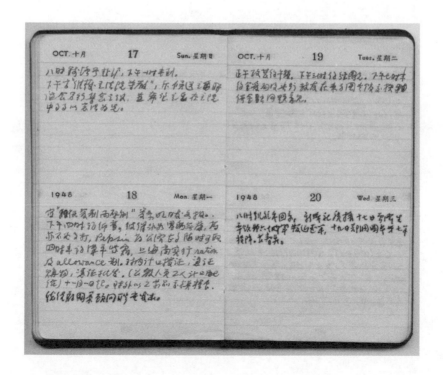

下午四時訪仰高，彼謂冰如胃病無慮，藥亦不必多打，Pepsin 藥公濟甚多隨時可取。四時半訪漢平紫霜，上海商實行 ration 及 allowance 制，對內計口授證，憑證購物，憑證批發。（公教人員工人計口配給）十一月一日起。對外以工業別交換糧食。總統府國策顧問聘書發出。

* 十月十九日星期二
正午攻芸約午餐。下午三時約經國兄。下午七時半約金管局及央行數友在東方圖書館交換物價金融問題意見。

* 十月二十日星期三
八時凱旋車回京。新華社廣播十七日曾濟生率領第六十？軍叛迎匪軍，十九日鄭洞國率第七軍投降，長春失。

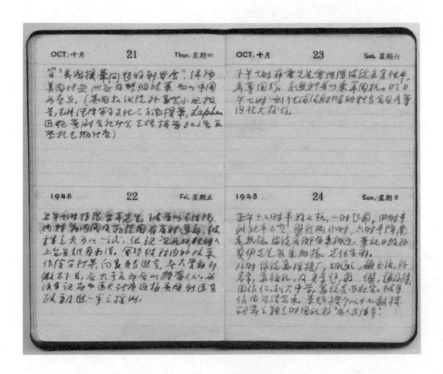

＊ 十月二十一日星期四

寫「美國援華問題的新發展」，評論美國對亞洲應有整個政策，而以中國為重點。（美國眾議院外委會小組報告，主張經濟軍事文化三方面援華，Laphas 近在華府告記者會主張援華加強並基於長期計畫）

＊ 十月二十二日星期五

上午十時訪張岳軍先生，彼告以立法院內對翁內閣及蔣經國有反對運動，彼謂立夫可以一試，但現況如此任何人上台亦難有辦法。余勸彼對內外政策做綜合打算，向委員長進言，無大變動即做不下去，無大號召即無以振奮人心，必須有現實而遠大計劃迎接美國新遠東政策及進一步之援助。

＊ 十月二十三日星期六

下午七時布雷先生電謂總統召余往平，彥棻同行。交通科告以乘軍用機。明上午七時一刻往總統府偕胡科長會同彥棻同往大校場。

＊ 十月二十四日星期日

正午時二十半始上機，一時起飛。四時半到北平上空，盤旋兩小時，六時半降落南屯機場。總統官邸有車相迎。華北日報孫義（？）伊先生亦來相接。先往官邸。

八時總統宴陳援庵，胡適之，梅玉涵，陸志韋，袁同禮，及吳景超，蔣碩傑，趙乃摶，周作仁，劉大中等，翁院長亦在坐。彼等係由座談會來。景超授予以十七教授聯署之獨立時論社稿「為人民請命」。

＊ 十月二十五日星期一

上午總統為中央社發十七教授為民請命稿及陳述座談會主張凍結存款消息。下午指示工作為答覆紐約前鋒論壇記者 Steel 十項問題擬稿。

下午八時在行轅吃烤羊肉。夜著手擬稿。

＊ 十月二十六日星期二

正午召見，指示強加一段，囑商之於胡適之先生。下午繕改稿。夜十一時

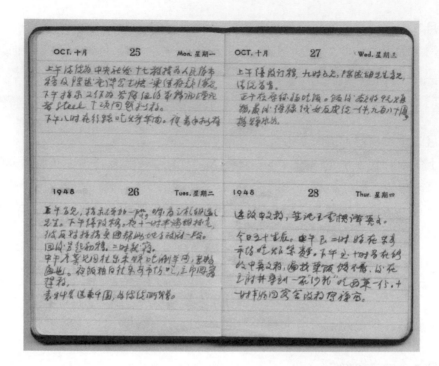

半謁胡校長，彼反對指摘美國幫助地方政府一段。回後另起初稿。二時就寢。

　　中午彥棻兄同往東來順吃涮羊肉，甚暢適也。夜飯獨自往東安市場吃，立即回寓趕稿。

　　袁科長送來千圓，為總統所贈。

＊ 十月二十七日星期三

　　上午繕改訂稿，九時召見，陳述胡先生意見，總統首肯。

　　正午在厚德福吃飯。飯後欲將千圓購物，最後得猿（？）絨女反皮統一件，九百八十圓，攜贈冰如。

＊ 十月二十八日星期四

　　連改中文稿，並託王雲槐譯英文。

　　今日五十生辰。午至二時始在東安市場吃炸醬麵。下午至十時尚在修改中英文稿，遍找菜飯館不著，後在王府井尋到一家「沙龍」吃西菜一份。十一

時半始回客舍改稿寫複寫。

* 十月二十九日星期五

　　改中文稿，譯英文稿。

* 十月三十日星期六

　　總裁中午召見，對中文稿有修改，英文稿打至十二時始成，又須修改。總裁命令下午將英文稿交史梯祿，余答以下午六時交出。

　　下午二時將英文稿交朱新民打好後交史梯祿。

* 十月三十一日星期日

　　中午將談話稿由中央社電京指示，總裁亦有電來令電發京候修改再發表。

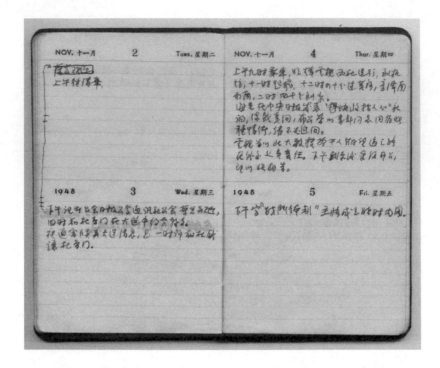

* **十一月一日星期一**

下午訪傅總司令。翁內閣改訂緊急措施，全面退卻。（改限價為議價）

* **十一月二日星期二**

上午往清華。

* **十一月三日星期三**

下午記者公會日報公會通訊社公會茶會歡迎，四時知杜魯門在大選中得票較多。

夜通宵候美大選消息，至一時許知杜威讓杜魯門。

* **十一月四日星期四**

上午九時乘車，明煒雲槐兩社送行，到機場，十一時起飛，十二時四十分過黃河，旁濟南而南，二時四十分到京。

　　海光在中央日報發表「趕快收拾人心」社論，總裁責問，布公答以青年同志同有此種情緒，請不必追問。

　　雲槐告以北大教授若干人期望適之能在外交上負責任。下午到京後訪布公，即以此相告。

＊ 十一月五日星期五

　　下午寫「戰鬥體制」主張成立戰時內閣。

＊ 十一月六日星期六

　　上午十時訪布公商總裁講稿事。

　　總裁召岳軍組閣，岳軍要先訪美再回國組閣。余為布公言，杜魯門連任總統，岳軍往美難有把握，不如先組閣，拉住巴大維，將一億二千五百萬軍援用完再候明年一月二十日國會開會，派人訪美。

＊十一月七日星期日

　　上午九時稿送布雷先生。

　　下午一時往陵園觀菊。

　　（劉不同等呼籲和平，海光為社論撥斥之。夜起草總裁下星期一紀念週講稿至四時半就寢。）

＊十一月八日星期一

　　總統紀念週講詞表示剿匪信心，及「取之於民用之於民」。（後者是就人民兌換金圓拿出金銀外幣而言）

＊十一月九日星期二（原記事移至七日，如上括弧中字）
＊十一月十日星期三（空白）

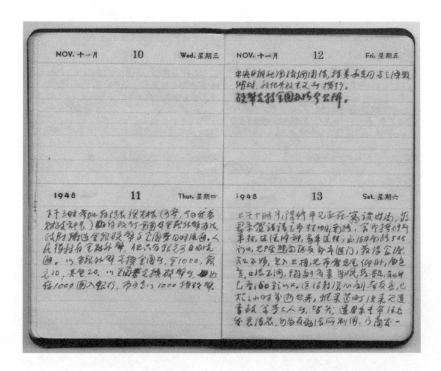

＊ 十一月十一日星期四

下午三時參加翁院長徐財長（可亭，今日發表財政部長）邀約改訂金圓及金銀外幣辦法。政府鑄造金銀硬幣與金圓券同時流通。人民得持有金銀外幣，但只有銀元可自由流通。以金銀外幣兌換金圓者，金 1000，銀元 10，美金 20，以金圓券兌換硬幣者，如存 1000 圓入銀行，即可另以 1000 換硬幣。

＊ 十一月十二日星期五

中央日報社論強調團結，指責本黨同志之渙散分歧，放任失敗主義者橫行。

硬幣支持金圓辦法今公佈。

＊ 十一月十三日星期六、十一月十四日星期日

上午十時半，陳修平兄正在寓談時局，蔣君章電話請立即往湖南路，余即搭修平車往，過經濟部，易車送往，至湖南路 508 門口，見陳熊兩醫官匆卒進

門，叔諒含淚，知不妙，急入上樓，見步雷先生仰臥，面色黃，口張不閉，陶副官查安眠藥瓶，知其已吞 150 粒以上。醫注射強心劑無反應，已於三小時前逝世矣。惟果芷町續來見遺書致余等三人者，皆哭，遺君章書命注意發喪消息，勿為反動派所利用，乃商發一新聞謂係心臟衰竭及失眠症，心臟突發致死。正午總裁接遺書，欲發表，余往述遺書云云，乃決仍余等所發新聞。

上午往中國殯儀館，見布公雜記，及致諸弟書，雜記明白分析其臨終動輕生之念的感想。滄波等力主發表真相。

* 十一月十五日星期一

上午參加紀念週，文白等中委主設治喪委員會，首次談話即舉行，決定葬布公於杭州，一切從儉，遵遺書及家屬意也。旋討論發表真相事，力子文白主發表，立夫彥棻反對。討論結果，由少谷惟果及余請示。下午四時半請示，（惟果未往）總裁決將遺書對內公開由治喪會於中常會報告，對外仍不發表。

* 十一月十六日星期二

上午，空軍總司令部發表徐州東線大勝消息。總裁囑將布公兩書影印，余託博生辦理，守秘密。但流言盛行，為布公主和，或反對出賣台灣等。

治喪委員會定十八移靈，十九到杭州。

下午布公大殮，祭者多哭失聲。

* 十一月十七日星期三

治喪會開會，再討論發表布公遺書事，多主發表，下午四時總統官邸會報，辯論激烈，總裁初力主對外不發表，後經多人力爭，乃決提中常會，下午八時中常會，余彙集布公遺書四種，提出中常會。討論結果決先發一消息謂遺書即發表。再將其發表。

* 十一月十八日星期四

上午余搜集布公遺書連前四件，共得十一件。正午參加送殯，至和平門，決留京發表遺書即作社論。

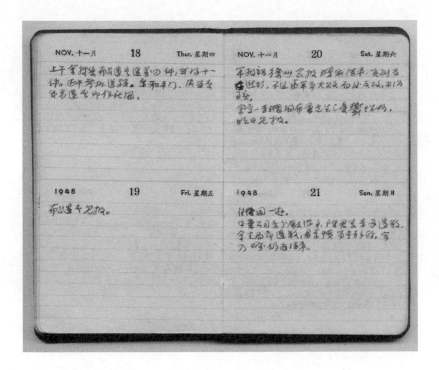

* **十一月十九日星期五**

　　布公遺書見報。

* **十一月二十日星期六**

　　軍報謂徐州會報勝利結束，實則當在進行，不過匪軍曾大敗而後反攻，則為事實。

　　今寫一專欄論布雷先生之憂鬱性格。明日見報。

* **十一月二十一日星期日**

　　往陵園一遊。

　　中華公司京分廠滋事，陳君素來辦遣散，余主局部遣散，君素憤留書辭職，余乃囑仍辦結束。

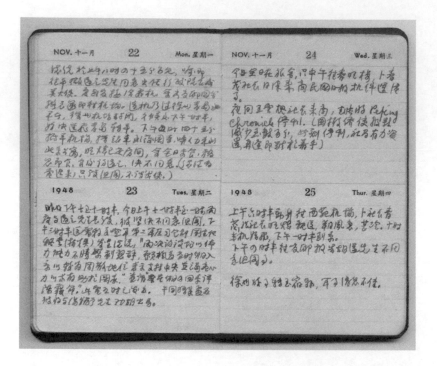

＊ 十一月二十二日星期一

　　總統於上午八時四十五分召見，囑即往平徵適之先生同意出任行政院長或美大使。夏武官接洽飛機，余出官邸回舍攜衣筐即往機場。適機乃過徐州青島至平者，徐州機場封閉，久候至下午一時半，始決逕飛青島轉平。下午五時四十五分抵平機場，搭站車到護國寺，喚人力車到北京公寓，明煒已定房間，余全日未食，稍息即食，食後訪適之，決不同意。（總統有電追來，只談組閣，不談出使。）

＊ 十一月二十三日星期二

　　昨日下午十至十一時半，今日上午十一時半至一時，兩度與適之先生長談，彼堅決不同意組閣，下午三時半送電稿交空軍第二軍區司令部周主任秘書（？？）發呈總統，「兩次訪談均以體力能力不勝繁劇懇辭，願於適當時期入京以較為閑散地位表示支持中央並竭盡心力以求有助於國家。」並謂「？星期四回京詳陳覆命。」此電五時已發出。午間晤朱孟石彼將與湯錫予先生勸

胡出馬。

＊ 十一月二十四日星期三

今日全日在旅舍，只中午往春明樓，卜春茂社長自津來商民國日報機件運港事。

夜間王雲槐社長來商，主張將 Peking Chronicle 停刊。（因撤僑使報數減少至數百份，此刻停刊，社尚有力資遣，再遲即難於著手）

＊ 十一月二十五日星期四

上午六時半動身往西苑機場，卜社長青茂，張社長明煒親送，朔風急，甚冷。十時半機始飛，下午一時半到京。

下午四時半往官邸報告胡適先生不同意組閣事。

徐州戰事轉至宿野縣，軍事消息不佳。

* **十一月二十六日星期五**

　　總統上午最後一次徵岳軍同意未得，下午始徵哲生同意。

* **十一月二十七日星期六**

　　總統上午再晤孫科，臨時中常會中政會聯席會議，提出通過。

　　冰如決攜龍生赴滬。

* **十一月二十八日星期日（空白）**

* **十一月二十九日星期一**

　　中午社論委員會。

　　中央黨部決遣散五分之四。

＊ 十一月三十日星期二（空白）

＊ 十二月一日星期三（空白）

＊ 十二月二日星期四

冰如自滬歸，君素任遠不願運機往滬，余函催。

＊ 十二月三日星期五

然之啟恩信來，與國民日報潘公弼商訂租用印刷所。余回信請其全權訂約。

＊ 十二月四日星期六

決購票送冰如龍生往滬。

劉世海同行，世海接洽京廠機件運出事，並有函親送果夫先生，擬任楊錦星為武漢日報社長。

* 十二月五日星期日

雨。上午六時冰如蘇儒龍生福來乘車赴滬，送諸兒女往港，並催中華公司運機往港事。

* 十二月六日星期一（空白）
* 十二月七日星期二（空白）
* 十二月八日星期三（空白）
* 十二月九日星期四（空白）
* 十二月十日星期五（空白）
* 十二月十一日星期六（空白）

* 十二月十二日星期日

泰來恒生福來晉生范生乘四川輪往港。十九日可到。彼等坐四等艙，臥船甲板上。

* **十二月十三日星期一**

　　北平形勢突變，匪滲入平郊，傅之野戰軍隔離在香河前線。

　　冰如從上海回京。

* **十二月十四日星期二**

　　總統派專機搶救胡適之，未成。

* **十二月十五日星期三**

　　胡下午六時到京。

　　下午四時會報，總統表示失敗為一定的，彼不怕失敗。余分析國際情勢，美退海上防線，在大陸只能作政治外交之運用。美將與蘇接頭，我國外交應更活潑。

＊ 十二月十六日星期四

上午九時半訪胡適之先生，談彼出平之情形。與王雲槐晤，王隨胡機來平。

＊ 十二月十七日星期五

上午六時起，冰如龍生往滬，買票轉港。昨前線消息矛盾，國防部宣佈黃維兵團於孤軍作戰二十日後與李延年兵團會師。中央社則謂蚌埠剿總後退滁縣，黃維兵團已經消滅。（中央社息未發表）究竟如何，尚待詢問明白。冰如預定一個月回京，能否如願，端看此一消息之正確性。

＊ 十二月十八日星期六（空白）
＊ 十二月十九日星期日（空白）
＊ 十二月二十日星期一（空白）
＊ 十二月二十一日星期二（空白）

* 十二月二十二日星期三（空白）

* 十二月二十三日星期四（空白）

* 十二月二十四日星期五

寫元旦文告。

* 十二月二十五日星期六

冰如琴薰龍生寧寧乘盛京輪從滬往港。大雪。白崇禧主和，武漢混亂，

* 十二月二十六日星期日

白健生由漢有密電至張文白，主國際調停恢復和議。中午在芷町家午飯，下午以文告初稿呈核，總統甚表緊張。

* 十二月二十七日星期一

文告初次稿略改。

* 十二月二十八日星期二

草擬元旦文告二次稿請示，仍強調作戰。

* 十二月二十九日星期三

稿經改定，夜工作至四時。改從和議。

* 十二月三十日星期四

稿經改定後，又與張岳軍先生商改。

立夫來反對下野之說。

夜間工作至三時半。

* 十二月三十一日星期五

上午最後稿於十一時又略改。下午五時至六時在官邸總統辦公桌上又改定數處，八時在新聞局發英文稿，十時半在中央社發中文稿。八至十二時官邸

約中常中政委討論文告，余九時半到官邸，在候見室獨坐，中文稿定稿後，余
即往中央社發出。

1949 年

* 一月一日星期六

總統文告發表。下午少谷約彥棻，博生，李士英及余商宣傳要點，晚間中央社代發各地。總統元旦開國紀念，提出能戰始能和之意旨。

* 一月二日星期日

上午十時訪胡適之先生，十一時半訪張道藩先生，何仙梧（？）兄在坐，後離去，道藩告以何將靠到李德鄰方面去。

在俞侍衛長女公子婚禮席上遇葉實之，告以明日將開擴大紀念週，余甚憂總裁再說話，反畫蛇添足。

* 一月三日星期一

上午九時擴大紀念週，總裁主席未說話，由孫院長報告。

紀念週後中委談話會，到者寥寥。

下午再發宣傳指示四點。

* 一月四日星期二

　　上午宣傳小組，中午官邸午餐，到者董顯光，黃少谷，李惟果，沈昌煥及余，臨時召鄧雪冰，商宣傳事。

　　下午七時孫院長約餐，亦商此事。

* 一月五日星期三

　　新華社記者評論連日廣播，余在中央日報作社論，謂其尚非正式答覆。

　　香港國民日報潘公弼辭職並主停刊，余主張如其所請。

　　電北平促明煒赴蓉整理中興日報。

* 一月六日星期四

　　總統致送萬圓，買美金五十元，現洋數元。

　　琴薰來信告以余家不宜常住，擬租房於九龍。

* **一月七日星期五**

致電滄波在新聞報發表社論主美蘇調解。中央日報亦將發表比較模糊之主張。（均明日見報）

* **一月八日星期六**

上午行政院秘密會通過致美蘇英法四國備忘錄。

孫科提免俞鴻鈞央行總裁職。總統反對。

* **一月九日星期日**

吳鐵城奔走俞事。晚決定發表俞辭職，但政府並不批准。

張岳軍往漢口。黃季寬同行。

* **一月十日星期一**

葆光來商洽中華公司總經理事。

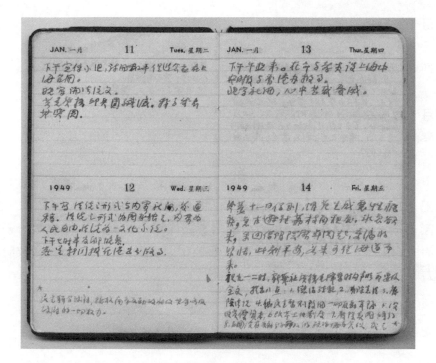

國民日報事今日部發出電報。由謝然之接管。

* **一月十一日星期二**

下午宣傳小組，討論和平促進會應在上海召開。

晚寫論法統文。

共黨廣播邱兵團殲滅。我方發表其突圍。

* **一月十二日星期三**

下午寫法統之形式與內容社論，發通稿。法統之形式為國家獨立，內容為人民自由，法統為一文化系統。

下午七時半官邸晚餐。

密呈新聞報在港出版事。

＊ 一月十三日星期四

下午午樵來。在部與孝炎談上海中央日報與香港辦報事。

晚寫社論，心中甚感憂戚。

＊ 一月十四日星期五

琴薰十一日信到，謂范生感惡性瘧疾，急求遷往荔枝角租屋，冰急欲來，余回信謂陰曆年關起，京滬將緊張，此刻平安，如來可從海道而來。

夜九一二時，新華社廣播毛澤東時局聲明節要及全文。提出八點：1. 懲治戰犯，2. 廢除憲法，3. 廢除法統，4. 依民主原則改編一切反動軍隊，5. 沒收官僚資本，6. 改革土地制度，7. 廢除賣國條約，8. 召開沒有反動份子參加的政治協商會議，成立民主聯合政府，接收南京反動政府及其屬各級政府的一切權力。

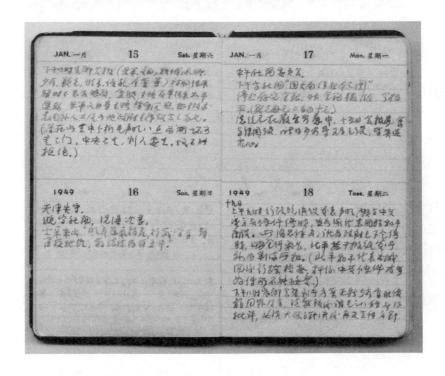

＊ 一月十五日星期六

下午四時官邸會報（岳軍，文白，鐵城，禮卿，少谷，顯光，惟果，俊龍，彥棻）討論結果暫時不表示態度，雪艇主張及早結束和平運動。岳軍，文白等主張暫守沈默並徵求黨內外人士及各地政府主席議會之意見。（余在此會中分析毛聲明八點為開一不可走之門，中央不走，別人要走，故不能拒絕。）

＊ 一月十六日星期日

天津失守。

晚寫社論，洗澡冷甚。

士采來函「明年運氣稍差，行藏皆吉，蘇（？）宦梗（？）猶（？）」。蔣總統尚有五年。

＊ 一月十七日星期一

中午社論委員會。

下午寫社論「固大局作根本之圖」。

停止存兌金銀，昨金銀猛漲，今稍平。（銀元每元二百四十元。）

總統已在嚴重考慮中，十五日會報前，余與經國談，昨日少谷等又與之談，皆莫逆於心。

＊ 一月十八日星期二

十九日

上午九時行政院決議發表聲明，願與中共雙方無條件停戰，並各派代表開始和平商談。此消息傳出，訛為政府已下令停戰，上海金價飛漲，北平若干報紙發號外，為剿總所扣。（北平和平代表出城回後行蹤極密，料係中共條件太苛為傅所不能接受）

下午八時官邸會餐，到者彥棻，正鼎，少谷，雪冰，俊龍，同茲及余。總裁飯後謂毛之八條無須批評，必須大政方針決後再定宣傳方針。

＊ 一月十九日星期三

本日記事誤入十八日。

今日發表張群為重慶綏署主任，朱紹良為福州主任，余漢謀為廣州主任，湯恩伯為京滬杭警備總司令。說者謂係總統下野之佈置。

下午八時會報，總統三度提及「大政方針」。

* 一月二十日星期四

上午十一時半，吳禮卿找芷町及余等擬總統引退及副總統代行職權之兩件聲明。中午十二時總統召少谷俊龍及昌煥等及余問外間空氣，指示今日下午新聞記者會新聞局長談話，先停戰後談條件之主張。

下午四時車往芷町宅商稿。晚間總統召芷町及余改稿，明日上午呈上。

* 一月二十一日星期五

上午十一時半謁見總統確定中宣部立即遷粵，言論指導由余秉承總統意旨，在總統住址附近佈置中央社中央電台等設備。午間以告少谷。

下午二時總統在官邸召開中常會，宣佈辭退？由副總統代行職權，會後

於三時半飛杭，即轉奉化。

下午六時中央日報常董會，余宣佈南京中央日報今後方針。

* 一月二十二日星期六

中午顯光約數人在國際聯歡社午餐。

下午在少谷家商中宣部有關經費等事。

李代總統發表聲明，毛澤東先生八項條件可作商談基礎。明日見報。

* 一月二十三日星期日

上午十時公超自駕車，適之玉涵及余四人同遊紫金山頂天文台。

下午二時，李副總統約中央宣傳部及中央社負責人談，余未往。

李代總統發表聲明接受中共八點。

* 一月二十四日星期一

中午社論委員會，余宣佈此為最後一會，並宣佈宣傳指導離京，中央日報應遷台灣。此後黨報應作運動，不須代政府發言。

下午四時乘快車離京。

晚發社論不承認以共黨八點為接受。

中常會（上午）決議中央黨部遷廣州。

* 一月二十五日星期二

中共四點答覆頃已廣播：（1）與南京政府談判，並非承認南京政府，乃因其控制有若干軍隊（2）談判地點俟北平解放後在該地行之（3）彭昭賢反動，不得委任代表（4）戰犯四十一名乃首批，此後尚有二批三批。

* 一月二十六日星期三

下午寫「中央黨部遷粵」社論託中央日報設法轉電各地黨報。

下午四時訪詹文滸、陳訓悆、晤劉伯？，晚在毛家華家晚餐。

冰如來電候機來滬，晚間又電明日正午可到滬。

* 一月二十七日星期四

報紙發表中共發言人大罵李宗仁等假裝和平，張文伯邵力子忠於蔣，政府南遷乃是備戰。又宣佈「戰犯」一批，于斌、胡適、潘公展、宣鐵吾、張發奎、張鎮、左舜生、陳啟天、蔣經國。和平黯淡，金鈔大漲。

下午七時冰如攜龍生到滬寓。

晤劉攻芸於毛家華宅，中央東方合作事可暫維持，至中央總行遷廣州為止。

* 一月二十八日星期五

正午訪王雪艇於貝當路 20，王告以果夫談上海尚有四個月，在此時間，可能孤立如青島，莫斯科不願中共與「美帝工具」李宗仁和平談判，亦不願中共進入上海與美帝妥協。

少谷俊龍先後到滬。特別宣傳費已結領，即購美金。（今購六百餘萬圓）

下午發電東南西南各報，告以中宣部在滬社通訊處。

陰曆除夕，在巨塵家晚餐。

* 一月二十九日星期六

今日元旦，上午遊城隍廟。

下午部務會議，決定以一萬美元拯救香港國民日報房屋。

* 一月三十日星期日

昨晚中共廣播，「將戰犯減至十三人」要李宗仁逮捕，並將岡村寧次逮捕（日前軍法會商認為無罪釋放）始可言和，四十三人為蔣總統，何應欽，宋子文，孔祥熙，陳果夫，陳立夫，顧祝同，周志柔，桂永清，湯恩伯，陳誠等…（李宗仁、白崇禧、孫科、吳鐵城等均除外）。

斯大林答覆美記者問，謂願與杜魯門總統談商和平公約，規定戰爭為非法。

* 一月三十一日星期一

北平華北日報將被接收，改為人民日報。

今日發通稿，「戰犯與新政協」，痛斥帶產投共者流。

魏德邁（美國陸軍設計部長）及羅雅爾（Kenneth Royall 美國陸軍部長），及 Voorhees（陸軍次長）首途赴東京晤麥克阿瑟將軍。

政府發言人發表談話，指中共要求先處分所謂戰犯為無誠意。

* 二月一日星期二

攻芸帶口信：中央銀行遷移事正在積極辦理。中信局珠寶需劉總裁緊急處分。

芷町先去廣州，以後隨時追隨總裁。

惟果在港，或來溪口或出國胥聽命令。

＊ 二月二日星期三

發出政府遷粵宣傳通報。

經國電話託轉告胡先生於出國前與蔣先生晤談。余往霞飛路 1946 上海銀行轉達。晤少谷確定明煒青茂等同辦國民日報計畫。中午中華公司宴中宣部各處長，乘機談部務數點。上海中央日報宴少谷及余，談及香港辦報事。下午四時乘江靜往寧波，六時霧阻拋錨，冰如攜龍生同行。

＊ 二月三日星期四

下午四時半到寧波，夏武官在碼頭候整日，上船相接，下船後乘車至大同旅社，谷正綱彭昭賢乘大華輪隨到余與二君同車即動身往溪口。立夫先生尚在武嶺軍校。七時半同在蔣宅晚飯，飯後立夫邀往聽紹興戲。宿武嶺學校。

冰如攜龍生往寧波相候。

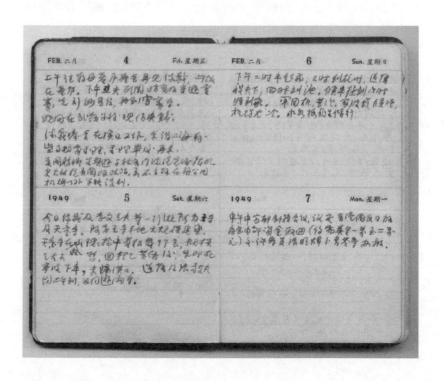

＊ 二月四日星期五

上午往蔣母墓盧墓舍再見總裁，午飯在墓盧。下午立夫正綱昭賢及余遊雪竇，先到妙高台，再到雪竇寺。

晚間在武嶺學校觀紹興戲。

總裁囑余在溪口工作，余謂上海有一些事務要處理，處理畢後再來。

美國務卿艾契遜與杜魯門總統先後聲明史大林玩弄國際政治，美不與蘇在聯合國機構以外單獨談判。

＊ 二月五日星期六

今日總裁及孝文立夫等一行遊阿育王寺及天童寺。阿育王寺平地大規模建築。天童寺在？山環抱中蒼松？竹裡，規模之大可驚。回程已黃昏後，余即在寧波下車，未歸溪口。道藩及張毅夫均上午到，亦同遊兩寺。

＊ 二月六日星期日

下午二時半起飛，三時到杭州，道藩毅夫下，四時到滬。候車接到六時始到家。軍用機，甚冷。寧波氣候冷，機場尤冷。冰如攜龍生偕行。

＊ 二月七日星期一

中午中宣部部務會議，議定香港國民日報房屋由部資金取回。（約需美金一萬至二萬元）交許孝炎張明煒卜青茂等辦報。

＊ 二月八日星期二

昨夜新華社廣播及甘介侯為美帝的工具和平掮客。顧惠慶等如往北平觀光，中共歡迎，如談和平，則和平準備工作尚未做，無從談起。

下午三時在靜安寺路，與昌煥少谷君章談，新聞局撥借道林五十八噸白報紙五十噸，作為港中事業基金。

晚在福？理路汪宅舊（？）館與公展，儆寰，立武等談。定每週二五聚會。

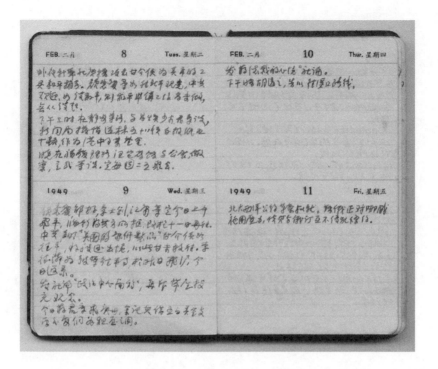

* **二月九日星期三**

　　惠慶，邵力子，章士釗，江庸等定今日上午飛平，臨行為共方所拒，改為十一日再往。中共聲明「美國的廉價製品」甘介候如往平，將驅逐出境，以此甘未敢往。李德鄰為彼等往平事，於昨日飛滬，今日返京。

　　發社論「政治中心南移」，再斥帶產投共觀念。

　　今日蔣君章飛廣州，余託其借五百美金支票交安侗為租屋之用。

* **二月十日星期四**

　　發「蔣總裁的心境」社論。

　　下午晤胡適之，告以往溪口路線。

* **二月十一日星期五**

　　北大西洋公約等案擬就。蘇俄正對挪威施用壓力，使其與俄定互不侵犯條約。

* 二月十二日星期六

所謂京和平代表團由平回京，發表談話謂中共有和平誠意，而李副總統無充分力量控制國民黨。余電話蘇儒轉告曾資生既已離平，說話不必替中共宣傳。

下午四時往中央日報討論宣傳方針，晚報載戴季陶先生在粵病逝。外國通訊社疑係自殺。

聞機器又未能上船，催葆光，如十五前不能運出即改運台灣。

* 二月十三日星期日

發出宣傳通報，謂黨應重新組織，復興革命。

中宣部五季額外紙處理辦法，對閻張費等確切指示，除一百噸交中華公司作為九龍廠租外，餘均作國民日報之用。催張明煒往港與公弼接頭。

京和平代表團謂葉劍英告彼等，本月內開始和談，中共停止攻擊京滬以待和談結果。

＊ 二月十四日星期一

下午中委談話會，為李孫衝突事，與胡健中張道藩等人談，並下功夫使李副總統與蔣先生之間成立更深之諒解。

＊ 二月十五日星期二

下午六時中宣部宴中央銀行負責人於國際飯店，為七號紙結匯事，央行允先結一半。飯後會商部務。

吳鐵城託惟果電話少谷謂香港國民日報房屋不至出頂，但債務要還。

＊ 二月十六日星期三

下午為運機器事往寧波路晤邱振之。

北大西洋公約，美國國會主張保留參戰決定權。歐洲諸國甚感不安，要求美國提出對北大西洋安全之保證。

* 二月十七日星期四

　　十三日宣傳指示為新華社收聽，並發表廣播駁斥。大公報載此廣播。

　　下午八時乘中興輪往台灣，冰如攜龍生同行。

* 二月十八日星期五

　　上午六時船始開，天氣晴冷，海面如鏡。

* 二月十九日星期六

　　船搖動甚烈，冰如龍生均暈。下午三時進基隆港，天氣晴明。省府，中央日報，中經社均有車相接，即轉台北市，寓台北招待所。

　　下午九至十一時訪陳辭修主席長談。

* 二月二十日星期日

　　中午中央日報聚餐，上午遊動物園（馬社長夫婦陪）下午遊市街，馬社長

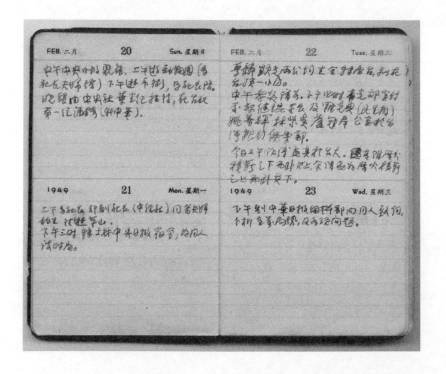

陪。晚餐由中央社葉主任招待，在台北第一位（？）酒館（新中華）。

* **二月二十一日星期一**

上午馬社長鄭副社長（中經社）同余夫婦龍生往遊草山。

下午三時轉士林中央日報宿舍，為同仁談時局。

* **二月二十二日星期二**

夢麟顯光兩公均主余轉居台，擬在台頂一小房。

中午孝炎請客。下午四時省黨部宣傳處蔡繼琨處長及羅克典（民生報）姚善輝林紫貴盧冠群公宴於台灣銀行俱樂部。

今日上午訪傅孟真於台大。其謂厝火積薪之下而臥其上，余謂應為厝火積薪之上而臥其下。

* **二月二十三日星期三**

下午到中華日報編輯部向同仁致詞，分析當前局勢，及多項問題。

* **二月二十四日星期四**

上午看房子，未得要領。中午昌煥及高君紹農約鄭道倫（？）及余往北投一別墅午餐。下午四時偕冰如看房屋可就。

財政部經濟改革方案公佈，金銀自由買賣，除石油及石油產品以外，廢除 quota 制度。

* **二月二十五日星期五**

外匯結匯證明書比美金黑市高 100G.Y.（每美金一元，結匯證明書為 G.Y.320，黑市為 220）。

稿往馬社長家（仁愛路二段 86）。

* **二月二十六日星期六**

正午參觀台灣廣播電台，後在鐵路飯店午餐。

FEB. 二月　24　Thur. 星期四

上午看原子，未活客饭。中午为光受及
音界招邀的邹匿诣及茶社此揆一
剿浩牛给。下午四时传永约看片廓
了就。
文祥到信后时吿方案许带 至報白由軍要，
陵子由及刑幅底的物弦，凑陵 9w6in
刺癌。

1949　25　Fri. 星期五

外個伝运活眼香比美宜還市夤 100G.Y
（好某客一元，信眼沾川市夤 G.Y. 320，星
客某220。
轺代电乳生虽（仁夤磅＝僧 86）。

FEB. 二月　26　Sat. 星期六

至午牛把自估況情竞え俘在剃状陪舍牛
釈。

1949　27　Sun. 星期日

上海和牛代表团回来，竟竟高学沒语，储
钏手遑囤群，但不出席院。
飛脱纤牛抵 旧旧起客字处及信用。
我剃相汔有彦彦为，沉瑟彦人办
遑舍阎沒括發彦陕，（挎舍廿阎，美竞二
多乇，轺惚乂花。）了友竞 五年五多客彦
元。
牛午八四时自竟肺寓极大及学的政主芋
尢机最此。

FEB. 二月　28　Mon. 星期一

中竞碩到英仑氶心弥伺泡宇花手揆
讨月原辱勃固。
上午传水吩牡赤牛斎兒殊坤細教字
郗品。

上比京九許中枇约仮抵固氣仭石烒此
止吩日想竟。
夜间邹独人了祀纤生面時勺全，9恤
字睬細的为至砭竞。

MARCH 三月　1　Tues. 星期二

下午一时牛氟业恢复，四时牛到九沀，伺
机竞名剩，祗此5阎窖竞，2阎秋己
感竞为氛为陛莫阎大府字固抵，竟醒，
由牛竞的橙主伺。
伫把恶疬陕水陵廓此。
夜间祀捃觌匿卅另。

1949　2　Wed. 星期三

揆光的捷羊至窀虑，（我挑廿七日仭牛
笋硵池竞匿川信）竖考信阎瑤在今
一昣。
下午捃光孝沒厭了，诓竞竟阎窖在了
1曚炙牛串闰张 猗光。

＊ 二月二十七日星期日

上海和平代表回京，發表簡單談話，謂和平前途困難，但不無希望。

飛航班機明日起飛者延至後日。

羅斯福路房屋看妥，託鄭拯人辦理合同及接管手續，（付金廿兩，美金二百元，修理費在內。）頂費五千五百萬台元。

下午八時同星野宴報界及梁均？先生等於凱歌歸。

＊ 二月二十八日星期一

中共葉劍英令禁止外國記者在平採訪及發出新聞。

上午偕冰如往市中看貝珠珊瑚等飾品。

台北飛九龍中航班機因氣候不佳延至明日起飛。

夜間鄭拯人定租新生南路房屋，將羅斯福路房屋放棄。

＊ 三月一日星期二

下午一時半台北起飛，四時半到九龍。問機器尚未到，作函詢問葆光。又聞狄思威路房屋為陳某向大房東退租，甚憤，函中亦向葆光追問。

偕啟恩籌深水塘廠址。

夜間往彌敦道散步。

＊ 三月二日星期三

葆光將提單交啟恩（機於十七日海京輪由滬起運到港），並電滬問頂房一事。

下午葆光來談廠事，託其尋閣處長與張明煒蕭同茲兩兄。

＊ 三月三日星期四

同茲明煒上午十一時來談國民日報約需五千四五百元即可清理債務及保管各費，公弼態度甚佳。下午三時往銅鑼灣國泰旅社訪明煒，公弼亦來，將數目談妥，並擬新報社與舊公司間（？）關係之原則。

＊ 三月四日星期五

上午十時偕啟恩夫婦往新界，下午四時回寓。明煒陪公弼來談（一）以自由新報社名義租用國民日報社（二）印刷所改名為東南印刷出版社，（三）先付四萬五千元中之一萬五千元或將四萬五千元全付均可，暫用借據，以國民日報全部產業作抵。（四）新報與舊社關係由董事會決定（五）中統局之機器提出亦由董事會決定。

＊ 三月五日星期六

中午往六國飯店同明煒公弼往淺水灣午餐。

夜乘祁門輪赴穗，冰如及龍生同行。

＊ 三月六日星期日

上午八時到廣州，中宣部及廣東日報同人到碼頭相接，安侗亦來。余等住愛群酒店六樓。

　　廣州俱用港紙，而物價極貴。每港紙一元換金圓八百餘至九百餘元。

＊ 三月七日星期一

　　中央黨部首長會議，余提出組織方針。

＊ 三月八日星期二

　　下午中宣部招待新聞界，到記者八十人左右。余解釋蔣總統地位，出處，及對時局與黨務之態度。數日來中共宣傳政府備戰（其目的在開始軍事行動）並迫南京逼蔣先生出國，故余宣佈蔣總統退職後為一國民，有居住之自由。

　　孫科辭職。

＊ 三月九日星期三

　　午間彥棻夫婦與余夫婦同往北郊（甘泉園）吃青菜魚鮮及沙河粉。彥棻謂溪口促余速往。余即回港轉滬前往。

* 三月十日星期四

夜乘和平輪回港。冰如攜龍生同行，奉璋亦同行。

* 三月十一日星期五

上午九時到港碼頭。下午同葆光往訪周作民。託葆光定往滬飛機票。

* 三月十二日星期六

李代總統提名何應欽組閣，立院同意。

* 三月十三日星期日（空白）

* 三月時十四日星期一

乘香港航空公司（H.K. Airways Speedbird Route）飛機於九時起飛，下午一時四十分到上海龍華機場附近江西降落。上海雨，甚冷。余著夾衣，不堪其

寒。任遠慶楨育德均到機場相接。往華龍路。

* 三月十五日星期二

上午十時訪胡適之先生，託帶口信到溪口（1）更易簡單電碼，（2）遵守一月五日總統所囑，以普通國民身分往美。四月六日成行，中間往台灣一行。（3）吳鐵城兩度邀彼使美，均辭。（第一次大使，第二次出席聯合國大會首席代表）李代總統託帶函往美，亦辭。

十一時往江西路，確定六季配額。

* 三月十六日星期三

大西洋公約擬於四月四日簽署，太平洋公約又有醞釀。（不包括中國在內）美參議員數人贊成麥克加倫援華建議（十五億元）此為民主國防蘇陣線加強之徵，預料蘇將於四月五日間有反示威行動。今日發出宣傳指示，喚起國人注意，中共將於比時採取行動，終止當前之拖延政策。

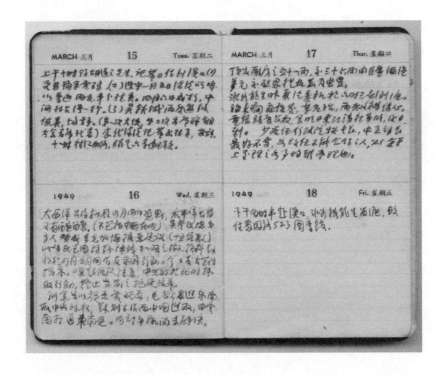

訓念告以顏惠慶觀察：毛欲急進東南，取中央政權，蘇則主張西中國進取，由雲南打通東南亞。內部爭執尚未解決。

＊ 三月十七日星期四

頂出廠房之五十一兩，交三十六兩由巨塵匯港，萬元交啟恩提機器及裝置。

冰如龍生昨乘泛美機於六時三刻到滬。福來癇症復發，甚危殆，兩老頗為傷心。電話致夏功權，余明日乘江靖往寧波，後日到。少谷任行政院秘書長，中宣部長最好不變，如改任不能合作之人，則余手上處理之各事均難辦理也。

＊ 三月十八日星期五

下午四時半赴溪口，冰如攜龍生留滬，改住愚園路 523 圖書館。

＊ 三月十九日星期六

赴溪口，今上午到。然之，佛觀，昌煥等擬有復興革命方案及香港宣傳計畫，候余到作決定。

余等主張總裁與李之關係明朗化即以在野之身支持其爭取全面和平。

＊ 三月二十日星期日

在溪口，氣候甚冷。

＊ 三月二十一日星期一

在溪口。

＊ 三月二十二日星期二

在溪口。

MARCH 三月　23　Wed. 星期三

由溪口回上海。

1949　24　Thur. 星期四

在上海。

MARCH 三月　25　Fri. 星期五

在上海。

1949　26　Sat. 星期六

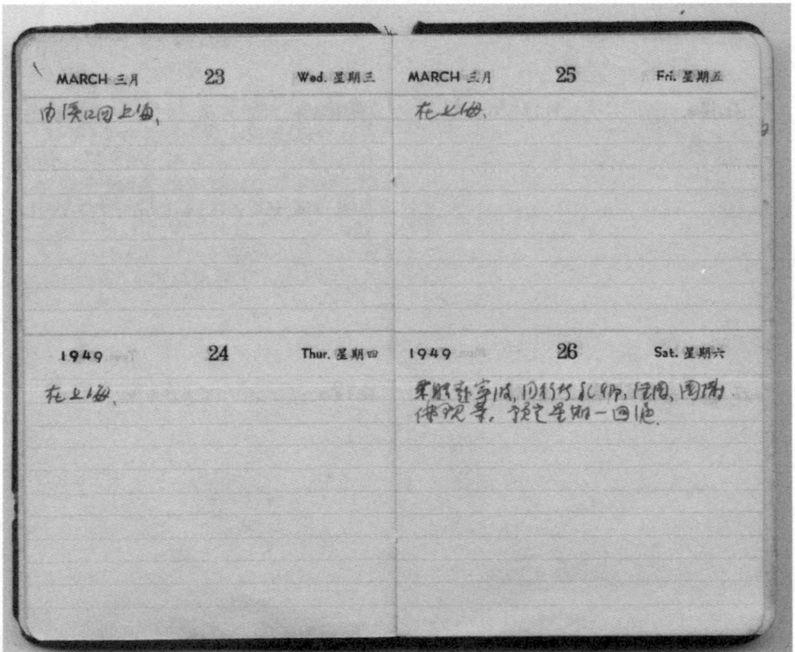

* **三月二十三日星期三**

  由溪口回上海。

* **三月二十四日星期四**

  在上海。

* **三月二十五日星期五**

  在上海。

* **三月二十六日星期六**

  乘船赴寧波，同行者禮卿，經國，國濤，佛觀等，預定星期一回滬。

* **三月二十七日星期日**

  在溪口。

* **三月二十八日星期一**

　　在溪口，未能離溪口回滬，候一日。

* **三月二十九日星期二**

　　在溪口，再候一日。

* **三月三十日星期三**

　　在溪口，再候，仍未能回滬。

* **三月三十一日星期四**

　　在溪口。

　　張文白等代表團飛平。

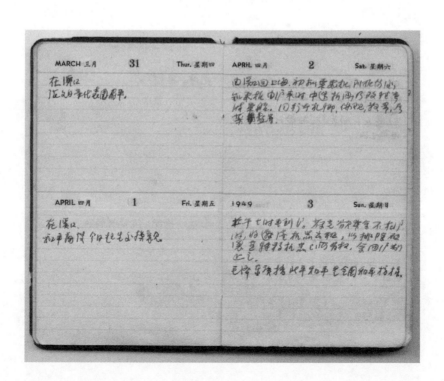

＊ 四月一日星期五

在溪口。

和平商談今日起先交換意見。

＊ 四月二日星期六

由溪口回上海，初擬乘飛機，到機場後知飛機由滬來時中途折回，乃改往寧波乘船。同行者禮卿，佛觀，叔常，彥棻，國濤等。

＊ 四月三日星期日

上午七時半到滬，葆光欲乘余不在滬時，將遷港機器出租，以排除啟恩並轉移機器之所有權，余回滬制止之。

毛澤東廣播北平和平是全國和平榜樣。

＊ 四月四日星期一

中共及其外圍共同聲明擁護蘇聯，助俄作戰，此乃針對北大西洋公約而發。

新華社社論表示無論簽訂協定與否，他要過江。

＊ 四月五日星期二（空白）

＊ 四月六日星期三

乘中常委專機赴穗。同行者道藩，公展，建功，秀（？）常，叔常，佛觀。慶楨及閻處長亦同行。上午十時起飛，下午三時到，廣州氣候不佳，冷，余受寒發熱。

冰如龍生偕行到穗。

＊ 四月七日星期四

上午九至十二，下午二至四半，晚九至十二半，連續舉行中常會，決議對和談之最低條件。

三十一日宣傳指示為匪所收得，匪向政府代表稱四日新華社廣播乃答覆此指示者。

冰如攜龍生往港，龍生病。蘇儒偕琴薰明日由港往滬，因此冰如急往港勸其留港也。

＊ 四月八日星期五

蘇儒琴薰仍往滬，冰如阻止無效。

＊ 四月九日星期六

中常會通過程天放任中宣部部長，余促其即日就職。

＊ 四月十日星期日

派閻奉璋往港收回徐日安所扣之提單水單。

* **四月十一日星期一**

龍雲在港對華商，大公，文匯等報發表談話，歸附中共。

奉璋來電話，葆光明日可交出提單。

* **四月十二日星期二**

發表徐詠平繼劉（？）覺民任重慶中央日報社長。

中共故意傳出停戰謠言，陳毅部趁此在荻港北之太陽洲登陸，企圖渡江。

今日國共和談進入正式談判階段。

* **四月十三日星期三**

中宣部電招商局徐學禹總經理，中華公司遷港之接收機非中宣部印文作證不許任何人提出。余同時電蔣經國兄轉派徐電港局。

冰如由港來催余即往與葆光交涉。

* **四月十四日星期四**

　　訪問徐志道局長。

　　冰如回港。

* **四月十五日星期五**

　　上午八時五十分直達車赴港，準備轉滬。

　　香港黃金禁止買賣持有。復活節各銀行放假四日，港府頒發此令，市場茫然失措。（此令昨公佈，今實行）

* **四月十六日星期六（空白）**

* **四月十七日星期日**

　　下午三時偕冰如往穗。雨。下午七時（穗六時）到。

　　夜彥棻電話催往京，決明日回港飛滬。

　　中共提出和平具體方案，由黃季寬帶京。李何均認為不能接受，吳鐵城往
溪口報告，並電話彥棻找我赴京參加起草政府覆文。何院長亦電話相尋。

　　中共方案以過江為主旨。

＊ 四月十八日星期一

　　上午八時五十分偕冰如龍生回港。十二時到（港一時）即往半島酒店中航
公司定明日票飛滬。

　　天放今就職。

＊ 四月十九日星期二

　　正午十二十起飛往滬。下午五時十分到，即往狄思威路暫住，晚與少谷
通話，政府對共覆文已草擬，明日上午十一人會決定，十二時前電平。措辭委
婉而堅決，和談將告一階段，李何意見一致，祇有備戰。京中諸要人尚須往杭
州，與蔣先生會議。少谷望余能入京一行。

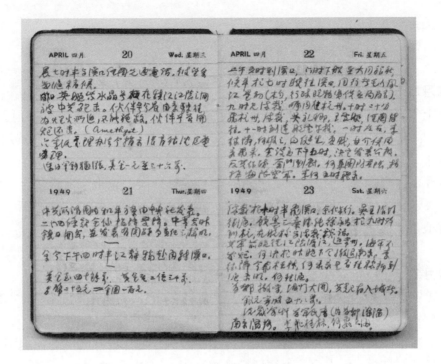

規畫第六季紙緊急處理辦法。

* 四月二十日星期三

晨七時半與溪口經國兄通電話，彼望余留滬稍候。

昨日英艇紫水晶號在鎮江江陰之間被中共砲擊。伙伴號今晨由京駛往，為砲火所迫，不能施救。伙伴號曾開砲還擊。（Amethyst）

六季紙處理辦法今指示張育德沈巨塵處理。

連日金鈔猛漲，美金一元至三十六萬。

* 四月二十一日星期四

中共所謂國內和平方案由中央社發表。

二十四條款今係招降受降。中常會昨鎮日開會，並發表有關戰爭責任之聲明。

余今下午四時半江靜輪赴甬轉溪口。

美金至四十餘萬，黃金至二億三千萬。

台幣二十五元＝金圓一百元。

＊ 四月二十二日星期五

上午五時到溪口，六時下船至大同旅社，候車於七時駛往溪口，同行者毛人鳳、江星初（杓，行政院物資供應局局長）。九時見總裁，囑同前往杭州，十時二十分飛杭州，總裁、吳禮卿、王雪艇、經國皆往。十一時到達航空學校。一時左右，李德鄰，何敬之，白健生，夏威、甘介侯由京飛來。會談至下午五時，決定發表公報。反共作戰奮鬥到底。何兼國防部長，指揮海陸空軍。李何五時飛京。

＊ 四月二十三日星期六

總裁於十時半飛溪口，余偕行。吳王張均往滬。顧墨三秦德純徐永昌於九時許到杭，在航校與總裁談話。

共軍前晚從江陰渡江，迫常州。海軍不發砲。何決於昨晚下令撤退南京。李德鄰今飛桂林，何出京是否往穗抑到滬為明。何往滬。

首都撤守，城門大開，共黨已有入城者。

銀元？？五十八萬。

總裁命草告軍民者（為首都淪陷）南京陷落。李飛桂林，何飛上海。

＊ 四月二十四日星期日

道藩正鼎來溪，為非常委員會事即飛穗。夜擬文告。

＊ 四月二十五日星期一

今日下午三時往象山灣，（汽車，人力車，長葦化？泥，小船上輪）乘太康輪（黎艦長）往滬。

＊ 四月二十六星期二

下午到滬，文告交公展帶中央社譯英文。

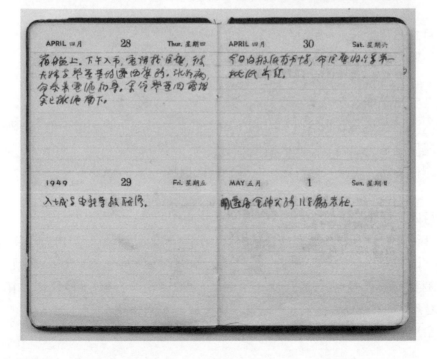

APRIL 四月　24　Sun. 星期日

邏偵正彩素晴,內批曾志念了 犯飛揚.
晚部文書.

APRIL 四月　26　Tues. 星期二

下午到庵,又告示公告带 中央軍澤景长.

1949　25　Mon. 星期一

今日下午三時 花束出海;(汽车,人力車,及
李化 鲁伦,小股上编) 東方永熟 (娄
妈妈老) 花庵.

1949　27　Wed. 星期三

文号今晚由中央杜复出.

APRIL 四月　28　Thur. 星期四

宿林澜上. 下午入市,電報找尾程,恰
大鋒专军至半的資西看的. 北好病,
命泰来電偃抱母. 全给崇荃回電报
实已撤尾南下.

APRIL 四月　30　Sat. 星期六

今日由報饭夯万坊,命尼復的早草一
抵纸耆红.

1949　29　Fri. 星期五

入七成志 由數季教 係除修.

MAY 五月　1　Sun. 星期日

明臺居 室伸岁外 118 励着杜.

* **四月二十七日星期三**

文告今晚由中央社發出。

* **四月二十八日星期四**

宿艦上。下午入市，電話找臣塵，彼夫婦與琴薰均遷西康路。冰如病，命泰來電滬相尋。余命琴薰回電謂余已離滬南下。

* **四月二十九日星期五**

入城與申新等報聯絡。

* **四月三十日星期六**

今日白報紙有市場，命臣塵將六季第一批紙出售。

* **五月一日星期日**

明遷居金神父路 118 勵志社。

* **五月二日星期一**

住勵志社，經國為向空軍接洽，將琴薰臣塵等送台。蘇儒不欲去滬。

* **五月三日星期二**

六季一批可得五十餘條。臣塵不願全交余帶出滬。憑余盡交他人，彼失去其可運用之資金也。故彼收紙價遷延數日。

運紙交涉，聯勤只七百頓，但聯勤總部遷穗，無從接頭。

* **五月四日星期三**

李德鄰對由穗往桂歡迎其往穗之閻百川李君佩吳鐵城談話作成記錄，油印四份，以二分送何敬之，請以一分飛上海請總裁閱，並望答。其中六項（一）全權調整軍政人事（二）取回台灣存金（三）取回台灣存械（四）軍隊由國防部指揮（五）非常委員會打消，黨只能建議（六）總裁出國。

余擬總裁答函，至夜半四時。

＊ 五月五日星期四

重作答函，夜至二時成稿。

巨塵收金十條。（金五十兩，美鈔 2308）

台幣一元＝金元十元，大頭四百萬，每美金十元可買銀元七元。黃金一兩可買銀元三十六元。

六季二批成本需金二十二條，均著臣塵留備繳納。

＊ 五月六日星期五

下午五時半由金神父路勵志社動身，往復興島登江靜輪。

總裁致何敬之轉李德鄰之信，今日下午三時由林蔚文飛機攜往廣州。函長，最後一段有云「從今日起遯世遠引，對政治一切不復聞問。」決乘輪在海上逗留若干日。

*　五月七日星期六

上午六時啟碇。天晴和，船平穩。下午五時五十分到定海停泊。定海為海軍補給基地，有機場，船到時有一機降落，乃空軍聯絡機也。

電程天放兄，指示各報鼓吹民主救國運動。

閻百川往桂林，催李德鄰來廣州，李允於明日到廣州。白健生亦催李行。

*　五月八日星期日

停泊定海。天氣晴和。正午將昨日寫就之信交人帶滬發九龍，另函臣塵催其早日離滬。念及冰如頗喜翡翠鐲，但平生未曾一置，到港當為物色一對耳。惟錢何出仍茫茫也。李德鄰今到廣州，與何院長晤談。

*　五月九日星期一

晨啟碇，至一港，三周接島，其西方者通寧波。九時改乘小艇登陸，越山崗至一鎮回穿山，民物豐盛。隨即以小艇回輪，已十一時半。十二時復啟程，

一時至金塘島之瀝港，四時半北駛，仍泊舟山島。

晚飯後總裁邀同行者數人閒談，甚暢。

李德鄰在穗有談話發表，大意申述和平失敗，尚望中共幡然悔悟，如其軍事進攻，不得已而戰，其責在共黨。

＊ 五月十日星期二

晨七時啟碇往普陀。途經東沙角，島山澳，均稍停，下午四時到普陀，余等先遊至前等回輪。宏濤自滬來，得閱上海報，食物價漲，金鈔價如前。上海附近尚無大戰，匪已南抵蘭溪，意在截斷浙贛路也。

＊ 五月十一日星期三

再上普陀，天氣涼，適於游覽。上午逕往法雨寺（後寺）正午即在彼處午飯。下午循千步沙尋紫竹林，潮音洞，觀音跳，至文昌閣食麵，重入前寺（普濟寺）觀睏玉佛，歸舟遇雨。

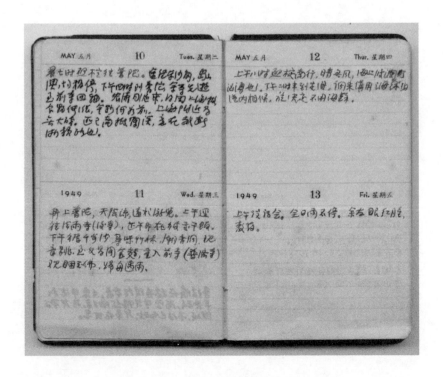

＊ 五月十二日星期四

上午八時啟碇南行，晴無風，海上波瀾仍洶湧也。下午二時半到定海，調來備用之海蘇泊港內相候。旋決定不用海蘇。

＊ 五月十三日星期五

上午談話會，全日雨不停。余左眼紅腫，敷藥。

＊ 五月十四日星期六

仍停定海海面。午間一度駛梅山，旋復回定海。余擬「幹部之選拔及訓練」稿。

＊ 五月十五日星期日

仍停泊定海。經國往滬，托帶家信往發。幹部稿成。一度駛金塘島。目疾瘉。武漢守軍撤退（魯道源部）。

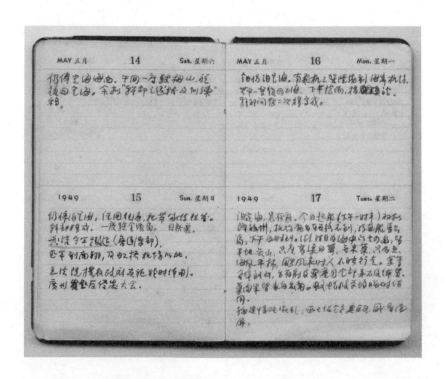

匪軍到南翔，及虹橋機場以北。

立法院授權政府實施戰時體制。

廣州發起反侵略大會。

＊ 五月十六日星期一

今日仍泊定海。有飛機三架陸續到海岸機場，其中一架後回上海。下午陰雨，稍冷。幹部問題二次稿寫成。

＊ 五月十七日星期二

泊定海，晨有霧。今日起飛（下午一時半）初擬降福州，機場電台聯絡不到，乃直飛馬公島，下午五時到。澎湖為海中六十四島，皆平地無山，只產高粱白薯，無米菜，只有魚，海風平掃，颱風來時人不能行走。余等倉卒到此，台省府及要塞司令部來不及佈置。菜肉米皆來自台南。蚊帳被單均臨時借用。

福建情況混亂，匪已佔領建甌，威脅南屏。

＊ 五月十八日星期三

上午九時往市場觀察。午後寫信藉夏武官往廈之便帶廈發出。此間電訊與外間尚未聯絡就緒，全不知上海及各地情況。

＊ 五月十九日星期四

上午十時請示往台南香港。下午三時隨王副總司令專機由馬公機場起飛，半小時到台南。看台南行邸，與王副總司令同往鐵路飯店，熱甚。

往中華日報，盧冠群適在台南，同往遊赤崁樓及安平古堡。

晚王宴空軍諸人及卓市長及余。

＊ 五月二十日星期五

上午參觀工學院，卓市長盧社長陪。下午參觀糖業試驗所，見蔗楂製白報紙漿，甚感興趣。下午八時半，委座到台南。

托盧社長存總裁特撥三民主義研究會基金，金 50890，美金 1800。

＊ 五月二十一日星期六

上午委座往台北。余乘機過汕頭廣州到九龍，往中航公司取行李，遇文匯報記者。

九江撤守。

＊ 五月二十二日星期日

張育德閣奉璋來商六季二次紙配給辦法。此批成本以由臣塵在上海支付。此批紙經部與中信局交涉，始由上海轉日再轉港，計一千二百幾十噸。

今日台南中華日報發表談話。余交稿香港中央社發表余明日到港消息，以闢文匯報之謾罵記載。

＊ 五月二十三日星期一

為育德談第一批六季紙處理事。計售六十八條，據樹華陳松年報告，兩批成本運費計花去四十六條。任遠先出十一條（港幣 35,000）尚存十餘條在任遠手。彼欲出，已買機票，因其男孩患重傷寒而止。

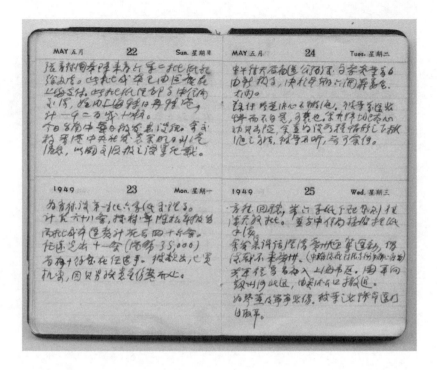

* 五月二十四日星期二

中午往天后廟道公弼處與孝炎等商自由新報事，決於星期六開籌委會，大雨。

蘇儒琴薰決心不離滬。彼等前途悲慘而不自覺，可哀也。余夫婦均已盡心助其出險，余並為談各種情形之下離滬之方法，彼等不聽，無可奈何。

* 五月二十五日星期三

育德回穗，帶六季紙分配原則往請天放批。並與中信局接洽提紙手續。

余發表談話澄清廣州迎駕運動，謂總裁不來廣州。（中稱總裁對派系紛爭痛心疾首）

共軍從高昌夜入上海市區，國軍向蘇州河北退，由吳淞口撤退。

為琴薰及寧寧悲傷。彼等之悲慘命運乃自取耳。

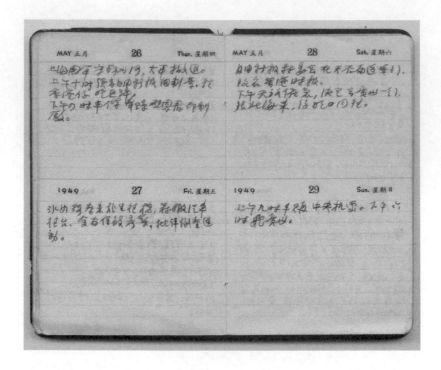

* **五月二十六日星期四**

　　上海國軍守蘇州河，大軍撤退。

　　上午十時續商自由新報編制等。往香港仔吃魚鮮。

　　下午四時半偕奉璋啟恩看印刷廠。

* **五月二十七日星期五**

　　冰如攜泰來龍生往穗，籌撤汽車往台。余有信致彥棻，批評倒臺運動。

* **五月二十八日星期六**

　　自由新報籌委會在天后廟道舉行。改名香港時報。

　　下午天放催急，決定去廣州一行，張北海來，約明日同往。

* **五月二十九日星期日**

　　上午九時半購中央機票。下午六時飛廣州。

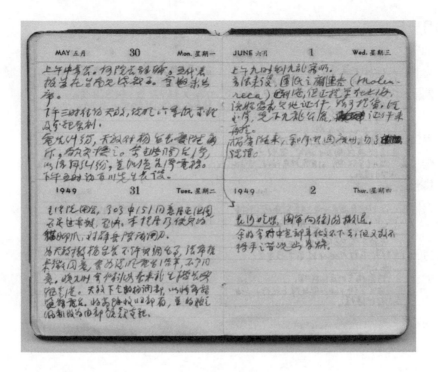

＊ 五月三十日星期一

上午中常會。何院長辭職。五代表報告在台南見總裁事。余避未出席。

下午三時往訪天放，說明六季紙處理及分配原則。

電告糾紛，天放對楊台長慶陞痛斥，欲更換之。余主張調台灣，以消弭糾紛，並加強台灣電務。

下午五時訪百川先生長談。

＊ 五月三十一日星期二

立法院開會，303 中 151 同意居正組閣，不足過半數，否決。李提居乃使其為貓腳爪，對薛岳陳誠開刀。

為天放撤楊台長不許其調台事，張希哲來徵同意。余為說明電台沿革，不予同意。晚九時余偕冰如泰來龍生搭長興輪去港。天放下令將楊調部，以張希哲監督電台。將節餘收歸部有，並將獨立編制改為部領款支配。

* 六月一日星期三

上午九時到九龍寓所。

育德來談，運紙之磨連吉（Molenreca）已到港，但正提單在上海，該船要求其他證件，始可提貨。經交涉，先下九龍公倉，證件來再提。

* 六月二日星期四

楊廣陞來，余囑其回廣州，勿多說話。

長沙吃緊，國軍向衡陽撤退。

余將余對中宣部事做不下去，但又放不得手之苦致函昌煥。

* 六月三日星期五

上午十時過海，舉行香港時報籌委會，會後訪國民日報寓居之徐佛觀，張丕介，王維理，裘孔淵諸人。下午五時回九龍。

同奉璋與余啟恩在廠會商開業事，約需萬元，即可開工。

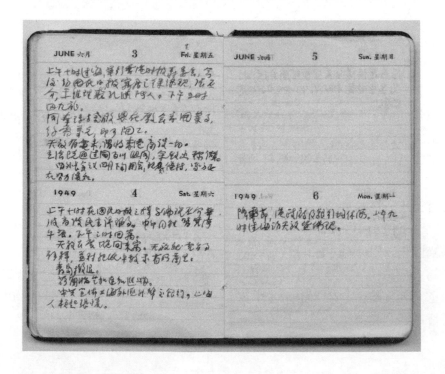

天放有電來，謂將來港商談一切。

立法院通過閻百川組閣，余致函稱讚。

四外長會議四月下旬開會，現又僵持，雙方正在努力緩和。

＊ 六月四日星期六

上午十時在國民日報之樓與佛觀丕介華波商談民主評論事。中午同往筲萁灣午餐。下午三時回寓。

天放公展晚間來寓。天放就電台事解釋，並對配紙中數處有所商量。

青島撤退。

荷蘭船芝加連加進上海。

中共宣佈上海外匯外幣交銀行，上海人頓起恐慌。

＊ 六月五日星期日（空白）

＊ 六月六日星期一

降靈節，港政府及銀行均休假。上午九時過海訪天放暨佛觀。

＊ 六月七日星期二

得乃建信，委座召余等往商黨務。又三日委座電召即往。乃決定後日飛台南。

＊ 六月八日星期三

熱甚。決明日赴台南，冰如及恒生等下星期一二飛台北。

＊ 六月九日星期四

起飛時氣候即不佳。九時到汕頭，機上無線電對講話機壞，逗留至下午三時始飛廈門，修機幸好，五時飛台南。六時到，遇海軍情報處副處長，同車往鐵路飯店。

電馬社長及鄭拯人，謂眷屬即將來台北，請屆時派車往接。

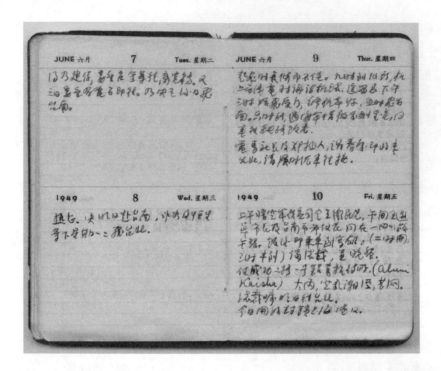

* 六月十日星期五

　　上午晤空軍供應司令王衛民兄，午間王邀卓市長及台南市參議長同在一四川館午餐。飯後即乘車到高雄。（二時開，三時半到）謁總裁，並晚餐。

　　往成功二路一號鋁業招待所（Aluminum Kaisha）大雨，空氣潮濕，甚悶。總裁囑明日往台北。

　　今日開始封鎖上海港口。

* 六月十一日星期六

　　電話告星野，請明晨派車到車站相接。台北之事（一）關於劉？（二）聯絡組（三）電台及中央社。

　　濟時有密函帶彥棻轉郭悔吾總司令，為香港辦報籌款事，余在台北事畢即往廣州一行，由廣州往港。

　　總裁為香港時報籌港幣十萬元，由余到廣州領取。

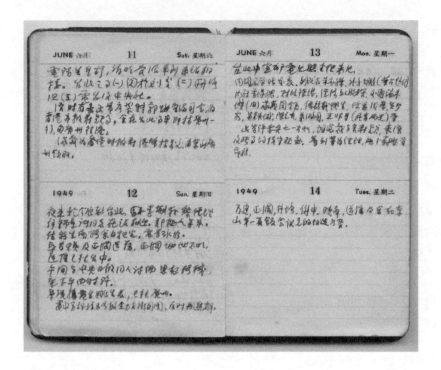

* 六月十二日星期日

夜車於今晨到台北，李荊蓀黎經理何錦章諸同志在站相迎。鄭拯人亦來。住新生南路余自租宅，電告冰如。

尋昌煥及正綱道藩，正綱地址不明，道藩已往台中。

午間與中央日報同人討論思想路線，至下午四時許。

尋廣播電台姚台長，已往廣州。

電中宣部指示各報全力支持閻閣，反對再遷都。

* 六月十三日星期一

台北中宣部電台熊主任來見。

內閣名單昨發表。副院長朱家驊，外交胡適（葉公超代），內政李漢魂，財政徐堪，經濟劉航琛，交通端木傑（舊），蒙藏關吉玉，僑務戴愧生，政委張群，黃少谷，吳鐵城，陳立夫，萬鴻圖，王師？（民青兩黨）等。

函告許孝炎七一出刊，謂總裁與余籌款，來源及此事均需守秘密。薦劉？

為經理，卜蔚然管印務。

* 六月十四日星期二

乃建，正綱，井塘，健中，曉峰，道藩及余在草山第一賓館會議黨的改造方案。

* 六月十五日星期三

晴，冰如及小兒等今晨到基隆港（丞生輪）六時進新生南路住宅。余七時半由草山回寓。

台灣改幣，每元合舊幣四萬，每五元合美金一元，以美金四千萬元為基金發行二億。

* 六月十六日星期四

在草山。

* **六月十七日星期五**

在草山。

* **六月十八日星期六**

下午下山，明日擬組織綱領草案。

* **六月十九日星期日**

訓念來，談劉為章帶章士釗邵力子函責李德鄰為何不脫離蔣的控制，接受八條 24 款，今仍可贖罪，條件由為章口頭帶交。

李德鄰派甘介侯去美，將台灣交美託管，聞外交部已辦好託管交涉文件。

昌煥告以魏德邁胡適先後有函電致總裁，謂美可支持，以台灣為基地，魏並表示彼可來相助。

訓念擬往日，為國際新聞事（四萬美金可接）。

* 六月二十日星期一

十時上草山。下午八時回舍。接談沿岸漁民組織與心理作戰二事。

* 六月二十一日星期二

上午九時朱新民魏景蒙來請示與英國某空軍少將談話原則。九時半上草山，續談改造方案。

* 六月二十二日星期三

正午十時由草山回舍。委員長已抵新竹，即來台北，第一賓館準備作行邸。

* 六月二十三日星期四

下午二時至九時半在後草山空軍新生社隔壁一別墅中續會。起草思想路線及綱領。

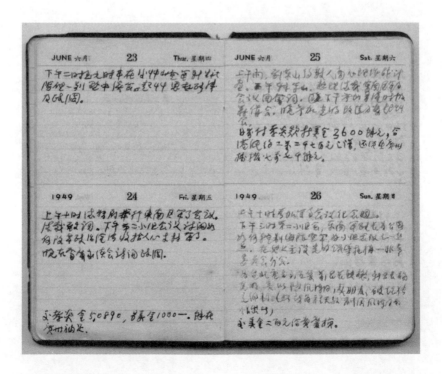

* 六月二十四日星期五

上午十時總督府舉行東南區軍事會議。總裁致詞。下午第二小組會議討論如何改革政治經濟收拾人心支持軍事。

晚在雪屏家續會討論政綱。

交孝炎金 50890，另美金 1000，餘在廣州補足。

* 六月二十五日星期六

上午雨，到草山約數人商心理作戰計畫。午轉草山，整理總裁東南軍事會議開會詞。下午參加香港時報籌備會，晚參加黨的改造方案起草會。

日前付孝炎款計（？）美金 3600 餘元，合港紙約二萬二千七百元之譜，還須在廣州撥發七萬七千餘元。

* 六月二十六日星期日

上午十時參加軍事會議紀念週。

下午三時第二小組會，東南軍政長官公署如何控制海陸空軍，為小組會議之一焦點。在其上主設黨的領導機構—非常委員會分會。

為台北電台事，召集前台長熊戀，新台長楊克明，責以鬧風潮，賣朋友，破壞獨立編制。（此皆為程天放利用風潮而作出者）

交美金二百元給費慶楨。

* 六月二十七日星期一

草擬政綱及當前急務。武樵夫婦來。中午王逸芬約餐，談民族日報事。

訓念往日本大阪籌接國際新聞事，總裁已同意，余致函朱世明團長請其協助指教，並條囑閻奉璋撥給旅費美金一千元。

章士釗邵力子致李德鄰函在港華商日報發表，剪報寄到。

* 六月二十八日星期二

上午討論政綱政策，下午改正後複寫，晚間再討論。總裁辦公室組長及參加座談會之人選擬定。少谷任座談會秘書長，聯絡各業務組。

由章邵函始知（一）李在南京最後一瞬，邵等曾勸其往北平，（二）李到桂

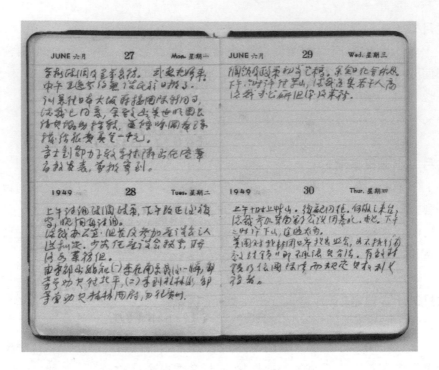

林後，邵等曾勸其桂林開府，勿往廣州。

* 六月二十九日星期三

綱領及政策初步定稿。余全日在舍休息。下午六時半往草山，總裁召集若干人商總裁辦公所組織及業務。

* 六月三十日星期四

上午十時上草山。復觀同往。何敬之來台，總裁參加東南軍事會議開幕禮，未見。下午二時許下山，途遇大雨。

美國對我封閉口岸提出照會，如不執行「有效封鎖」即不承認其合法。有效封鎖乃依國際法而規定其權力義務者。

* 七月一日星期五

下午四時上草山討論總裁往廣州應否發表聲明及談話以及面對之各項問

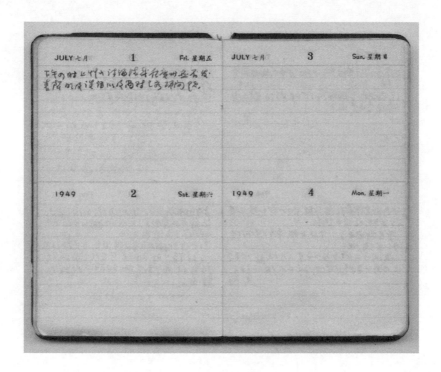

題。

* 七月二日星期六（空白）
* 七月三日星期日（空白）
* 七月四日星期一（空白）

* 七月五日星期二
　　上草山，擬朝野人士反共救國共同宣言稿。
　　總裁對外國記者談話稿由顯光昌煥及雪艇擬定。

* 七月六日星期三
　　冰如龍生午往機場，中航今日班機發生障礙未到，改明日起飛。
　　葉青鐵君來要求中央日報青年週刊停辦，余竣拒之。
　　晚間少谷曉峰昌煥來，謂總裁斥顯光及昌煥操縱宣傳，彼二人決心辭去。

＊ 七月七日星期四

　　下午二時半冰如龍生起飛，下午六時始可到。機場回舍後，見張育德電謂蔣保華車已上船。料今晚無人到白雲機場相接。

　　共同宣言今發表。

＊ 七月八日星期五

　　上草山，與 Alfred Kohlberg 會談。

＊ 七月九日星期六

　　上下午均參加黨的改造方案。

　　晚赴草山，Kohlberg 與何院長陳主席王雪艇等與總裁同餐，商明日發表總裁赴菲消息手續。十一時回舍，得悉馬尼剌合眾社已廣播此一消息，連電商草山，並通知各報不發表新聞。

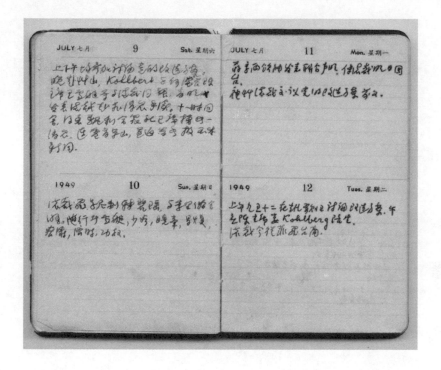

* 七月十日星期日

　　總裁飛馬尼剌轉碧瑤，與季里諾會晤，隨行者雪艇，少谷，曉峰，昌煥，宏濤，濟時，功權。

* 七月十一日星期一

　　蔣季兩領袖發表聯合聲明。傳總裁明日回台。

　　夜草總裁交議黨的改造方案前文。

* 七月十二日星期二

　　上午九時至十二時在凱歌社討論改造方案。午應陳主席宴 Kohlberg 陪坐。

　　總裁今從菲飛台南。

* **七月十三日星期三**

交議案前言初稿定，下午參加討論改造實施辦法。定名單（改造籌委）。而每人皆感覺改造之無成。

* **七月十四日星期四**

上午九時往機場，十時一刻起飛，專機同行者為改造方案起草者及台北之中常委等，連同彼等所帶之人，共 27 人。

總裁上午八時由台南起飛，十時半到廣州，余等下午一時半到。

下午四時半往行邸，商發表消息並改定談話稿。

下午八至十二時半，起草者約中央黨部首長會談改造方案。

* **七月十五日星期五**

上午九時往行邸。十二時半赴吳鐵老宅，邵毓麟兄在座，彼明日往韓國就大使職。

　　下午中宣部諸同志來談，八時往行邸，送所擬明日聯席會講話參考稿。

　　八時常委談話會，余未參加。

* 七月十六日星期六

　　上午九時中常會中政會聯席會，總裁強調守廣州，報告訪菲經過，通過決議促政府實踐碧瑤會議聲明。

　　夜間中常會談話會，余未參加。

* 七月十七日星期日

　　下午三時中委談話會。

　　夜整理全稿，原起草者在中央黨部工作至夜半一時半。

* 七月十八日星期一

　　下午四時中常會開會，通過黨改造案，第四案（黨的社會基礎）成為爭論

之焦點，仍未解決。

＊ 七月十九日星期二

總裁今日下午擬飛渝，下午又有改行程回台之意。

陳誠東南軍事長官發表，吳錫澤突來廣州，彼有何問題提出，使總裁感覺有回台之必要？

＊ 七月二十日星期三

下午昌煥電話謂經國告以天放曾在總裁面前告我將上海賣紙之款交孝炎辦報。余決心告退離港，以避此派系傾軋。六至十赴同鄉會歡迎何朱之會，家中接經國電話，余趕回，彥棻於十一時來謂經國告以明日上午七時半到江邊隨總裁回台，余辭謝，並說明離開總裁之意。

祥初等從武昌來穗，謂母親被共匪逼繳大頭二千，每日無飯吃，亦不敢說話。

＊ 七月二十一日星期四

　　上午八時五十分車偕冰如龍生往港，余擬即在港工作，辭去總裁辦公所諸職。至中宣部職責必須天放提中常會免職始去，決不言辭。

＊ 七月二十二日星期五

　　寄信台北轉經國，說明天放等之傾軋，非我離開總裁，決不中止。我亦願離開總裁，對彼等奮鬥，不能坐待其毀我人格，使共匪快意。

＊ 七月二十三日星期六（空白）

＊ 七月二十四日星期日

　　香港時報籌委會，昨舉行。今往民主評論社談話。

＊七月二十五日星期一

　　約錫澤往香港仔晚餐，餐後到六國飯店與孝炎季子乃健唔談。

　　黃季寬？四十餘中委立委談話，劉為京到會談話，會後十一人發表宣言，聞滄波曾簽字，但旋即塗抹。

　　總裁由廈回台。

＊七月二十六日星期二

　　？？戰事起。

　　Mr. Lowell Thomas, of Columbia Broadcasting System 來港，稱中國政府爭取美援，今日為較好機會，國會完全同情中國政府。

＊七月二十七日星期三

　　美政府向國會提出蘇俄備戰之情報，以支持杜魯門軍火援外 U.S. $ 1,450,000,000 案。

　　中午公弼處舉行時報籌委會。

　　李代總統由福州飛台北。

　　艾其遜令傑索普等三人研究美對遠東政策。（Dr. Philip Jessup）

　　張育德來謂總裁有電囑余往台，電已由鄭秘書長出轉。刻尚未到。

＊七月二十八日星期四

　　起草香港時報發刊詞，強調民主主義，及自由主義與社會主義之統一。

　　Lient-General Sir John Harding 由港飛新加坡就東南亞總司令職，宣稱其對香港防務有信心。

＊七月二十九日星期五

　　紐約州長就職向 Colgate University 外交政策會演講，批評政府之無政策，呼籲援華並非過晚，但足以挽回遠東危局。

＊七月三十日星期六

　　華僑日報載美輪七艘往來天津，渣甸之澤生，財生，太古之牛莊，英輪愛

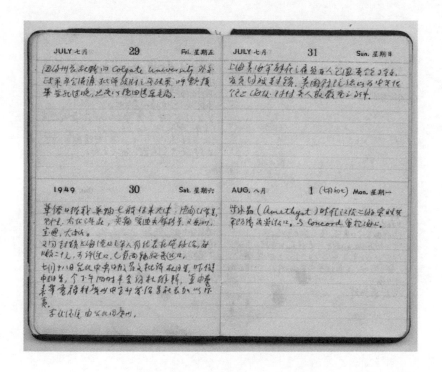

迪夫摩格號，又岳州，寶通，大中山。

又聞封鎖上海港口之軍人有代表在港接洽，每噸二十元，不許進口，已有兩輪秘密進口。

七月十八日台北中央日報有文批評杜月笙，昨健中相告，今下午四時半余訪杜解釋，並由泰來帶電稿往廣州中宣部發給馬社長加以斥責。

李代總統由台北回廣州。

* 七月三十一日星期日

上海美海軍解雇之雇員百人包圍美領事館，官員均被封鎖，美國務院認此為中共佔領上海後對付美人最嚴重之事件。

* 八月一日星期一

紫水晶（Amethyst）昨從江陰上游突破共軍防線出吳淞口，與 Concord 會於上海。

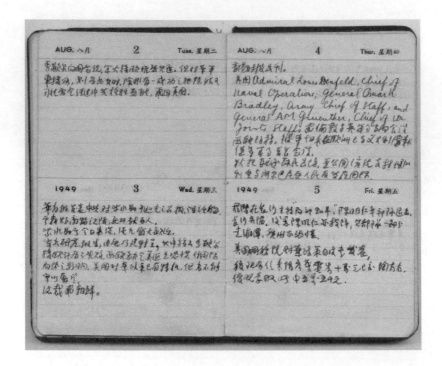

* **八月二日星期二**

馬歇爾向國會說，軍火援歐惟恐其遲。但對華軍事援助，則尚非其時，除非有一成功之把握始可。

司徒雷登經過中共種種為難，飛回美國。

* **八月三日星期三**

華商報發表中共對紫水晶號逃走之公報，謂該艦曾轟炸商輪江陵，死者數百人。

紫水晶號今日來港，港九盛大歡迎。

寄出研究報告，由唐乃建轉呈，其中指出馬歇爾援歐之失敗，西歐缺乏美匯之恐慌對國際局勢之影響，美國對華政策已有轉機，但尚不能寄以奢望。

總裁飛朝鮮。

＊ 八月四日星期四

香港時報出刊。

美國 Admiral Louis Denfeld, Chief of Noval Operations, General Omar h. Bradley, Army Chief of Staff, and General A.M. Gruenther, Chief of the Joints Staffs 飛倫敦與英軍事當局會談西歐防務，彼等十日來在歐洲已與義大利盧森堡等軍事首長會談。

狄托驅逐蘇民出境，至公開演說支持保加利亞與阿爾巴尼亞人民反共產國際。

＊ 八月五日星期五

程潛在長沙主持「局部和平」，陳明仁率部隊退出，長沙失陷。後悉陳明仁亦投降，其部隊一部份走湘潭，廣州甚恐慌。

美國國務院對華政策白皮書發表。

復觀有信來謂彥棻電告十萬元已交陶太太，復觀索取此中五萬五千元。

* 八月六日星期六

寫文評白皮書，交中央社送廣州明日發各地。

送信楊華波謂十萬元乃香港時報款並非總裁所指曾交彥棻者。

* 八月七日星期日

總裁上月廿九日來電召回台北，少谷本月三日電催，兩電均今日收讀。

彥棻夫婦來港催往台北。

* 八月八日星期一

世海來談卓宣搜集材料反傅斯年，海光來函謂彼等著手反陶反自由主義運動。

致少谷電謂兩日來神經戰，？？出此一行，未說回台日期。

總裁由鎮海回台北，發表蔣李聯合聲明。

* 八月九日星期二

正午李大超許孝炎公宴吳鐵城，余參加，星島華僑工商成報負責人均在座。

下午同孝炎拜月笙六十二壽。

晚約國燾百川舍我新衡等談發起一座談會事。

* 八月十日星期三

艾其森向國會說，少數軍火交總統支配，於遠東是有用的，不宜決定一筆款援助中國。

以「方岳」筆名寫文交民主評論，「從白皮書看國際風雲」。

* 八月十一日星期四

成舍我陳述辦報計畫，一次十萬美元，一大張，余答以蔣總裁如能召見，望往台北一行。

* 八月十二日星期五

下午三時攜龍生上山頂。

決定下星期初回台北。

* 八月十三日星期六

艾其遜申明中共如侵香港，美將訴諸聯合國而實踐憲章上之義務。

* 八月十四日星期日

在先施三樓遇朱惠清。

* 八月十五日星期一

下午五時往香港時報，遇今日發表之四十四人宣言中簽名之毛健吾，張潛華。

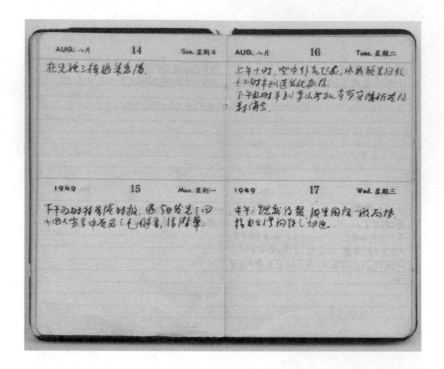

* **八月十六日星期二**

上午十時，空中行宮起飛，冰如龍生同行，十二時半到達台北機場。

下午九時車到草山參加革命實踐研究所籌備會。

* **八月十七日星期三**

中午，總裁約餐，報告國際一般局勢，指出台灣問題之切迫。

* **八月十八日星期四**

福州長山失守。

往草山。簽蔣君章為研究組副組長，費慶楨為秘書。

* **八月十九日星期五**

辦理有關宣傳之計畫一共七件，會顯光簽後送呈。

下午關於白皮書之宣言與研究兩組聯席會，決定宣傳綱要，由余整理呈核

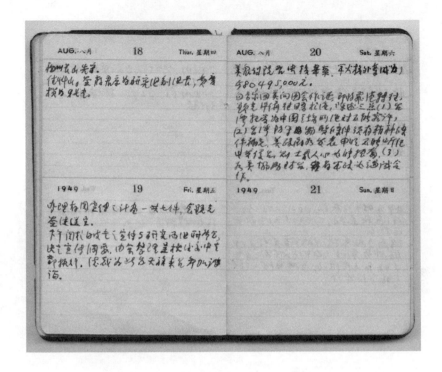

交中宣部執行。總裁為此召天放來台參加討論。

＊八月二十日星期六

美眾議院否決援華案，軍火援外案減為 580,495,000 元。

白吉爾回美向國會作證，即將飛港轉往，顯光準備往晤於港，陳述三點（1）台灣託管為中國立場所絕對不能容許，（2）台灣防守物質條件須有精神條件補充，美政府如發表申明不能聽任中共侵台，則士氣人心必能振奮，（3）如美協助防台，台省軍政必竭誠合作。

＊八月二十一日星期日（空白）

＊八月二十二日星期一

夜十二時得知明晨十時隨總裁往穗。

晚與顯光昌煥邀新聞界與宣傳負責人聚餐。

民族日報社論「是不為也，非不能也」，總裁諭其停刊，余通知其自動停刊。

* 八月二十三日星期二

上午九時半到機場，候至十一時一刻始隨機飛穗，下午四時五十分到天河機場。

蘇南互相責難，可能爆發戰爭，此戰威脅希臘土耳其及義大利之安全。美對希土有保證，如兩國捲入戰火大戰即將發作。

* 八月二十四日星期三

總裁即飛渝，余六時即起準備，八時偕少谷往飛機場復回，於九時四十五分始趕到機場乘機，李閤等以站班恭送矣。飛行二小時五十分即到白石驛機場，隨即逕往林園。

下午發出總裁談話。晚與少谷宏濤同車進城一遊。重慶街道加寬，精神堡

壘一帶熱鬧逾昔，西北與華中來避難者多也。

賀元靖約往其家居住，擬往未果。

* 八月二十五日星期四

甘介候發表聲明辯解白皮書所載李代總統一月二十三日命甘以中蘇談判條件示司徒事，（驅逐美在華利益，而？美贊同）牽及總裁與史達林一九四五至四六年間關係，總裁命擬鄭彥棻談話以闢之。

* 八月二十六日星期五

在林園，並往中央日報一行。

* 八月二十七日星期六

在林園。

西南各長交官俱來，惟盧漢不來，新（？）決定對滇政略。昆明為世界戰

略基地，不容共黨取得也。

* 八月二十八日星期日

在林園，連日均有宴會，每日要寫稿，又要應酬。然重來重慶，似從船中登陸，感覺西南之大。

* 八月二十九日星期一

草告黨員書。

夜音樂會，楊市長召集。

* 八月三十日星期二

「澤留」遍張紅色布標於市街歡迎蔣先生回第二故鄉。

草告黨員書。

下午七時進城赴民 ？ 報社之宴（大公、新民、商務、新蜀、國民）

＊ 八月三十一日星期三

告黨員書交司書複寫。下午四時進城，往精神堡壘周圍一行，六時回林園。

＊ 九月一日星期四

草告黨員書既畢，已交司書抄複寫。今日復奉命寫九三重慶市民遊行時之廣播稿。晚晏司令（王琛，空軍區司令）邀宴，回後複寫此稿，明晨呈閱。

＊ 九月二日星期五

九三廣播改二次，下午九時灌音。下午四時一刻起，重慶市大火，由余家巷起，一路往曹家巷一路往千？門？衣街，一路往打銅街，失毀者萬家。總裁通知楊市長，停止明日遊行。

＊ 九月三日星期六

中午赴賀元靖先生宴，路上仍有遊行行列，下午三時到火場去看，自美豐川鹽以下整個區域均成焦土，惟見殘垣矗立而已。四時偕劉典青過江，先到英才，後訪吳 ？？，七時回城往中央日報，夜回林園已十二時半矣。

＊ 九月四日星期日

白建生採取實際行府入滇。谷正倫任滇黔勦匪司令亦將入滇，盧永恒被迫乃定明日來渝見總裁。

少谷與余下午六時進城訪問岳軍先生，總裁往黃山。

＊ 九月五日星期一

盧命飛機由上午七時至下午三時準備隨時來渝，但迄未啟程，張岳軍往黃山晤蔣總裁，商派楊文清回滇，告以白決派兵入滇。蔣總裁只要盧實行反共反龍，驅逐民革三萬取締反動報刊，即予維護，但中央軍仍須入滇。楊下午九時到昆，盧漢邀楊朱等會商，決來渝。

下午五時總裁在長官公署茶會，到者二百餘人。

＊ 九月六日星期二

盧下午二時廿分起飛四時許與到渝，住林園。彼對楊文清所傳者完全接受。

＊ 九月七日星期三

下午二時，閻院長突然由穗飛渝，李德鄰迫閻去盧漢職，以魯道源繼任，魯帶三萬人入滇。現總裁與張長官決定維護盧漢，迅即表明並採取反共行動，入境中央軍由其指揮，並由張長官明日赴穗說明雲南事已政治解決，不可用兵。

＊ 九月八日星期四

盧漢回昆明後，開始整肅民革共匪份子。

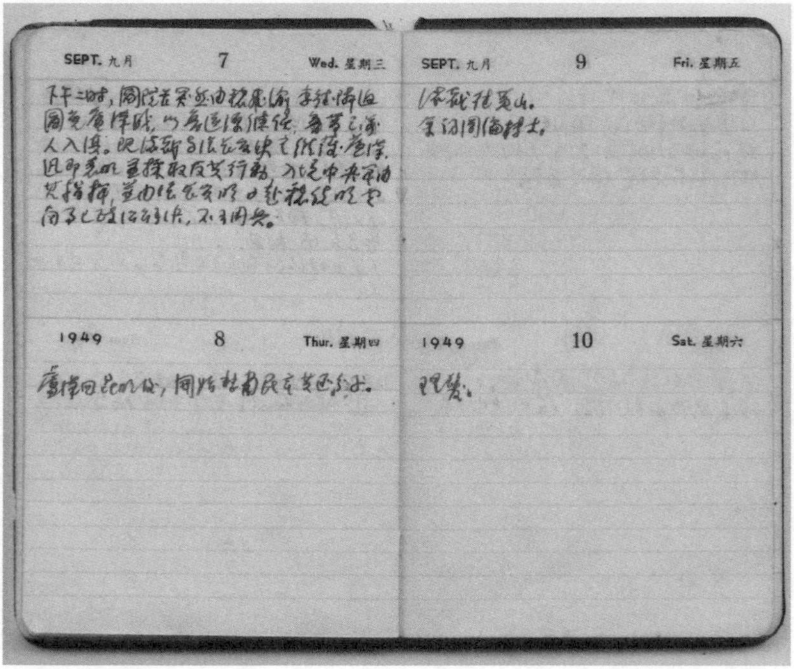

* **九月九日星期五**

　　總裁往黃山。

　　余訪周綸博士。

* **九月十日星期六**

　　理髮。

* **九月十一日星期日**

　　往黃山。

　　張岳軍明日回渝，白健生同來。

　　錢滄碩昨由昆明來渝，今日下午一時半陪同進謁總裁，備受嘉勉。

* **九月十二日星期一**

　　由黃山回林園，總裁飛成都。

張未回，白亦未同行，張明日回渝。

* 九月十三日星期二

上午八時半與少谷叔常同往白石驛機場，因候付從人員行李，至十二時半始起飛，下午一時半到成都？？機場，徐司令派車相接，與徐中齊進城，邀同徐司令往頤之時吃飯，飯後入軍校參加總裁茶會（到會者二百餘人）

晚改訂告黨員書稿。

下午陪省黨委。

* 九月十四日星期二

中午陪客（熊錦帆、鄧劉王（治易）向傳義，王芳州等。

下午王主席宴。

* ### 九月十五日星期四

上午余成勳？中權趙惠謨等招早餐。

中午向議長黃校長宴。

下午三時半至五時軍校講演世界形勢。

省黨部向執監委講話。

立監委聚餐。

鄧劉王宴。

八時半至十時嚴司令（嘯虎）邀看川劇。

* ### 九月十六日星期五

下午四時半至六時在省黨部禮堂演講。

連日中午下午均有應酬，頗以為苦。

＊ 九月十七日星期六

上午十時赴機場，十時半總裁來，起飛，十一時到重慶九龍坡機場，下午三時許到黃山。

改定告全黨同志書。

＊ 九月十八日星期日

改定告全黨同志書，在黃山。

總裁決在黃山解決西北問題。馬鴻逵馬步芳均因內部反對而失敗，也須另選適人領導之也。

李德鄰又要反逼宮，其方式，如總裁不常在廣州主持非常委員會，即不必管政治。如不任最高統帥，即不必管軍事。白健生的國防部長必須做到。

華中華南統一指揮之醞釀已熟。薛岳與余漢謀均主張白健生？指揮東南軍事也。

* 九月十九日星期一

告黨員書第五次稿呈上。

晚將中央社明日加長發報時刻發出，在張岳軍官邸晚餐，夜宿中央銀行總裁官舍。

* 九月二十日星期二

上午上黃山。十八日英鎊貶值每鎊由美元 4.03 貶為 2.8。

傅作義到歸綏後，觀望時局，頃決定發一表通電脫離政府，由中共託管歸綏包頭軍隊及區域，董其武昨有電致毛。西北已大勢去矣。

告黨員書見報後各黨報即加印小冊，指示今發出。

* 九月二十一日星期三

告黨員書見報。

下午下黃山入城，在中央日報見陸大聲，說昆明報界情況。新聞報王介生由定海逃出到台北，聞蘇儒甚苦。

晚到林園。

經國今轉昆明。總裁明將過昆明一行。

* 九月二十二日星期四

上午八時往機場，飛廣州，往達道路五號。

* 九月二十三日星期五（空白）

* 九月二十四日星期六

上午十時至下午二時在梅花村商態度（到者岳軍先生敘述彼與李代總統及邱昌渭談話，禮卿，立夫，袁季子，洪蘭友，少谷，季常及余，鐵城亦在座）

* 九月二十五日星期日

英美昨同時宣佈蘇俄有原子彈。

晚徐堪請客。

李明日晤總裁。彼今曾透露辭意。

　　上午九時谷叔常與余往謁，彼對國防部指責，並說明美援不給予整個政府之意。余為之說明傅作義受美國人影響，東靠（？）天津以致失敗之經過。

　　下午黃埔有會，到者少谷，季常，岳軍，禮卿，墨三等，余未參加。

＊ 九月二十六日星期一

　　報載蘇俄承認他有原子彈。

　　英美此項公佈，為促進戰爭，「使民與上同意」。

＊ 九月二十七日星期二

　　黃少谷與洪蘭友與李折衝。

　　中央社發表總統府發言人談話，指責湯恩伯，說明李不同意行政院決議任湯為福州綏靖主任事，余與邱毅吾（？）交涉撤回，以固團結。

SEPT. 九月　27　Tues. 星期二

SEPT. 九月　29　Thur. 星期四

1949　28　Wed. 星期三

1949　30　Fri. 星期五

* **九月二十八日星期三**

連日每日均在農林路二號行邸舉行幕僚會議，研討國防部改組問題。今日下午五至八時半三反四復的研究。（一）國防部以白為部長，參謀總長不動（二）部長易人或不易，以白為總長（三）部長總長均易人，於三案中決其一。初傾向於第四案，即部長暫闕，候時機任白，總長易人。最後余提出大開大闔的看法，總裁乃重新檢討，主以白為總長，即第二案。

* **九月二十九日星期四**

府院發言人為湯恩伯事互相攻訐。

北平「人民政協」閉會，人民政府委員會毛為主席，副六人，委員五十六人。

* **九月三十日星期五**

非常委會開會。閣以去就爭，易財長徐堪為關吉玉，蒙藏會由吳禮卿，總

務處長周昆田繼，正綱反對，暫擱。

通過軍事，財經及外交三小組，及其人選。

＊ 十月一日星期六

上午往黃埔，下午回城，羅志希來談印義事，相與嘆息。

湯恩伯為總統府邱秘書長談話憤而欲離廣，有電今夜到此。

＊ 十月二日星期日

總裁為湯事，堅欲飛廈門轉台。經幕僚勸解，張岳軍于右任等訪李，設法為湯事謀轉圜，乃罷。

下午五時非常委員會軍事小組開會，白從衡陽來參加。

＊ 十月三日星期一

上午六時半起飛，九時半到台北。颱風將到，微雨勁風。

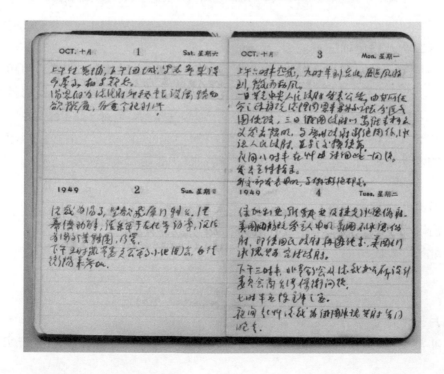

　　一日共黨中央人民政府發表公告，由其所任命之政務院總理周恩來兼外交部長分送各國使館，三日俄國政府以葛雅來科名義發出聲明，與廣州政府斷絕關係，承認人民政府，並與之交換使節。

　　夜間八時半在草山討論此一問題。

　　發出宣傳指示。

　　外交部發表申明，與俄斷絕邦交。

＊ 十月四日星期二

　　保加利亞，羅馬尼亞及捷克承認偽府。美國國務院發言人申明美國不承認偽府，即使國民政府再遷他處，美國仍承認其為合法政府。

　　下午三時半，非常委員會及總裁辦公所設計委員會商台灣保衛問題。

　　七時半應陳主席之宴。

　　夜間起草總裁為俄國承認共府告同胞書。

* **十月五日星期三**

　　續草告同胞書。

* **十月六日星期四**

　　上午草山二館座談會，討論台灣問題。十一時半，文告初稿呈上。十二時半總裁乘太康輪往廈門。

* **十月七日星期五**

　　總裁自廈門來電指示文告要點。余往草山修改，備明日晚間發表。

　　夜通宵工作。

　　衡陽撤退，廣州恐慌。

* **十月八日星期六**

　　上午十時，總裁為文告事趕到台北，下船即問余所在。十一時半將繕稿送呈，下午四時後續改，夜十時發出。

* **十月九日星期日**

　　文告見報，總裁上午仍有改動，囑中央日報印五十萬份，明晨飛機往京滬散發。

　　夜間，少谷電話謂總裁對傳單標題不滿意，命停止散發。余告如此可候明日再研究標題，今日之事只好作罷。

* **十月十日星期一**

　　上午少谷電話謂總裁已允仍將原傳單散發，但事實上空軍已於九時半攜傳單出發矣。

* **十月十一日星期二**

　　下午總裁赴舟山島。

　　閻院長來，吳禮卿前日來稱李代總統託其轉達，彼願退為副總統，請總裁復總統職。總裁今接見吳鐵城，囑其約辭修雪艇諸人討論。

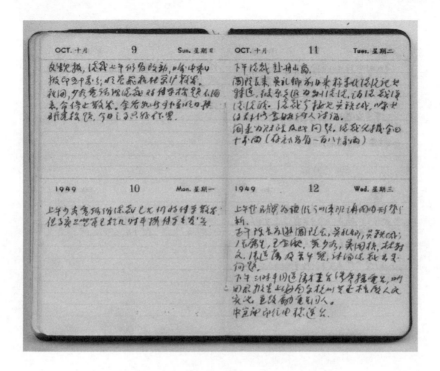

閣來為財政及此問題，總裁允撥金四十萬兩（存底尚有一百八十萬兩）。

＊ 十月十二日星期三

上午赴石牌，為唐縱訓練班講國內形勢分析。

正午陳長官邀閻院長，吳禮卿，吳鐵城，張厲生，王雪艇，黃少谷，吳國楨，林蔚文，張道藩及余午餐，討論總裁出處問題。

下午三時半同道藩往台灣廣播電台，聽田君報告上海南京杭州共匪榨壓人民實況，並鼓勵電台同人。

中宣部印信由穗運台。

＊ 十月十三日星期三

上午九時赴草山，設計委員會例會，討論台灣保衛問題。會後昌煥曉峰少谷及余討論總裁出處問題，國楨亦參加。

下午革命實踐研究院講座談話會。

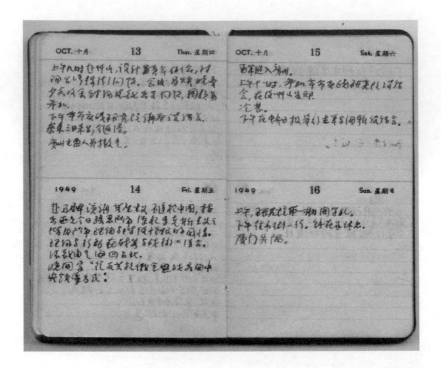

泰來三日來台，今返港。

廣州主要人員撤走。

* 十月十四日星期五

赴石牌演講共產主義不適於中國，指出匪黨今日殘忍鬥爭緣起馬克斯主義之階級鬥爭理論與階級憎恨的感情。理論與行動在戰略與戰術上結合。

總裁由定海回台北。

晚間寫「從反共抗俄全盤略論中央領導方式」。

* 十月十五日星期六

匪軍進入廣州。

上午十一時，參加革命實踐研究院談話會，在後草山官邸。

冷甚。

下午在中央日報舉行主筆與編輯談話會。

＊ 十月十六日星期日

上午，研究院第一期開學禮。

下午往市街一行，餘在家休息。

廈門失陷。

＊ 十月十七日星期一

上下午均在研究院講告全黨同志書。

＊ 十月十八日星期二

在草山官邸討論總統出處問題。中午總裁辦公廳同人討論，下午吳禮卿何敬之等討論。彼等均勸復職。

＊ 十月十九日星期三

晚間起草「全盤戰略」。

上午往石牌演講。

* 十月二十日星期四

浸晨，馬社長來告中央日報火災，八時往觀，除排字房及印機房外均燼。圖書剪報均燼。

九時往草山，設計委員會後，談全盤戰略改若干具體問題。

* 十月二十一日星期五

「全盤戰略」送草山，主張台灣穩紮穩打，西南劍及履及。最後基地為台瓊及昆明。

* 十月二十二日星期六

二十日聯大，南斯拉夫擊敗捷克，當選安全理事會理事。

擬告台灣同胞書稿。

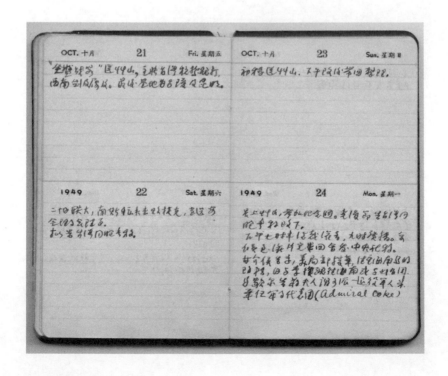

＊ 十月二十三日星期日

初稿送草山，下午改後帶回整理。

＊ 十月二十四日星期一

晨上草山，參加紀念週。光復節告台灣同胞書稿改卜。

下午七時半總裁灌音。九時廣播。余候至灌片完畢回舍後發中央社稿。

甘介侯告李，美局部援華，注重海南島的防務，甘與李漢魂往海南或與此有關。

馬歇爾告蔣夫人謂可派一退役軍人來華任軍事代表團。（Admiral Coke）

＊ 十月二十五日星期二

金門島匪軍登陸被擊敗。上午光復節大會，陳長官在會場宣佈。

＊ 十月二十六日星期三

中午赴草山，總裁約餐，並給以祝五十一生辰題字「歲寒松柏」。席間談政治改革方案事。天雨。

下午回舍，寫「台灣的戰略價值」稿。

＊ 十月二十七日星期四

上午設計委員會，下午討論立法院事。

金門島大捷，登陸匪軍均被殲。

＊ 十月二十八日星期五

上午赴草山演講「扭轉時局案」。中午回寓。

美國防部因見解不同，將海軍軍令部長鄧菲米免職。

*十月二十九日星期六

總裁責設計委員會不能作成具體方案提供作到渝後指導政治之參考。今日談話會決定分組討論方案。

余今日上下午均為研究院講扭轉時局案並指導研究員討論，未出席談話會。

*十月三十日星期日

上午十時紀念週。中午回舍，下午往板橋國民學校看運動會，龍生參加三人執旗賽及五十公尺賽兩項節目。

*十月三十一日星期一（空白）

*十一月一日星期二

往草山參加外交財政等政策討論。

＊ 十一月二日星期三

下午往草山參加「西南政治財政整綱方案」討論。

寫辭呈明送草山。卓宣得知央行可撥美金十萬元之銀元券（中信局貸黨報者）決即飛渝自辦此事，預料將剋扣黨報應領之數額，自辦雜誌，即做其他開支。余數月來苦心經營所得者徒供此輩耳。

＊ 十一月三日星期四

費慶禎將辦公所關於貸款之文卷送任卓宣，彼稱七個黨報只可分五萬銀元，香港時報另籌，彼將其餘十四萬作所謂刊物等用。余急告知星野並轉告孝炎。余決向總裁暨中常會提出辭職。

育德來電款由央行業務局長簽請在台撥付。

上下午在草山，MacDonald 總領事見蔣總裁，轉艾其森備忘錄，如台灣政經改革，美可做新援助。

＊ 十一月四日星期五

任卓宣秘密赴渝領款，余告知王雪艇先生，轉告台灣銀行如撥款通知到，先關照辦公廳再發。

余恐卓宣交涉由渝提款，與星野聯名致電立夫先行制止提款。

中午在辭修先生公館談美備忘錄事。麥總領事下午四時見陳長官。

＊ 十一月五日星期六

致電關吉玉，貸款係黨報分別俱領，中宣部不得提用，又款請由台撥付，並電告育德。

＊ 十一月六日星期日

整理政治改革案。

卓宣於十一日逕電關吉玉，彼即飛渝親領貸款，余即電孝炎即來。

總裁由阿里山回。

政治方案稿送草山油印。

* 十一月七日星期一

討論政治方案（下午三時）及覆艾其森備忘錄。

* 十一月八日星期二

電閻佩珩及何墨林賀其燊說明各報向總裁申訴此款動用及分配應由總裁指示。

改訂政治方案，下午送草山油印。

任卓宣秘密由台南回，自辦簽呈送草山。以銀元五萬給黨報，自支配美金十萬餘。（彼以為貸款係美金十五萬元）

* 十一月九日星期三

今日上午政治案討論，下午往五組辦中宣部簽呈簽注。

李德鄰留滇，非總裁往渝，彼不回渝。

洪蘭友為此來台。

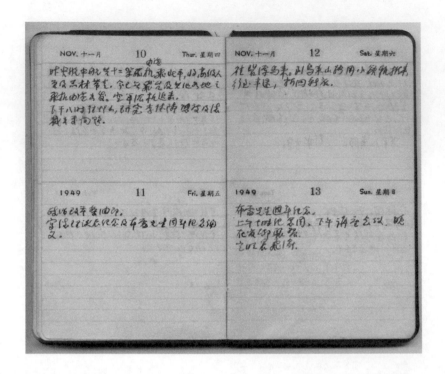

＊ 十一月十日星期四

昨央航中航共十二架飛機由港飛北平，將高級人員及器材帶走，今已無飛台及其他各地之飛機由港出發。空軍派機追擊。

下午八時往草山，研究李德鄰態度及總裁出處問題。

＊ 十一月十一日星期五

政治改革案油印。

寫總理誕辰紀念及布雷先生週年紀念論文。

＊ 十一月十二日星期六

往碧潭烏來。到烏來山路用小鐵軌推車，行至半途，折回新店。

＊ 十一月十三日星期日

布雷先生週年紀念。

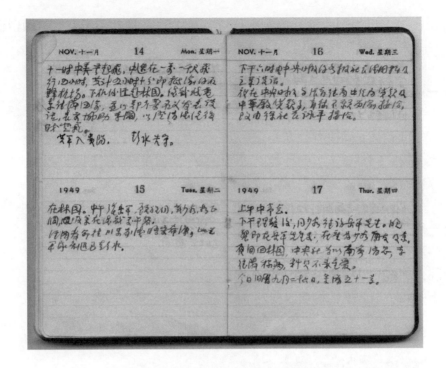

上午十時紀念週，下午講座會議，晚在官邸聚餐。

定明晨飛渝。

＊ 十一月十四日星期一

十一時中美號起飛，中途在一萬一千尺飛行四小時，共計五小時四十分及抵渝白石驛機場。下機後逕赴林園。總裁致電李德鄰回渝，並以鄭彥棻名義發表談話，表示協助李閣，以澄清總統復職空氣。共軍入貴陽，彭水失守。

＊ 十一月十五日星期二

在林園。中午張岳軍，顧祝同，黃少谷，谷正綱及余在總裁處午餐。

經國奉命往川東前線晤宋希濂，此？軍隊刻退至彭水。

＊ 十一月十六日星期三

下午六時由中央日報約各報社長總編輯及主筆談話。

夜在中央日報與張育德商中信局貸款及中華廠貸款事，育德不願留渝接洽，改由徐社長詠平接洽。

* 十一月十七日星期四

上午中常會。

下午理髮後，同少谷往訪岳軍先生，晚餐即在岳軍先生處，在座為少谷蘭友及余。夜間回林園，中央社告以南寧消息，李德鄰稱病，料其不來重慶。

今日舊曆九月二十六日，余滿五十一歲。

* 十一月十八日星期五

整理總籌全局案稿及附件呈閱。中午寫革命實踐研究院第一期研究員結業禮院長訓辭，呈核後電發台北。

下午四時半，總裁約岳軍蘭友及隨來三同志談商李德鄰不往渝事。

* 十一月十九日星期六

李代總統稱胃病加重。預料其不會回渝。

下午中常會小組會商談黨務。

* 十一月二十日星期日

李飛港,發表談話完全陳述病況,並說明個人對國家之責任及堅決反共。

白建生從南寧來,攜李函說明病況,謂將轉美療養,並稱將探美援華之真意。

* 十一月二十一日星期一

匪已突破烏江。川東宋部退到南川,匪軍一路越過彭水,一路到達石柱。重慶局勢頗為危急。

訂定貸款分配表。

紀澤長險被央行裁去,余昨函郭垣相託,昨關佩恒見函已條示央行將紀留任。

* 十一月二十二日星期二

宋希濂部隊打光,彼在南川,羅廣文部隊在川東前線。

居朱洪鄭四人去港留李。

* 十一月二十三日星期三

黃季陸來談川大,青年軍等問題。

中華貸款已由央行批渝分行辦理。

* 十一月二十四日星期四

胡宗南部隊一軍之軍陸續到達,上午商慰問及講話辦法。

給姚卓之夏九妹美金百元。

致函關吉玉,力主三十萬中以二十二萬在台交付。

分電各報告以分配數額。

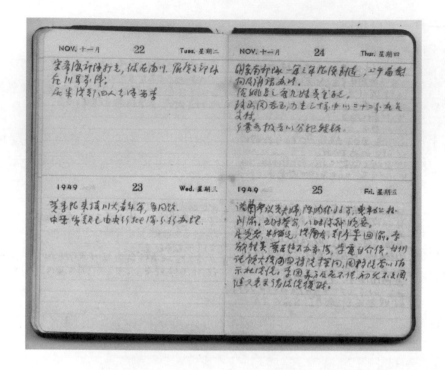

＊ 十一月二十五日星期五

諾蘭參議員夫婦，陳納德將軍，惠勒上校到渝。五時茶會，八時總裁晚宴。

居覺老，朱騮先，洪蘭友，鄭彥棻回渝。李欲往美，葉公超不辦交涉，李電甘介侯，甘仍託顧大使託向國務院探問，國務院答以請示杜總統，李因美方反應不佳，初允不出國，繼又表示請總統復職。

＊ 十一月二十六日星期六

下午三時半商李代總統問題。定明日下午四時開中常會，其決議指出三項途徑，張代表往港取得李之意見。三項為（一）李返中樞（二）行政院長代（三）總統復行視事。

匪到南山，向綦江。重慶危急。第一軍開南岸，第三軍未到。羅廣文部打得好但被匪西路挾持。

諾蘭上午與總裁長談。正午赴閻宴。下午赴張長官宴。明上午八時飛南

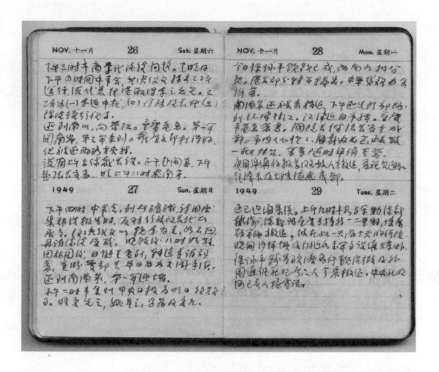

寧。

* 十一月二十七日星期日

　　下午四時中常會，到者踴躍，討論居朱鄭洪報告時，反對行政院長代者居多。改決議文以挽李為主，如不回，再請總統復職。晚飯後八時始散。回林園後，白健生電到，轉達李請辭意，並囑葉部長早日為辦出國手續。匪到南溫泉，第一軍迎堵。

　　下午二時半，余到中央日報商明日領款事，晤夏先之，姚卓之，孚萬及夏九。

* 十一月二十八日星期一

　　今日徐詠平領款已成，西南各報分配，港台部份轉台撥出。中華貸款由余攜帶。

　　南溫泉匪被擊稍退，下午匪先頭部隊到江津對江。江津近白市驛。重慶市

危急愈甚。閻院長偕張長官去成都。市內人心惶惶，總裁辦公室疏散一批往台，余等隨時準備去蓉。

夜間準備將報業同志數人撤退，並託其通知紀澤長及七妹隨飛成都。

＊ 十一月二十九日星期二

匪已迫海棠溪。上午九時半谷與余勸總裁離渝，總裁謂重慶多撐持一二星期，使秦嶺軍隊撤退，彼在此一天，有十天的價值。晚間沙坪壩及附近各處軍事設備爆炸，徐詠平錢昌碩漆高儒魏紹徵及外國通訊社記者六人今晨撤退。中央社晚間已無人接電話。

＊ 十一月三十日星期三

昨夜九時聞山洞方面有槍聲。南岸第一軍開始撤退北岸。總裁決移機場停宿。余等十時許由林園出發。成渝道上軍車絡繹，步兵載道北退。余等五車至十二時半始到山洞轉白市驛道。夜宿美齡號機上。有一飛機三時半起飛觸

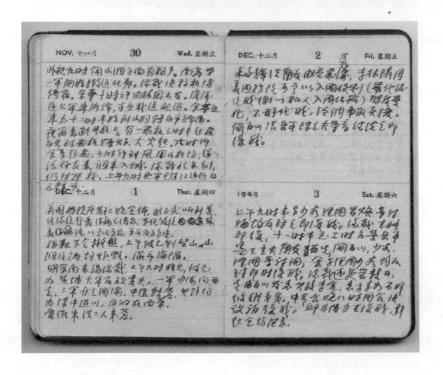

破飛機爆炸，大火起。六時許余等起飛，七時許到鳳凰山機場，適張校長來，調車入城。總裁機亦到，仍住軍校。上午九時匪軍已過江迫近白石驛矣。

＊ 十二月一日星期四

美國務院星期二晚宣佈，非正式聽到李代總統赴美治病之消息，李代總統來美純以私人意思，並無官方意味。

楊森下令撤退，上午彼以到璧（？）山。山洞及橋均炸燬。渝市淪陷。

胡宗南來謁總裁，上午九時晤見，彼已為黃埔大軍官碩果矣。一軍由渝向西走，三軍原定開渝，中途轉蓉，其餘均由漢中退川，目的在西康。

電催朱洪二人來蓉。

＊ 十二月二日星期五

朱家驊洪蘭友由港飛蓉，李德鄰因美國務院可予以入國便利（帶代總統職銜以私人入國治病）態度變化，不辭代職，強調爭取美援。閻百川張岳軍陳立夫等商總統立即復職。

＊ 十二月三日星期六

上午九時半與少谷經國昌煥等討論均反對立即復職。總裁主張即復，十一時半至三時召集岳軍墨三立夫蘭友騮先，閻百川，少谷，經國等討論，余與經國少谷均反對即時復職，總裁遂決定延宕數日，先由百川發表其致李電，表示李如不歸，彼難負責。中常會晚八時開會，決議請復職。邱昌渭力主復職，引起會場注意。

＊ 十二月四日星期日

擬總裁對美聯社記者慕沙談話稿。下午四時接見並發表。

中央社及各報來接洽飛機疏散。

少谷與余遊祠堂街少城公園暨武侯祠。

政府遷西昌，總裁或在昆明辦公，今午會報決定。昨以將中常會決議電告白健生，邀其來蓉。

萬七小姐來蓉。

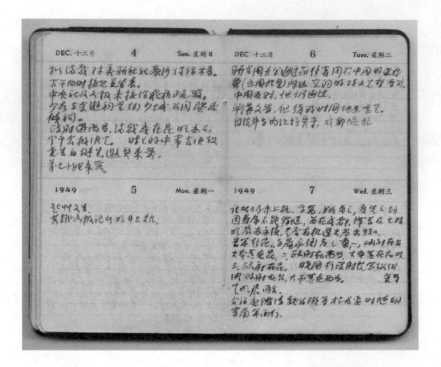

＊ 十二月五日星期一

起草文告。

安排各報記者明日上機。

＊ 十二月六日星期二

聯合國大會通過菲律賓關於中國案（五國提案）陳述空洞的領土完整原則。中國反對，但仍通過。

準備文告，但復職時間地點未定。

自流井與內江均失守，成都混亂。

＊ 十二月七日星期三

記者仍未上機，孚萬，姚卓之，夏先之均因眷屬不能輸送，留在成都，澤長與七妹明晨辦手續，是否有機運出，尚未可知。

岳軍赴昆，與盧永衡商三案，一、政府在台大本營在昆，二、政府在西

昌，大本營在昆明，三、政府在昆。晚間行政院會議決政府在台，大本營在西
昌。余等定明晨回台。

　　介紹唐際清魏紹徵等於必要時隨胡宗南均西行。

* 十二月八日星期四

　　今晨未行。昨召見鄧錫侯劉文輝，均避不見。（劉有回信，鄧無）總裁留
此，一面候胡軍集中，一面鎮定彼等之政治投機。召張岳軍由滇回蓉。

　　閻今日飛台。新聞界諸人全日夜在雙流候機，未得。

　　再改文告，至夜複寫成，支離不可用。

* 十二月九日星期五

　　上午巡遊市區，家家關門閉戶。市上行人如織，散兵及軍車到處皆是。

　　夜間，警戒變亂。張岳軍及李彌余程萬龍澤？三軍長昨來蓉，今返昆。
空軍報告盧漢派卡車搶汽油，並派兵包圍機場，扣留疏散機八架。張岳軍到後

通電話，謂「開會」，旋即停止。所有電話電報均斷。知昆明有變亂。

＊ 十二月十日星期六

上午昆明通訊仍斷，忽有電到蓉，乃盧漢通電以將領扣留蔣委員長者。余等勸總裁離蓉，下午二時由軍校出發，到機場，即起飛，二時至七時一刻到台北機場。

預定派機威脅昆明，放出張岳軍及飛機及工作人員。余在機上起草傳單二稿。

＊ 十二月十一日星期日

在家會客，總裁將赴大溪休息數日。

＊ 十二月十二日星期一

上午十時草山紀念週。設計委員會討論政治改革案，一片幻想。

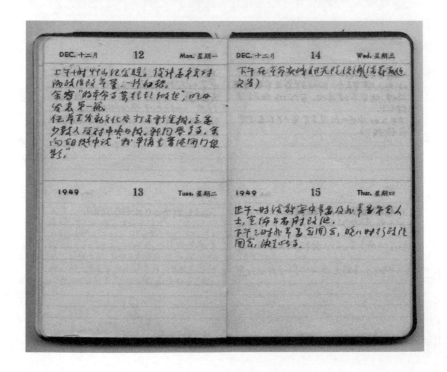

余寫「將革命事業從頭做起」，明日發表第一篇。

任卓宣發動文化界打擊新生報。立委少數人反對中央日報。新聞界多事，余向胡健中說「我準備去香港閉門息影」。

* 十二月十三日星期二（空白）

* 十二月十四日星期三

下午在革命實踐研究院演講。（總裁最近文告）

* 十二月十五日星期四

正午一時總裁宴中常委，及非常委員會人士，宣佈台省府改組。

下午三時非常委會開會，晚八時行政院開會，決定此事。

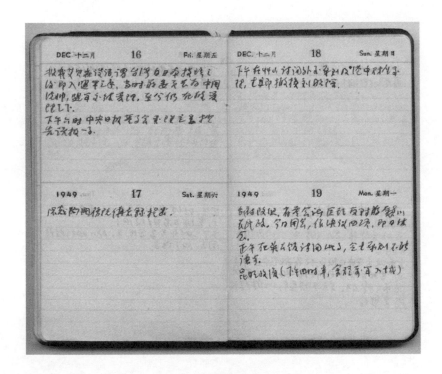

* 十二月十六日星期五

報載艾其森談話，謂台灣自日本投降之後即入盟軍之手，當時蔣委員長為中國統帥，盟軍交彼處理，至今仍在彼管理之下。

下午六時中央日報董事會處理立委控告該報一事。

* 十二月十七日星期六

總裁向國務院備忘錄提出。

* 十二月十八日星期日

下午在草山討論外交原則及港中財產處理，主立即撤劉航琛。

* 十二月十九日星期一

台府改組，省參會諸巨頭反對蔣慰川以長民政。今日開會，作決議四項，即日休會。

正午在吳公館討論此事，令主原則不能讓步。

昆明收復（下午四時半余程萬軍入城）。

* **十二月二十日星期二**

正午革研院長公宴。

籌畫心理作戰機構。

* **十二月二十一日星期三**

成都新津機場受威脅，到雅安的路受威脅。

昆明李彌軍停止入城，城內仍為叛軍控制。

立委攻擊中央日報事，總裁批令中宣部「責成」馬社長整頓編輯主編部門。但立委仍非馬去職不可。立夫亦願馬去，以解除彼所受壓力。

＊ 十二月二十二日星期四

十一時半進見總裁，總裁對元旦文告內容詳為指示。余陳述中央日報受立委攻擊事，總裁表示不能更換馬社長。

晚間往以此事告余井塘先生，井塘告以下午三時晤蘭舒，知此事或可解決，立夫回立委信午間趕送。

余以函正式通知馬社長，轉達總裁勗勉責成之意。

＊ 十二月二十三日星期五

在家寫文告未成。

晚間莫沈谷同宴立委陳紫楓、余拯、阿不啦都等於勵志社，張道行說話對我流露其狠毒之鋒芒。

＊ 十二月二十四日星期六

寫文告未成，夜半始草成二段。

上午九時到草山，總裁往台中日月潭，囑於文告初稿就後往彼一行。

任卓宣由海口回台北，立即向中央日報尋釁。中央日報技工反對徵兵。

＊ 十二月二十五日星期日

下午元旦文告草成複寫至夜二時。晚飯同昌煥少谷在中山北路四條通一家新開西菜館晚餐。即席擬總裁答聯合社三個問題初稿，交昌煥。

顯光明日飛港往美。

＊ 十二月二十六日星期一

成都撤守。

寫文告稿並複寫。

夜間大雨，參加中央日報編輯會議。

中華日報代表四人來，請給盧社長假期，俾其回台，余告以彼如不歸，余即更換社長。

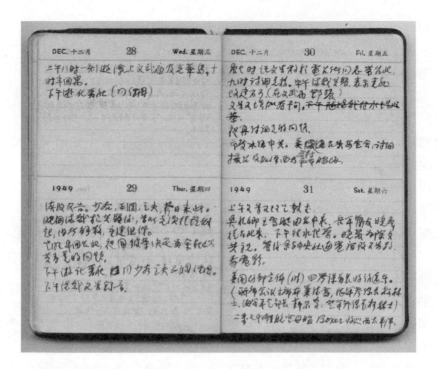

* 十二月二十七日星期二

上午八時半特快車往台中，正午十二時半到，即乘車上日月潭，三時半到。當即將文告稿呈閱。又擬蔣總裁致李承晚函，託申大使錫雨帶回韓國。

住涵碧樓，面潭背山，夜靜謐無聲，睡甚穩。

聯合社以三題問世界偉人，為總裁作答加以修改，以電話告昌煥改訂譯發，由七時至九時電話四次始畢。

* 十二月二十八日星期三

上午八時一刻遊潭上文武廟及光華島，十時半回寓。

下午遊化蕃社。（同經國）

* 十二月二十九日星期四

續改文告。少谷，正綱，立夫，今日來此。晚間總裁於共餐後，告以黨須從頭做起，舊者解散，重建組織。

定明早回台北，夜間彼等決定留余在此共商黨的問題。

下午遊化蕃社，同少谷立夫正綱經國。

下午總裁文告錄音。

* 十二月三十日星期五

晨七時託文告稿於電台諸同志帶台北。九時討論黨務。中午總裁共餐，表示黨非改造不可。（在文武廟野餐）

文告又增加若干句。

夜間再討論黨的問題。

印度承認中共。美政府召集安全會，討論援台及加強西太平洋諸艦隊。

* 十二月三十一日星期六

上午文告又改定數處。

吳禮卿王雪艇由台中來。岳軍蘭友曉峰從台北來。下午往水？茶（？）。晚餐為除夕共祝。餐後余與中央社通電話改文告稿，看電影。

美國防部宣佈（昨）四參謀首長將訪遠東。（聯席會議主席布萊德雷，陸軍參謀長柯林士，海軍軍令部長薛爾曼，空軍參謀長柯林士）兩萬七千噸航空母艦 Boxer 將巡西太平洋。

1950 年

＊ 一月一日星期日

陰雨。在日月潭，吳禮卿，張岳軍，陳立夫，谷正綱，黃少谷，洪蘭友，鄭彥棻，及余與經國。均同度新歲。

＊ 一月二日星期一

總統於午飯後指示黨澈底改革之意。晚飯後又續作堅決表示。主張國民黨改為民主革命黨，民主為國際民主，政治民主，及經濟民主。

＊ 一月三日星期二

余等昨續討論後，作成報告，今日由立夫呈總裁。蘭友，彥棻，正綱下山回台北。

＊ 一月四日星期三

一時啟程專車回台北，桃園站下車。

　　美通訊社傳國務院發出秘密文件於外交官，謂台灣一定陷落。美國會共和黨議員大加攻擊。范登堡表示不阻止此項攻擊。

＊ 一月五日星期四

　　致函任卓宣請將重慶所領金一百四十二兩歸帳，與此間所存基金統籌呈准始可動用。

＊ 一月六日星期五

　　正午十二時英國宣佈承認中共。我外交部發表聲明斷絕中英邦交。

　　杜魯門聲明不用軍事援台，在立法權已經決定之下，經合援助照常進行。艾其森談話解釋。

＊ 一月七日星期六

　　美國政府不進一步援台之聲明，使一般人士失望，對台前途頓感黯淡。

　　下午研究院講座會議。

＊ 一月八日星期日

　　上午九時黨的改造案研討開始。（設計會約同中央各部會主管極重要中委共商）

＊ 一月九日星期一

　　下午二時二次會。

　　我武陵艦在長江口砲擊美商輪飛箭號。

＊ 一月十日星期二

　　上午九時三次會。

＊ 一月十一日星期三

　　下午七時半四次會。

＊一月十二日星期四

　　上午八時研究院演講。

　　下午八時五次會，卓宣謂余「將革命事業從頭做起」未經彼看過，亦不根據常會決議，解釋三民主義為自由主義。

　　吳國楨辭職。

＊一月十三日星期五

　　上午六次會余謂「羞惡之心，人皆有之」不到會。

　　下午參加研究院討論會。

　　蔣夫人回台。

＊一月十四日星期六

　　上午七次會，分組工作。下次參加研究院討論會。晚間少谷昌煥往大溪，總裁邀晚餐者岳軍，雪艇及余等三人。總裁支持國楨，不滿辭修，白欲任總司

令。

* **一月十五日星期日**

上午往桃園一遊。

中共佔領美北平領事館，美國務院白德華宣佈準備撤退領事館人員及僑民。

吉思普來台。

* **一月十六日星期一**

吉思普見總裁，未涉及台灣問題。

夜第一小組（政綱政策等）開會。

* **一月十七日星期二**

上午往研究院演講「政制與政黨」。

* 一月十八日星期三（空白）

* 一月十九日星期四

寫「當前三個課題」斥反民主思想。

晚間立夫來堅持星野離社一避，以副社長（蕭自誠）代，余申明「非我守住不可」。

台灣省府問題發作。

* 一月二十日星期五

上午赴草山，中午邀柯俊？及星野商馬尼刺辦報事。余聲明對中宣部事未過問。

* 一月二十一日星期六

上午十一時半進謁總裁，對馬星野不許更換，往馬尼刺辦分館事可行，蕭自誠副社長可行。

張明煒任中華日報社長徐詠平副社長事，可去辦。

中午教部杭立武出面調解中宣部及台大事。

* 一月二十二日星期日

上午九時半偕毛人鳳往訓練班演講。下午三時半香港時報管理委員會成立，六時半中央日報常董會，決定副社長，暨發展海外業務。

* 一月二十三日星期一

美國眾院以一票之差擊敗援韓案，康納利提折衷案，將經濟援華款一億六百萬元延期至今六月。

* 一月二十四日星期二

中午下午均在新中華聚餐，蕭自誠就中央日報副社長。晚在中央日報寫社論，祝明日台北市報業工會成立。

＊ 一月二十五日星期三

上午上草山。總裁囑以勿與任卓宣以文字辯論，被譏小氣。

＊ 一月二十六日星期四

上午中常會，總裁主持，任卓宣攻擊我擅留簽呈。晚黨改造方案兩組 ？次聯合會，大家對理論提綱及政治改革案不滿意。

中午昌煥邀宴菲僑洪長茶，蔡雲欽，陳存汀（？），丁玉瑩。

＊ 一月二十七日星期五

晚總裁召辦公室諸同志會餐，對立法院四川委員要求留任劉航琛，及監委要求房租津貼事，力主黨報加以批評。

＊ 一月二十八日星期六

寫「院內活動與院內活動」一文批評立委，預料將有立委對中央日報攻擊

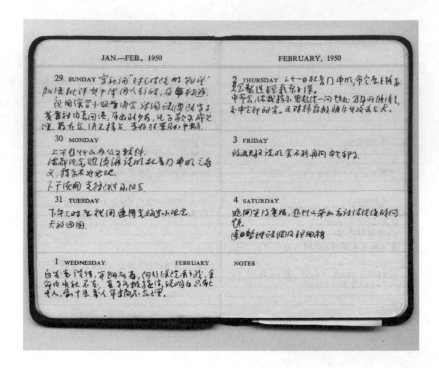

之事。

* NOTES

    連日每日均有會,討論黨的改造。

* 一月二十九日星期日

    寫社論「對立法院的期望」批評其干涉用人行政,及爭待遇。

    夜間綜合小組首次會,討論政綱改寫事。黃雪村由美返港,有函致少谷,說馬歇爾成見深,蔣在台,決不援台,李將往華府呼籲。

* 一月三十日星期一

    上午赴草山辦公文數件。

    總裁紀念週演講說明杜魯門申明之意義,指示不必悲觀。

    下午續開黨務改造小組會。

* **一月三十一日星期二**

下午三時至夜間連開黨改造小組會。

天放回國。

* **二月一日星期三**

白發表談話，軍餉無著，向行政院辭職，余命中央社不發，並與各報接洽，說明白只有七千人，索十五萬人軍餉不合理。

* **二月二日星期四**

三十一日杜魯門申明，命令原子能委員會製造輕氣原子彈。

中常會，總裁指示思想統一問題非倉卒所能決定，交中宣部研究。又對掃蕩報稱斥其攻擊台大。

* **二月三日星期五**

致函天放說明余不能再問中宣部事。

* **二月四日星期六**

晚間突得電話，赴草山參加商討總統復職問題。

連日整理政綱及理論稿。

* **二月五日星期日（空白）**

* **二月六日星期一**

下午五時，九時，在草山暨岳軍先生處連續會商總統復職問題。

空軍大轟炸上海。（電力公司被毀）

* **二月七日星期二**

草閣致李電申明去職，促李回國。

寫「憲法問題」社論。

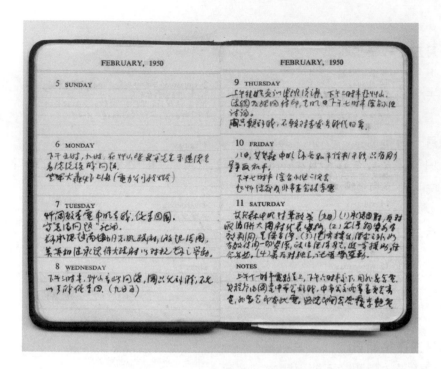

蘇承認越南胡志明政府，激起法國，美英相繼承認保大政府以對抗蘇之舉動。

* 二月八日星期三

下午三時半，草山商此問題，閻只允辭職，不允以去職促李回。（九日）

* 二月九日星期四

上午往船員訓練班演講，下午三時半赴草山。政綱及理論付印，定明日下午七時半綜合小組討論。

閻只願辭職，不願對李發去職促回電。

* 二月十日星期五

八日，艾其森申明蘇無和平談判可能，只有用力量爭取和平。

下午七時半綜合小組二次會。

起草總裁及非常委會致李電。

* 二月十一日星期六

艾其森申明對華政策（九日）（1）承認國府，反對取消聯大國府代表資格。（2）台灣物資如有效利用，定保台灣。（3）經濟援台，經合之外，如有效利用一切資源，政治經濟安定，進一步援助，經合亦然。（4）美反對獨立，託管等運動。

上午十一時半電稿呈上，下午六時半交下，用非委會電，其程序由閣電中常會辭職，中常會交非常委員會審電，非常會即發此電。監院即開會答覆李豔電。

* 二月十二日星期日

今午少谷蘭友等在草山交換意見，閣院長向中常會乞求同意其辭職，不必交非常委員會審議，即可由中常會討論決定。

寫一年來李代總統對總裁之各項事件。

* 二月十三日星期一

閣辭職事已甚囂塵上矣。

非常委員會致李電改明日發，先促（？）監察院發電。余通知各大報對此諸問題之注意點，尤其不可注重監察院彈劾案，因此乃憲法嚴重步驟，？引起國大開會問題也。

* 二月十四日星期二

非常委員會委員電發，白健生謂早日應發，邱翊吾亦如此說。

下午六時半後草山會談，岳軍，雪艇，立夫，少谷，蘭友，彥棻及余，張曉峰，商復職問題。

* 二月十五日星期三

史毛中蘇友好同盟互助條約，旅大協定，二億美元貸款協定發表。

夜全組會，主張將綱領重新起草。

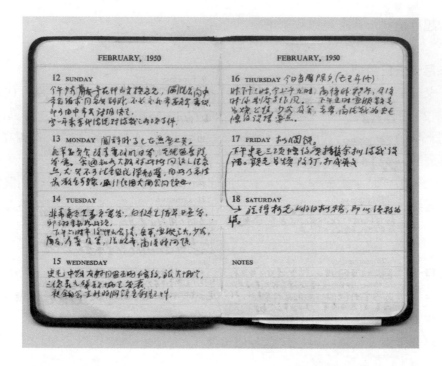

* 二月十六日星期四

今日舊曆除夕。（壬巳年終）

昨下午三時，今上午九時，商復職程序，及復職後制度與作風。下午五時雪艇、顯光、昌煥、公超、少谷及余、志希，商總裁為史毛條約談話要點。

* 二月十七日星期五

擬綱領。

* 二月十八日星期六

下午史毛三項條約廣播後，余擬總裁談話。顯光昌煥改訂，打成英文，旋得柯克上將自擬稿，即以該稿為準。

* 二月十九日星期日

上午往草山，為總裁對史毛條約談話稿（此稿交柯克上將發電）。

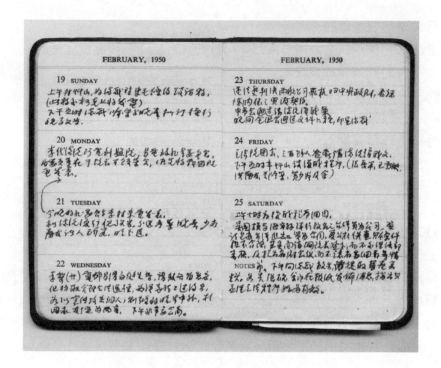

下午五時總裁囑余與曉峰擬定復行視事文告。

* 二月二十日星期一

李代總統巧電到監院，另電致非常委員會，居委員等在于院長公館集會，決定將覆監察院電發表。

今晚將非委會與李往來電發表。

擬總統復行視事文告，分送彥棻、曉峰、少谷、蘭友諸人研究，明分送。

* 二月二十一日星期二（原文移至二十日）

* 二月二十二日星期三

李架（廿）電邱昌渭白健生，為彼無留戀意。但須取合理合法途徑，必須意理上過得去，如以宣傳攻擊個人，則彼將昭告中外，於國家友誼為兩害。下午非常委會商。

＊ 二月二十三日星期四

港法庭判決兩航空公司飛機歸中央政府，否認陳納德之買渡契約。

中常會通過請總統復職案。

晚間全組會通過文件六種，即呈總裁。

＊ 二月二十四日星期五

立法院開會，三百餘人簽署請總統復職文。下午五時半草山談復職程序。（張岳軍，王雪艇，洪蘭友，鄭彥棻，黃少谷及余）

＊ 二月二十五日星期六

上午十時商復職程序細目。

吳國楨與海寧孫洋行改名台灣貿易公司，簽訂包辦台灣進出口貿易合同，夏功權偵查其條件極不合理，且吳面請閻院長簽字，而不交經濟部審核，及提出省府會議而不讓省委細看等情節，下午向總裁報告，請提取案卷審核。如吳強硬，余即在報紙發佈消息，指出其應經立法程序始為有效。

＊ 二月二十六日星期日

修改文告。

英國會大選，工黨比保守黨只多七票。內閣陷入無力狀態。

＊ 二月二十七日星期一

修改文告。

＊ 二月二十八日星期二

正午總裁召見岳軍、立夫、雪艇、辭修，其及他重要幕僚，決定明日復職。下午二時召見中常委出席人員宣佈，各報出號外。

文告商就，印傳單備飛機散發。

＊ 三月一日星期三

總統復行視事。

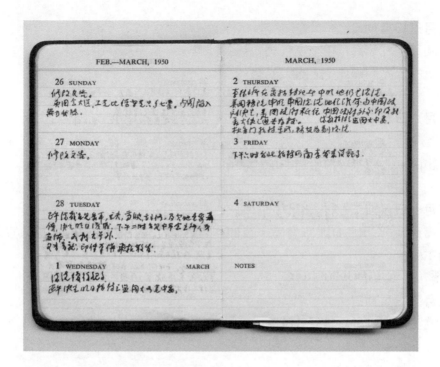

正午決定明日招待立監國大各黨中委。

* 三月二日星期四

　　李德鄰在美招待記者申明他仍是總統。美國務院申明中國總統地位誰屬由中國政府決定，美國政府祇依中國政府外交部及駐美大使之通告為據。

　　總裁招待立監國大中委。

　　杜魯門招待李氏，稱其為副總統。

* 三月三日星期五

　　下午六時台北招待所商李發表談話事。

* 三月四日星期六（空白）

＊ 三月五日星期日

兩日均在家寫一年來李代總統活動經過。

上午出席同鄉會，講國際形勢。

＊ 三月六日星期一

上午總裁出席擴大紀念週，說明民主政治之作風。下午招待立委，請通過陳誠組閣。六時半中常會通過陳組閣事。

＊ 三月七日星期二

海南及？州島有匪軍登陸。夜間，陳辭修約告中央委員會若干人宣佈其政治主張。

＊ 三月八日星期三

立法院通過辭修為行政院院長。

* **三月九日星期四**

陳之邁來信稱：美如與蘇談判原子彈，似有犧牲我國府聯合國代表權，美有孤立傾向。

* **三月十日星期五**

報載賴伊企圖安理會各國通過以中共代表出席，通知各國代表，蔣廷黻發表聲明指斥之。

艾其森發表申明反對中共代表出席。

* **三月十一日星期六**

中常會決定張厲生副行政院長，非常委員會通過部長名單。

* **NOTES**

陳內閣，內政：余井塘，外交：葉公超，國防：俞大維，財政：嚴家淦，交通：原定何世禮後改賀衷寒，教育：程天放，司法：林彬，經濟：鄭道行，副院長張厲生，青民兩黨參加政委。

* **三月十二日星期日**

陳內閣人選決定。少谷任秘書長。總統府秘書長為王雪艇，王尚未同意。

* **三月十三日星期一**

上午參加紀念週。

晚間在研究院談總統引退及復職經過。

草山辦公室分別歸併總統府，中央黨部及中政會。

* **三月十四日星期二**

昨今兩夜在研究院講去年一年總統下野及復職經過。

下午往台大政一授課。

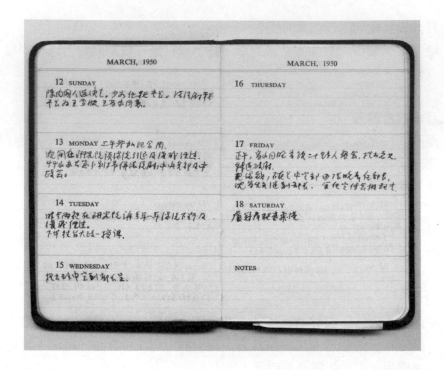

* 三月十五日星期三

　　提出辭中宣副部長呈。

* 三月十六日星期四（空白）

* 三月十七日星期五

　　正午，高山同胞首領二十餘人聚會，提出意見，轉達政府。

　　見總裁，確定中宣部由張曉峰任部長，沈昌煥繼副部長。余任宣傳會報秘書。

* 三月十八日星期六

　　盧冠群秘密飛港。

* 三月十九日星期日

上午十時紀念週。

正午遊林園，在劉副處長宅午餐。

下午三時行政院施政方針草擬會談。

* 三月二十日星期一

上午十一時府中會報。

* 三月二十一日星期二

上午十一時半宣傳會報，名單為上次所開思想問題討論名單，加宣傳業務有關者。

美參眾兩院今通過今七月至明六月一年度，延長援華，不少於五千萬美元（四千八用於台援？）。

＊ 三月二十二日星期三

下午四時往船員訓練班講話。

＊ 三月二十三日星期四

上午中常會通過，余辭職，張其昀為中宣部長，昌煥為副部長。下午四時，召開小組會，商美新聞處譯稿問題。晚間往中央黨部與少谷錫澤士英商施政方針。

＊ 三月二十四日星期五

由台銀匯一萬四千元。（台幣一萬七千元，每港元值台幣掛牌一元二角）

＊ 三月二十五日星期六

下午討論施政方針，晚間公超天放井塘 ？？與余再研究，夜十一時至三時半改寫前文，其條文匆忙寫就。

* 三月二十六日星期日

下午四時再討論，夜間將條文重改。

* 三月二十七日星期一、三月二十八日星期二

上午十一時會報。十時到政院與少谷商改條文，交抄並交陳院長。

西昌撤退。

張曉峰沈昌煥到中宣部辦公。

下午新聞界糖業座談會。

下午九時陳院長邀少谷士英及余商方針，余提出財政問題及對策，陳同意，決另行起草。

今晚起草，明晨送出。

海南昨殲滅登陸匪一團。

總統發表文告呼籲救災。

* 三月二十九日星期三

施政方針稿陳完全同意。晚間提院會。

曉峰秘青年節文告，不使余知。彼所作者完全八股，毫無內容。

* 三月三十日星期四

上午施政方針提中常會，下午送行政院。

美眾議院通過四千萬美元援台。無討論通過。

共黨宣佈有餘糧四百五十萬噸。

* 三月三十一日星期五

上午九時上草山。總裁交革命實踐運動綱要，急欲修改。總裁即於是時移居士林。

徐詠平張明煒來告財委會已通過余為中華日報董事長，今徵中宣部同意。

* 四月一日星期六

中央日報為購 Dodge 篷車一輛，原用之雪佛蘭應交還中宣部。

* 四月二日星期日

上星期，財委會決定以余為中華日報董事長。

P51 飛機兩架在乍浦上空被俄機四五架擊毀。

* 四月三日星期一

為中華日報事，對李副社長冠禮表示信任其繼續負責。並分函南北兩社同人安心工作。

晤丘念台說明中華日報事。

* 四月四日星期二

二日晨我 P51 兩架在乍浦上空被俄機四五架襲擊。莫斯科廣播宣傳日本飛行員參加我空軍。此兩事說明俄空軍直接參戰。

中華日報自行召集董事會，對董事會問題以法的手續不予接受，使其成為懸案。

* 四月五日星期三

高雄要塞區森林大火。

洪國石被逮後，首先牽涉者（一）掃蕩報傳某借錢充賄，（二）保安司令部政工處主任秘書某為之具保。此二人被逮後自承為共黨，而皆與任卓宣有關，且曾為反自由主義而努力。又民族報副刊孫陵為反自由主義有力者，現經證明為成都左翼作家，任代部時，曾批四萬五千元使其組織宣傳隊及文藝協會。此三事昨率直陳報總裁，謂寧可受狹隘意氣之謗，不許其參預機密。

* 四月六日星期四

昨晚丘念台來，今丘，蔡培火，黃國書，三人來說中華日報以董事執行董事會務，余力主此事與清理社產及清查盧冠群責任應分別處理，請董事諸君勿阻擋中央對該報之清查與整理。

* 四月七日星期五

總統號召基督教友絕食祈禱。冰如往青年會教堂祈禱。

下午三時至七時，行政院政務會議討論施政方針施行事宜，余以顧問參加。

* 四月八日星期六

六日美總統及國務卿任命共和黨 John Foster Dulles 為國務院顧問，參加外交政策之訂定。

上午晤蔡培火，談民主協會預備會被保安司令部停止事。

* 四月九日星期日（空白）

* 四月十日星期一

一般會談，指定張岳軍，王雪艇，董顯光，葉公超討論國際外交問題。

* 四月十一日星期二

宣傳會談，總裁問中華日報事。

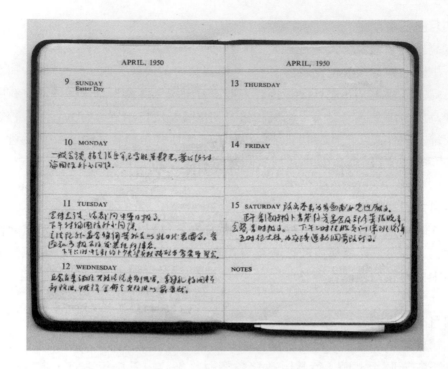

下午討論國防外交問題。

立法院外委會質詢葉公超以駐日代表團事。余通知各報不得發表任何消息。

下午六時中宣部約卜少夫梁實秋林啟方（？）雷震等餐會。

＊四月十二日星期三

丘念台來證明其致總統函為假冒。李冠禮將編輯部改組，恢復余命令其改組以前原狀。

＊四月十三日星期四（空白）
＊四月十四日星期五（空白）

＊四月十五日星期六

致函泰來，為晏勳甫女兒進廠事。

正午香港時報卜青茂約管委會及鄭彥棻張曉峰會餐，商時報事。下午二時往船員訓練班演講。五時往士林，為實踐運動綱要改訂事。

* 四月十六星期日（空白）

* 四月十七日星期一

上午二時共匪以十團之眾登陸海南島。十一時會談，總裁決定必要時撤退之方針。

上下午均在研究院為第五期演講。

夜為海南戰報事往中央日報。

* 四月十八日星期二

晚往研究院演講一年來之政治。報紙刊載海口戰報，均為勝利，實則匪軍登陸，開闢橋頭堡至數十里矣。

* 四月十九日星期三

夜草總裁講稿未成。

一般業務會報。

* 四月二十日星期四

夜草總裁關於漢奸必敗之講稿，至三時半。

* 四月二十一日星期五

海南戰報均為大捷，余命中央日報標題勿寫勝利字樣，社論透露此為戰鬥之開始。事實果然證明捷報甚不確。

* 四月二十二日星期六

海南撤退，今日尚未發佈消息。

* 四月二十三日星期日（空白）

* 四月二十四日星期一

上午九時至十二時，陳院長約商海南戰事及宣傳善後事宜。決定七人小組隨時名召集，加強發言人與國防部之聯繫。

* 四月二十五日星期二

上午十一時總統府宣傳會談。

正午在林頂立家與丘念台蔡培火談中華日報事，仍只有改組黨股代表。下午與財委會虞秘書長談，貫澈清查財產，冷靜一個時間，再取強硬手段。

* 四月二十六日星期三

下午往大溪視察檔卷整理。卓修工作井井有條。

* 四月二十七日星期四

五一文告勞工部稿交來。

臣塵電隻身到港，函囑其住入大埔道，略事休息。

* **四月二十八日星期五（空白）**

* **四月二十九日星期六**

　　夜擬五一文告稿。總統今日由定海回台。

　　冰如右眼忽盲。

* **四月三十日星期日**

　　五一文告定稿下午十時發出。

* **五月一日星期一**

　　上午十一時紀念周後舉行一般會報。

　　冰如往中心診所就林和鳴代夫診視，判為視網膜剝離症，要施手術，住院

二周。

* **五月二日星期二**

  公布海南撤退經過，保安司令部公佈洪國石案。

* **五月三日星期三**

  美記者今到台，二十五人，中午十一時總統召見，指示新聞要旨。下午二時半往行政院參加討論陳院長致詞要點。

* **五月四日星期四**

  正午陳院長在台北賓館招待美記者團。

* **五月五日星期五**

  總統談話要旨呈閱。

* 五月六日星期六

上午十一時半召見，改變談話體裁。

* 五月七日星期日

十一時再討論談話要點。

* 五月八日星期一

正午十二時左右，一般會談在草山舉行，商總統對美記者談話要旨，下午整理，五時送士林。下午七時，招待會在士林走廊舉行。散會後到發言人辦公室整理談話稿交中央社發表。

* 五月九日星期二

稍為休息。

＊ 五月十日星期三

改擬匪寇必敗論稿。

＊ 五月十一日星期四

改擬匪寇必敗論稿。

＊ 五月十二日星期五

中午研究院聚餐，接開院務會議，討論民眾動員問題。

夜九時半忽召見，經國在坐，總統示意發出匪攻台灣消息，並謂不必發舟山戰報。

＊ 五月十三日星期六

舟山開始撤退，余起草總統廣播。

香港時報發表匪將攻台消息，中央日報發表社論論此事。

＊ 五月十四日星期日

下午往草山第一賓館，起草石覺告舟山民眾書。

晚間參加此事宣傳會談。

經國通知發表軍人魂訓詞。

＊ 五月十五日星期一

下午在官邸等候總統廣播舟山撤退告大陸同胞。

夜到政府發言人辦公室參加中央日報經濟座談會。又商舟山撤退宣傳方針。

＊ 五月十六日星期二

舟山撤退今見報。

＊ 五月十七日星期三

下午業務小組，討論白報紙問題，余對台紙公司既加價又貸款（七百萬）

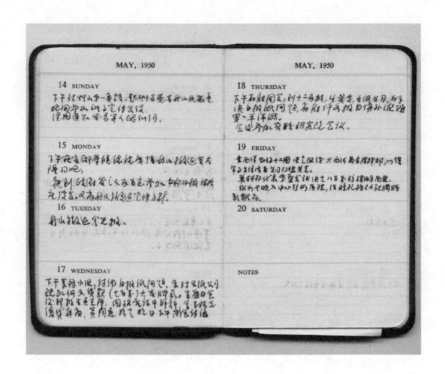

大發脾氣。曾虛白會後即報告吳主席，國楨電話中解釋，余主張先緩貸款再商，吳同意，始定明日下午開會討論。

＊ 五月十八日星期四

　　下午省府開會，到十二家報，生管會，台紙公司，解決白報紙問題，省府許各報自備外匯購買一半洋紙。

　　會後參加實踐研究院會議。

＊ 五月十九日星期五

　　大西洋公約十二國決定組織大西洋最高指揮部，以謀軍事與經濟上共同防禦共黨。

　　英聯邦代表雪梨會議決定八百萬鎊援助東南亞。

　　冰如今晚入中心診所醫院，治瞳孔擴大及視網膜剝離症。

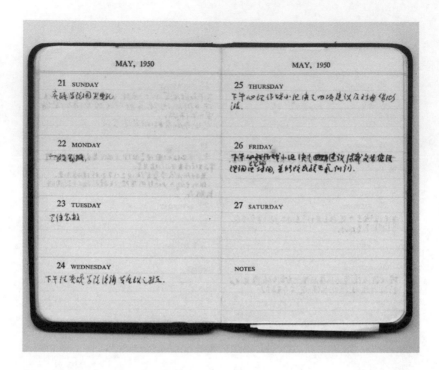

* 五月二十日星期六（空白）

* 五月二十一日星期日
  實踐學院開學典禮。

* 五月二十二日星期一
  一般會報。

* 五月二十三日星期二
  宣傳會報。

* 五月二十四日星期三
  下午往實踐學院演講共產主義之特點。

* **五月二十五日星期四**

下午心理作戰小組決定四項建設反對通貨膨漲。

* **五月二十六日星期五**

下午理論小組決定建議總裁文告應交（？）理論組討論，並修改民族正氣訓詞。

* **五月二十七日星期六（空白）**
* **五月二十八日星期日（空白）**

* **五月二十九日星期一**

一般會報，總統一定要解決童冠賢立法院長問題。

* **五月三十日星期二**

中午陳誠王世杰陳立夫約立委同志疏解立法院長問題，立委反對。

* **五月三十一日星期三**

授權行政院案由張慶楨等提出立法院，遭否決。

行政院會時，陳院長憤慨，立即辭職。

* **六月一日星期四（空白）**

* **六月二日星期五**

下午某會談。

* **六月三日星期六**

下午某會談。

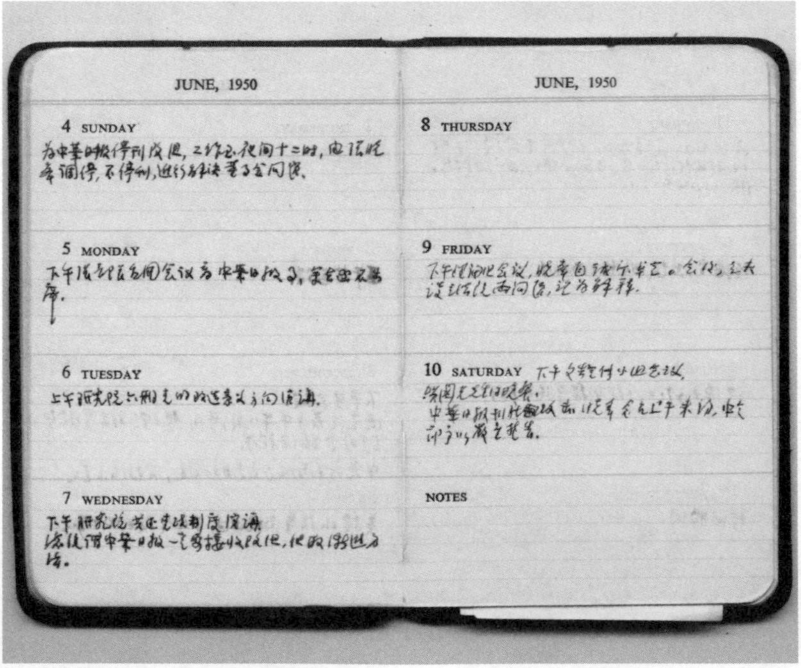

決定先著手中華日報停刊整理，與保安司令部彭司令接洽程序。

中央新生兩報力主黨的改造，反對派系主義。

* NOTES

美援外法案兩院通過，下年度援台四千萬元。

* 六月四日星期日

為中華日報停刊改組，工作至夜間十二時，由張曉峰調停，不停刊，進行解決董事會問題。

* 六月五日星期一

下午張部長召開會議商中華日報事，余去函不出席。

* 六月六日星期二

上午研究院六期黨的改造意義方向演講。

* 六月七日星期三

下午研究院共匪黨政制度演講。

總統謂中華日報一定要接收改組，但取漸進方案。

* 六月八日星期四（空白）

* 六月九日星期五

下午理論組會議，曉峰自誠斥卓宣。會後，立夫談立法院兩問題，望為解釋。

* 六月十日星期六

下午文告宣傳小組會議。

賀國光先生約晚餐。

中華日報刊社論攻擊曉峰。念台上午來訪，中宣部予以嚴重警告。

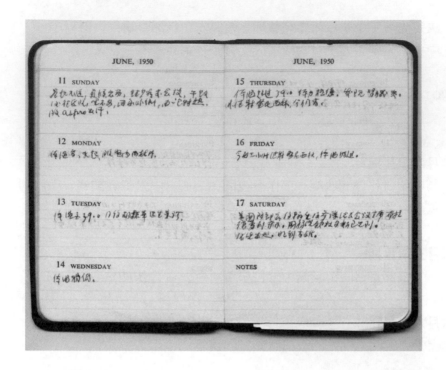

* 六月十一日星期日

晨起不適，氣候惡劣，往少谷處會談，午飯後往醫院，坐不安，回家臥倒，由溫轉熱，服 aspro 出汗。

* 六月十二日星期一

體溫高，未起，服盤內西林片。

* 六月十三日星期二

體溫至 39.0 乃約胡振華醫生來診。

* 六月十四日星期三

體溫稍低。

* 六月十五日星期四

體溫超過 39.0 體力極憊，發現腎臟炎。昨注射盤尼西林，今仍高。

* 六月十六日星期五

今每三小時注射盤尼西林，體溫始退。

* 六月十七日星期六

美國防部長約翰生及參謀總長會議主席布拉德利到東京。國務院顧杜爾斯已先到。

總統出巡。明到高雄。

* 六月十八日星期日

體溫降，臥不能起。

少谷彥棻上午八時啟程往高雄。

陳儀今鎗決於碧潭。台人認為可報二二八之役。

* 六月十九日星期一（空白）

* 六月二十日星期二

美參院通過 1,222,500,000 援外法案，其中用於中國者 1. 75.000,000 總統不須有何報告（用於東南亞洲）2. 27,500,000 應向議會委員會報告，3. 40,000,000 公開報告。

* 六月二十一日星期三（空白）
* 六月二十二日星期四（空白）
* 六月二十三日星期五（空白）

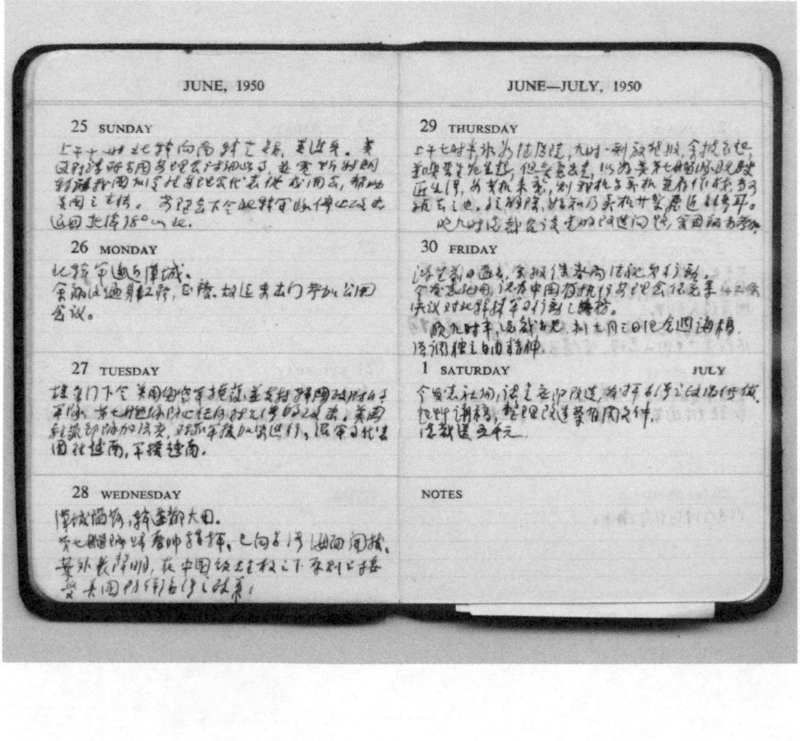

* 六月二十四日星期六

詹森布拉德利離東京飛美。

艾其森聲明美國對台政策仍依杜魯門總統一月五日聲明，不變。

* 六月二十五日星期日

上午十一時北韓向南韓宣戰，並進兵。美政府請聯合國安理會討論此事，並電斯特朗轉請我國應令駐安理會代表促成開會，幫助美國之主張。安理會下令北韓軍隊停止攻擊，退回北韓 38°以北。

* 六月二十六日星期一

北韓軍隊逼近漢城。

余病致遍身紅疹，甚癢。故迄未出門參加公開會議。

* 六月二十七日星期二

杜魯門下令美國海空軍掩護並支持韓國政府的軍隊，第七艦隊防止任何對台灣的攻擊。美國駐菲部隊加強實，對菲軍援加緊進行，派軍事代表團往越南，軍援越南。

* 六月二十八日星期三

漢城陷落，韓遷都大田。

第七艦隊歸麥帥指揮，已向台灣海面開拔。

葉外長聲明，在中國領土主權之下原則上接受美國防衛台灣之政策。

* 六月二十九日星期四

上午七時半，冰如往醫院。九時一刻放警報，余披衣起，並喚晉生范生起，但無意出走，以為美第七艦隊既駛近台灣，如共機來襲，則我機與美機並肩作戰，當可驅去之也。旋解除，始知乃美機廿架飛近台灣耳。

晚九時總裁召談黨的改造問題，余因病未參加。

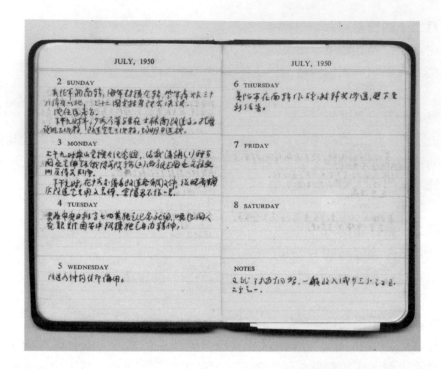

* 六月三十日星期五

鴻生前日遷出，余報保密局注視其行動。

今發表社論，認為中國有執行安理會依憲章 42 條決議對北韓採軍事行動之義務。

晚九時半，總裁召見，擬七月三日紀念週講稿，強調獨立自由精神。

* 七月一日星期六

今發表社論，認黨應即改造，發揮台灣之政治價值。起草講稿，整理改造案有關文件。

總裁送五千元。

* 七月二日星期日

美陸軍開南韓，海軍封鎖全韓，空軍轟炸三十八緯度以北。三十二國支持安理會決議。

沈任遠來台。

下午九時半，少谷彥棻與余在士林商改造事。提案說明三次稿，改造宣言三次稿，均明日送核。

＊ 七月三日星期一

上午九時中山堂擴大紀念週，總裁演講（1）聯合國應宣佈蘇俄侵略陰謀。（2）西方民主國應支持亞洲反侵略鬥爭。

下午九時，在少谷處繕寫改造各有關文件，張曉峰痛斥改造宣言用文言體。余隱忍不作一言。

＊ 七月四日星期二

余為中央日報寫七四美獨立紀念社論，喚起國人在艱難困苦中鍛鍊力自由精神。

＊ 七月五日星期三

改造各件均付印備用。

＊ 七月六日星期四

美陸軍在南韓作戰，被韓共滲透，退下重新結集。

＊ 七月七日星期五（空白）
＊ 七月八日星期六（空白）

＊ NOTES

文武待遇調整，一般收入減少三分之二至二分之一。

＊ 七月九日星期日（空白）

＊ 七月十日星期一

美坦克參加作戰，在大田前線為韓共迂迴滲透所擊敗。

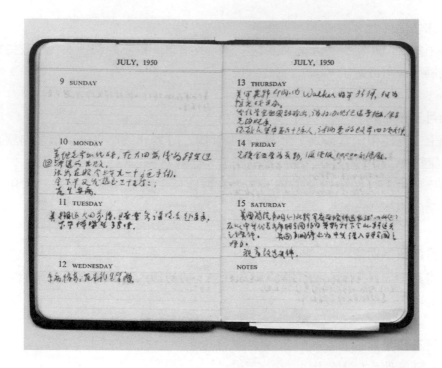

冰如右眼今上午九－十施手術。

余下午又發熱至三十九度二。

范生亦病。

* **七月十一日星期二**

美撤退大田前線，陸軍參謀總長赴東京。

下午體溫至 38 度。

* **七月十二日星期三**

余病稍安，范生龍生皆病。

* **七月十三日星期四**

美軍在韓部隊由 Walker 將軍指揮，彼為坦克戰專家。

發信答余啟恩辭職函，謂將由沈任遠等辦，余與兄均脫手。

總裁召集中委六十餘人，討論黨的改革四項文件。

＊七月十四日星期五

先換金五條為美金，匯港紙 10,000 元交港廠。

＊七月十五日星期六

美國務院聲明（一）北韓軍應無條件退至 38°以北（二）不以中共代表出席聯合國做為莫斯科下令北韓退兵之條件。英國發表聲明停止為中共謀入聯合國之努力。

夜商改造文件。

＊七月十六日星期日（空白）

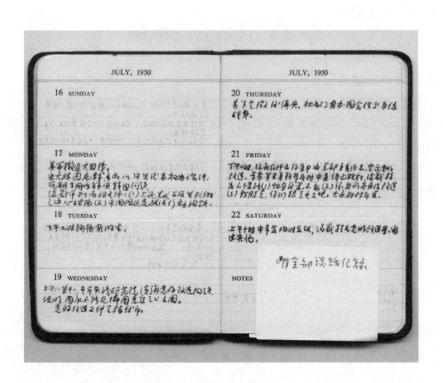

* **七月十七日星期一**

美軍撤退大田線。

史大林回尼赫魯函以中共代表權為條件，在聯合國內解決韓國問題。

總裁命擬兩個文件：（1）三民主義與反共抗俄之中心理論（2）中國國民黨政治行動綱領。

* **七月十八日星期二**

下午九時拘捕羅鴻生。

* **七月十九日星期三**

上午八至十一，革命實踐研究院演講黨的改造問題，說明國家不能在鄰國善意之上立國。

黨的改造文件定稿付印。

* **七月二十日星期四**

美下令徵後備兵，杜魯門要求國會給予百億戰費。

* **七月二十一日星期五**

下午八時，總裁在草山約及中央黨部負責同志，宣示黨的改造。李宗黃王秉鈞等反對中委停止職權，總裁指出三條件（1）怕有後果，不動（2）依我所定辦法改造（3）我脫黨，你們跟立夫去吧。大家相對無言。

* **七月二十二日星期六**

上午十時中常會臨時會議，總裁提出黨的改造案，通過實施。

（注：有全部談話記錄）

* **七月二十三日星期日（空白）**

* **七月二十四日星期一**

一般會談，總裁指定六人（少谷、曉峰、蘭友、叔常、企止、希聖）商訂改

造委員會編制。後加彥棻，乃建。

* 七月二十五日星期二

改造委員會編制。（上午九時）

* 七月二十六日星期三

冰如出院。

編制商定。分七組三委員會。五時總裁招待中委，宣佈中央改造委員名單，先定十六人，少谷，乃建及余不參加。

* 七月二十七日星期四（空白）

* 七月二十八日星期五

列席改委談話會，上下午皆然。一般咸詫異余與少谷非改委而參預會議。

* 七月二十九日星期六

上午，下午，及晚間均列席改造委員談話會，商擬組織規程及政治主張。

美國改派藍金為公使代辦大使館事務駐台灣。

俄突通知聯合國秘書，八月一日起出席安理會。

* NOTES

陳誠，張其昀，谷正綱，張道藩，胡健中，曾虛白，沈昌煥，袁守謙，蔣經國，崔書琴，蕭自誠，連震東，谷鳳翔，郭澄，鄭彥棻，陳雪屏。（七月二十六日總裁遴派上列人員擔任中央改造委員）

* 七月三十日星期日

整理政治主張稿。

* **七月三十一日星期一**

麥克阿瑟來台。

夜參加審議政治主張稿。

* **八月一日星期二**

蘇俄突回安理會,擔任輪值的主席,馬立克首提否認我代表的議程,表決結果八對七否決。

麥帥回國東京。

* **八月二日星期三**

修改政治主張。

* **八月三日星期四**

下午八時半,請草山參加改造委員官邸會餐。

* **八月四日星期五**

美第十三航空隊來台,今日噴氣機 F － 80 六架在上空飛行。

第七艦隊,聯絡官已來,麥帥派副參謀長福克斯來聯絡。

* **八月五日星期六**

改造委員今上午時時就職,舉行第一次會。

* **NOTES**

秘書長:張其昀,第一組:陳雪屏,第二組:谷正綱,第三組:鄭彥棻,第四組:曾虛白,第五組:袁守謙,第六組:唐縱,第七組:郭澄,訓委會:蔣經國,紀律委員會:(「李文範」)財委會:俞鴻鈞,設計委員會由余為主委。

* **八月六日星期日**

上午十一時中央黨部新舊主管同志談話會。

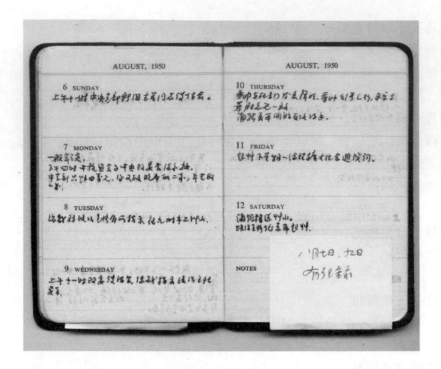

* **八月七日星期一**

　　一般會談。

　　下午四時中執監會與中央改委會總交接。

　　中宣部只餘四萬元。後又被曉峰取二萬，卓宣取一萬。

* **八月八日星期二**

　　總裁對政治主張有所指示。夜九時半上草山。

* **八月九日星期三**

　　上午十一時改委談話會，總裁指示政治主張要旨。

* **八月十日星期四**

　　麥帥與杜魯門發表聲明。麥帥台灣之行，東京與華府意見一致。

　　南韓美軍開始反攻得手。

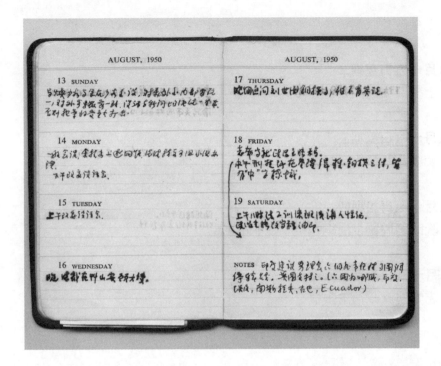

* **八月十一日星期五**

    起草下星期一總理擴大紀念週演詞。

* **八月十二日星期六**

    講辭稿送草山。

    政治主張託志希起草。

    （八月七日、九日有記錄）

* **八月十三日星期日**

    昌煥少谷與余在少谷處談，對美外交內要統一，對外步驟要一致，談話與新聞局均須統一發佈，否則我等將受重大打擊。

* **八月十四日星期一**

    一般會談，余提出上述問題，總統指示可組小組辦理。

　　下午改委談話會。

* **八月十五日星期二**
　　上午改委談話會。

* **八月十六日星期三**
　　晚總裁在草山宴顧大使。

* **八月十七日星期四**
　　晚間迫問劉世海銅模事，彼不肯實說。

* **八月十八日星期五**
　　志希寫就政治主張稿。

* **八月十九日星期六**

　　上午八時政工訓練班演講人性論。

　　政治主張改寫稿油印。

　　中午刑警隊在基隆緝獲銅模三付，皆有「中」字標幟。

* **NOTES**

　　印度建議安理會六個非常任理事國調停韓戰。英國支持之。（六國為挪威、印度、埃及、南斯拉夫、古巴、Ecuador）

* **八月二十日星期日**

　　下午九時改委會討論政治主張。

* **八月二十一日星期一（空白）**

* **八月二十二日星期二**

　　設計委員會副主委定蕭自誠。

* **八月二十三日星期三（空白）**

* **八月二十四日星期四**

　　向中央日報表示去職。

* **八月二十五日星期五**

　　行政院請示，總統指示，國大臨時會因通知不能送達全體代表，在台代表不足法定人數，暫緩召開。

* **八月二十六日星期六**

　　美政府發言人昨聲明「美國歡迎聯合國考慮台灣問題，但安理會不應離開南韓問題而討論其他的事。」

* NOTES

中共致聯合國電要求聯合國命令美國部隊撤出台灣，故美政府發言人聲明如上。

* 八月二十七日星期日

北平廣播，韓國戰事非中共介入不能結束。

美海軍部長 Matthews 在波士頓演講，美國應準備為和平而作戰，不惜付出任何代價。昨，艾其森聲明此非美國政府之政策。陸軍司令 Craig 主張美國不再對蘇俄附庸國打仗，要求（1）普通軍訓（2）法律清除國內共黨（3）對共產主義政治經濟心理作戰（4）廢除 Yalta 及其他與蘇俄之協定。 Craig 並主張擴大門羅主義及於一切自由地域經濟制裁並斷絕蘇外交關係。

麥帥對芝加哥發表演說，強調台灣不守，太平洋亦完全失去保障，指摘綏靖主義。

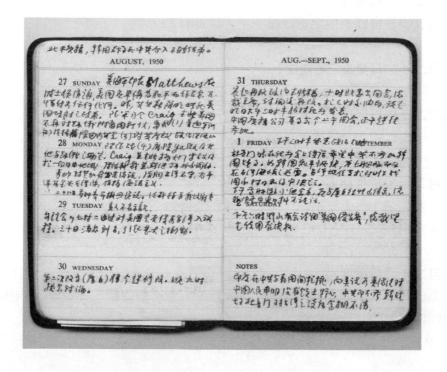

＊ 八月二十八日星期一

麥帥奉命撤回演說。總裁指示我政府負責人不表示意見。

＊ 八月二十九日星期二

安理會以七對二通過列美國是否侵略台灣入議程。三十日消息到台，引起甚大之衝動。

＊ 八月三十日星期三

第二次改寫（盧白）稿今趕修改。晚九時提會討論。

＊ 八月三十一日星期四

晨起再改政治主張稿，十時改委會開會，總裁主席，討論後再改，於三時交油印，預定明日下午三時半招待記者發表。

中國廣播公司董事會今上午開會，正午趕往參加。

＊ 九月一日星期五

下午三時半發表政治主張。

杜魯門昨在記者會上談話希望中共不參加韓國戰事。如韓國和平恢復，第七艦隊即無在台灣海峽之必要。台灣地位當於對日作戰國家對日和約中決定之。

下午雪艇邀小組會商，夜與盧白往草山請示，總裁決定中央日報不說話。

＊ 九月二日星期六

下午六時草山有會討論「美國侵台案」，總裁堅主使用否決權。

＊ NOTES

印度在中共與美國間拉攏，向美說如美總統對中國人民申明沒有領土野心，中共即不參加韓戰，故杜魯門對台灣之談話含糊不清。

＊ 九月三日星期日

夜上草山（與盧白偕）總裁堅決反對聯合國調查團，指示中央日報發表社論，十二時半送稿至中央日報。

＊ 九月四日星期一

一般會報，總裁對聯合國調查團主張使用否決權。

下午四時盧白蔣君章（第四組）招待各報主筆總編輯，余說明外交情勢，並主張堅決維護立場。

下午五時中央通訊社整理委員會第一次會。

＊ 九月五日星期二

蘇俄飛機在韓國 38 度附近海上向美國艦隊飛行，美飛機起逐，俄機開鎗，美機還擊，將其射落，發現俄國中尉，美即向安理會報告。（美海空軍將在聯合國旗下作戰。）

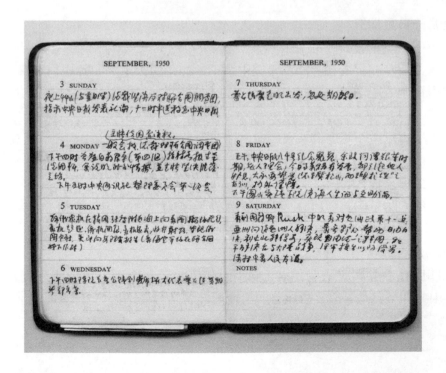

* 九月六日星期三

下午四時陳院長茶會餞別出席聯大代表葉公超黃朝琴鄭彥棻。

* 九月七日星期四

葉公超原定明出發，忽延期數日。

* 九月八日星期五

正午，中央日報八千號紀念聚餐，余致詞謂艱苦時期，無人理會，今日事業稍有發展引起他人妒忌，大家要警覺「不礦於山，而礦於垤」之古訓，格外謹慎。

下午圓山實踐學院演講人生論與互助論。

* 九月九日星期六

美前國務卿 Rusk 申明美對亞洲政策十一點：亞洲問題亞洲人解決，美無

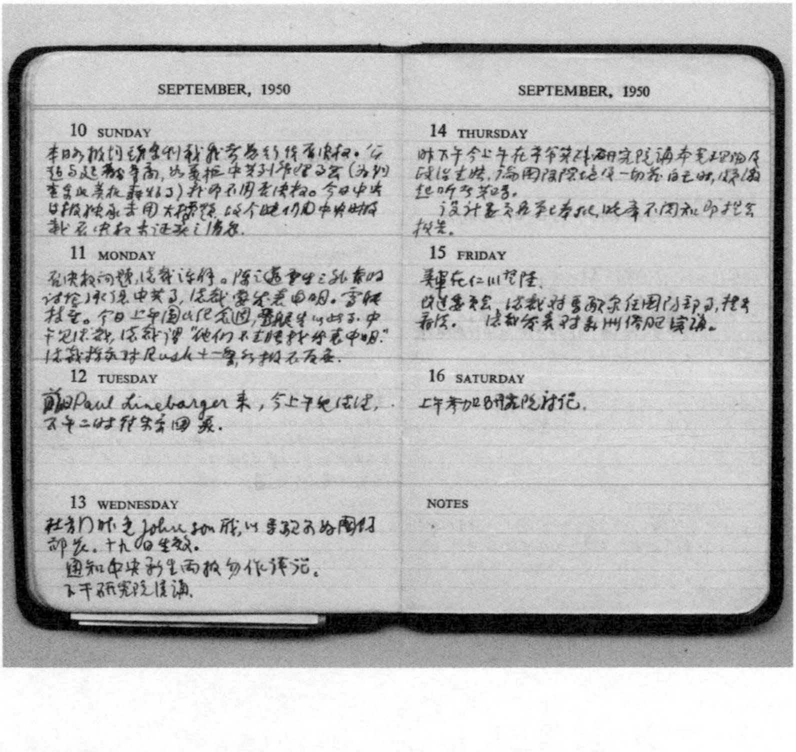

野心，幫助自由自決，制止北韓侵略，實現自由統一之韓國，和平解決台與大
陸戰爭，陸軍援台以防侵略，保持中美人民友誼。

＊ 九月十日星期日

本日各報均頭條刊載我考慮行使否決權。公超與廷黻等商，如美拒中共列
席理事會（為調查東北美機轟炸事）我即不用否決權。今日中央日報獨家專用
大標題，故今晚仍由中央日報載否決權為證實之消息。

＊ 九月十一日星期二

否決權問題，總裁諒解。陳之邁電告三外長將討論承認中共事，總裁要發
表申明。雪艇持重。今日上午圓山紀念週，雪艇告以此事。中午告總裁，總裁
謂「他們不主張我發表申明」。總裁指示對 Rusk 十一條，各報不反應。

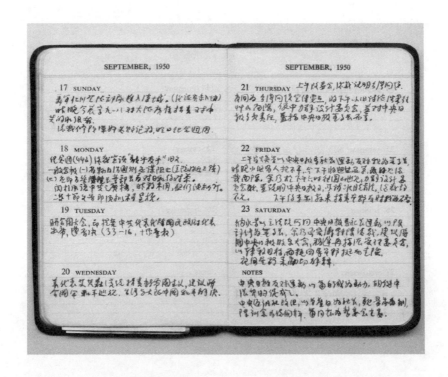

* **九月十二日星期二**

前日 Paul Linebarger 來，今日上午見總統，下午二時往東京回美。

* **九月十三日星期三**

杜魯門昨免 Johnson 職，以馬歇爾為國防部長，十九日生效。

通知中央新生兩報勿作評論。

下午研究院演講。

* **九月十四日星期四**

昨下午今上午在革命實踐研究院講本黨理論及政治主張，論國際環境及一切靠自己時，頗激起聽者共鳴。

設計委員會名單已奉批，曉峰不關知即提會報告。

* **九月十五日星期五**

美軍在仁川登陸。

改造委員會，總裁對馬歇爾任國防部長事，提出看法。

總裁發表對美洲僑胞演講。

* **九月十六日星期六**

上午參加研究院討論。

* **九月十七日星期日**

美軍仁川登陸部隊進入漢城。（後證實未入城）

昨晚今晨寫九一八對大陸廣播指責對中共的承認者。

總裁修改漢奸必敗論稿，明日紀念週用。

* **九月十八日星期一**

紀念週（草山）總裁宣讀「敵乎友乎」舊文。

一般會報（一）省縣自治通則應謀阻止（立院將近三讀）（二）應即召集陳院長葉部長商對日合約政策。

關於承認中共之廣播，昨稿未用，但仍須擬訂。雙十節文告即須擬稿呈核。

＊ 九月十九日星期二

聯合國大會，印提案中共代表代替國民政府代表出席，遭否決（33－16，十票棄權）

＊ 九月二十日星期三

美代表艾其森演說指責新帝國主義，建議聯合國和平巡視，台灣與大陸中國和平解決。

＊ 九月二十一日星期四

上午改委會，總裁說明台灣問題。夜間為台灣問題宣傳要點，將下午小組討論結果往草山面陳，便中力辭設計委員會，並對中央日報多負責任，蓋指中

央日報董事長而言。

* 九月二十二日星期五

上午昌煥告以中央日報馬社長運動反對我為董事長，昨晚小組有人抱不平。今下午將通過名單，最好見總裁面陳。余乃於下午六時往圓山進見，力辭設計委員會職，並說明中央日報事，亦請准脫離，總裁均不允。下午約李荊蓀來指責星野反對我為不智。

* 九月二十三日星期六

納水告以立法院所聞中央日報馬社長運動以陳辭修為董事長，余乃函宏濤轉陳總裁，建議緩開中央日報股東大會，稍遲再指派管理委員會，以轉移目標，而挽回馬星野挺而走險。夜間星野來痛切解釋。

* NOTES

中央日報反對運動以蕭自誠為動力，胡健中張其昀促成之。

中央通訊社改組，以曾虛白為社長，魏景蒙為副，陳訓念為總編輯，蕭同茲為整委會主委。

* 九月二十四日星期日

昨夜擬台灣問題問答十則，今繕呈總裁。

* 九月二十五日星期一

一般會談，問答再審查發表，下午五時與胡次長慶育商，改短三分之一。

* 九月二十六日星期二

美國進入漢城。

上午問答稿經雪艇商定請示，下午發表。

* 九月二十七日星期三

莫斯科北平同時發動和平攻勢。中共經由印度向美國說七艦隊未撤退以

前，不參韓戰不攻台。馬立克答覆記者有定美蘇和平談判之可能。

＊九月二十八日星期四

美印蘇同時否認和平傳說。

＊九月二十九日星期五

安理會 7－4 通過美侵台案中共代表以個人資格列席，蔣廷黻申明其反對案即為 Veto，安理會 9－1 否決。

＊九月三十日星期六

中政會上下午均有會，余為寫文告未出席，重商設計委員名單，下週一提出。

* **十月一日星期日**

　　大雨。

　　南韓軍奉令越過 38 度。

　　寫文告未成稿。下午三時黃公偉來談聯合戰線。

* **十月二日星期一**

　　風雨。

　　上午草山紀念週，總裁講革命實踐與新生活運動。

* **十月三日星期二**

　　大雨。

　　草擬雙十文告，向行政院及省府搜輯材料。寫至夜一時半。

　　總裁批中央日報董事長董顯光，副社長陳訓悆。中華日報董事長張道藩，社長連震東，副社長蔣君章。

* **十月四日星期三**

　　文告稿呈閱。設計委員十六人名單呈核。

* **十月五日星期四（空白）**
* **十月六日星期五（空白）**

* **十月七日星期六**

　　十六人設計委員單發下，照准。

* **NOTES**

　　聯合國大會聯軍於韓國統一後退出，又組織七國委員會監視自由統一韓國之組成。

* **十月八日星期日**

　　文告改，夜間送上，並說明下午王秘書長召集胡慶育，沈昌煥，曾虛白等

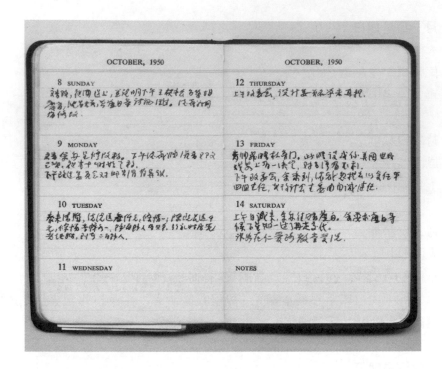

討論經過。總裁夜間有修改。

* 十月九日星期一

　　文告余亦呈修改稿。下午總裁臨灌音前又改三次，夜半十二時始定稿。
下午改造委員會對邱昌渭有異議。

* 十月十日星期二

　　泰來結婚，總統送三千元，條幅一。陳院長送千元，條幅喜帳各一。餘百
餘人有贈，行禮時居覺老證婚，到者二百餘人。

* 十月十一日星期三（空白）

* 十月十二日星期四

　　上午改委會，設計委員名單未再提。

* 十月十三日星期五

　　麥帥飛晤杜魯門。此晤談或係美國世界戰略上有一決定,對台灣省不利。

　　下午改委會,余未到,總裁忽提出余任第四組主任,其設計會主委由自誠繼任。

* 十月十四日星期六

　　上午自誠來,余亦往晤盧白。余要求盧白等候下星期一過了再定交代。

　　冰如在仁愛路教堂受洗。

* 十月十五日星期日

　　杜魯門麥帥在威克島會談二小時。杜魯門離威克後發表申明,麥帥亦有簡短申明,其中注重日本韓國,並說明太平洋區域和平安全,未提台灣。

　　CC 派反陶活動系統化,係針對王雪艇及北大系與「自由主義」者。余已取得立委,立院中 CC,對此極為緊張,以準備余於到院發言時即與反擊。

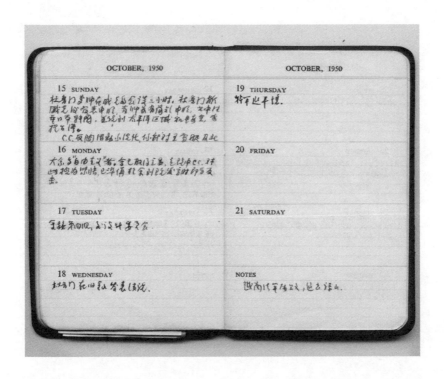

＊ 十月十六日星期一（空白）

＊ 十月十七日星期二

余接第四組，交設計委員會。

＊ 十月十八日星期三

杜魯門在舊金山發表演說。

＊ 十月十九日星期四

韓軍進平壤。

＊ 十月二十日星期五（空白）

＊ 十月二十一日星期六（空白）

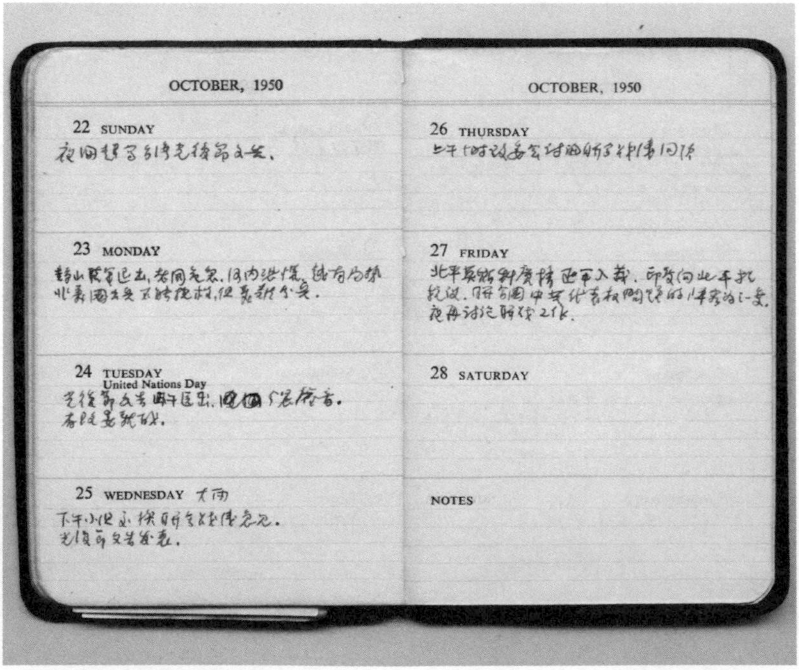

* **NOTES**

　越南法軍屢敗。退出諒山。

* **十月二十二日星期日**

　夜間趕寫台灣光復節文告。

* **十月二十三日星期一**

　諒山陸軍退出，老開危急，河內恐慌。越南局勢非美國出兵不能挽救，但美難分兵。

* **十月二十四日星期二**

　光復節文告下午送出，今晨灌音。省改委就職。

＊ 十月二十五日星期三

　　大雨。

　　下午小組交換聯合戰線意見。

　　光復節文告發表。

＊ 十月二十六日星期四

　　上午十時改委會討論聯合戰線問題。

＊ 十月二十七日星期五

　　北平莫斯科廣播匪軍入藏，印度向北平提抗議。聯合國中共代表權問題的
陣容為之一變，夜再討論聯戰工作。

＊ 十月二十八日星期六（空白）

＊ 十月二十九日星期日

　　張岳軍先生寫「壽蔣公以壽中華民國」一文，內述說以前對日抗戰直接談
判，及抗戰後到馬歇爾調解中共經過。

　　曹聖芬兄寫由溪口到成都，描述去年一年總裁生活狀況。

＊ 十月三十日星期一（空白，原稿記事屬三十一日）

＊ 十月三十一日星期二

　　上午九時到中央黨部簽名祝總裁壽。

　　下午七時陳院長約王雪公，葉公超，時昭瀛，胡慶育及少谷，余，談商外
交問題。（1）美以七點徵求我意見，決定支持美案，以爭取美支持我參加訂
約；（2）美將台灣問題交聯合國，望我勿反對國際調查，決定保持我立場，但
對調查須視情事再決態度。

＊ 十一月一日星期三（空白）

* 十一月二日星期四

杜魯門總統寓所被 Porto Rico 青年二人鎗擊。中央日報本夜發小評表示關切慰問。

為中央日報寫對日和約第一文。

改委會上，陳院長簡略報告外交。

* 十一月三日星期五

聯大否決中華人民共和國代替中華民國為安理會常任理事案，（敍利亞伊拉克之蘇俄修正案）美國亦投反對票。

北平以申明匪軍參加韓戰，但說是志願軍。

* 十一月四日星期六

美軍在北韓前線為中共軍所擊退。

曹聖芬兄告奮勇寫總裁十二日總理誕辰講稿。

* 十一月五日星期日

今日五十二生辰，往指南宮遇雨未達，轉螢橋。

麥帥第十一號申明，外國共軍參加韓戰，使已告結束之戰事又起，表示聯軍任務在肅清之。

* 十一月六日星期一

總裁指示匪軍從和闐向葛大克一路威脅喀什米爾，巴基斯坦與印度，並向世界提出警告。

下午三時參加 Irving Short 追悼會，中央日報董事會及招待暹羅回國僑團。

* 十一月七日星期二

上午約少谷公超昌煥討論西藏問題。

中共參加韓戰，美請求安理會開特別會議，加以討論。

* 十一月八日星期三

美國會選舉參政院補選結果：民主黨 49，共和黨 47。眾議院全選結果：民主黨 234，共和黨 200，上有十七席未揭曉。州長選舉（33 州改選）已揭曉者民主黨十席，共和黨 21 席。

* 十一月九日星期四

安理會 8 對 2 通過召北平匪委代表列席作證，答辯麥帥的報告（中共軍入韓作戰）。

* 十一月十日星期五

颱風逼近台灣南部，預計下午六時登陸，但屆時轉往日本，台灣得免於損失。

* 十一月十一日星期六

正午中央日報邀約有關各方討論報紙問題，尹仲容力主緊縮篇幅，任顯群

認為如各報緊縮篇幅，政府可許白報紙進口。

＊ 十一月十二日星期日

今上午未往禮拜堂，參加國父誕辰紀念會，會後往孟真家閒談。

＊ 十一月十三日星期一

總裁發表告大陸軍民，指示他們反對朱毛以中國人民為犧牲，參加侵略戰，上前線應即向聯合國軍隊反正，國軍歡迎他們歸隊。

＊ 十一月十四日星期二

一般會談。對台北市長候選人，決定吳三連第一，謝東閔第二。吳主席反對王民寧。

吳三連辭市長職，參加競選。

* 十一月十五日星期三

上午在改造委員會報告白報紙問題。下午六時半邀約有關各方在中央黨部會餐，決定三原則（1）裁減篇幅（2）廢止配紙辦法（3）請政府合理的供應洋紙。

* 十一月十六日星期四

上午往圓山講革命哲學。

台灣問題，聯大政委會表決 53－0 延期討論，將中國控蘇案提前討論。

中共加強韓國戰事，美主安理會早日表決，英國等國則主緩決。

* 十一月十七日星期五（空白）

* 十一月十八日星期六

杜魯門發表申明：美軍執行聯合國任務，不出韓界。

英美仍活動使中共接受韓邊緩衝地帶之議。

白報紙節約儲備案上午通過改委會，下午辦稿，以秘書長名義函達行政院與省政府。（下星期一發出）

* 十一月十九日星期日（空白）

* 十一月二十日星期一

圓山紀念週，總裁就黨員選舉有所指示。

* 十一月二十一日星期二

一般會談，總裁指出國際外交情勢逆轉。

英國力求韓戰妥協解決。

新聞界座談會，余就此點說明。

美軍援收到，余要求新聞界保密。

* 十一月二十二日星期三（空白）

* 十一月二十三日星期四

改委會上總裁對報紙節約，及整肅問題表示意見。

* 十一月二十四日星期五

總裁關於黨員競選指示今見報。

中共代表到達紐約。

聯大政委會以 30—8 通過邀請中共代表列席辯論美國侵華案。

為白報紙節約案，下午往省府及行政院接理，擬提一新辦法請改造委員會討論，即各報言論新聞附刊限於四版，廣告可增張。

* 十一月二十五日星期六

下午二至三時半在空軍司令部演講。

出席立委黨部小組會議。

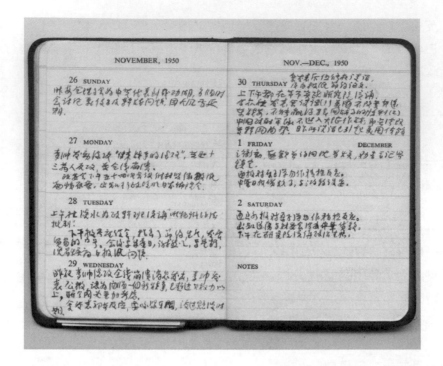

＊ 十一月二十六日星期日

昨安全理事會為中共代表到成功湖，召臨時會討論美侵台及韓戰問題，因大風雪延期。

＊ 十一月二十七日星期一

麥帥發動總攻「結束戰爭的總攻」，共匪十三萬人反攻，美全線崩潰。

改委會下午五十四次會議維持緊縮報紙篇幅原案。函知行政院明日發佈院會。

＊ 十一月二十八日星期二

上午往淡水為政幹班演講「唯物辯證法批判」。

下午報業座談會，提出了節約、生產、發展貿易的口號。會後與曾虛白，謝然之，馬星野，沈昌煥商白報紙問題。

＊ 十一月二十九日星期三

昨夜麥帥總攻全線崩潰消息發出，麥帥發表公報，認為面臨一個新戰爭，已超過其權力以上，聯合國必重加考慮。

余發表初步反應，要咬緊牙關，渡過黯淡時期。

＊ 十一月三十日星期四、十二月一日星期五

余發表斥伍修權談話，及白報紙節約論文。

上下午都在革命實踐研究院演講。

合眾社發表余談話（1）美國不改變其遠東戰略，不能贏得韓國戰事的勝利，（2）中國政府軍隊不進入大陸作戰，即無法改變韓國局勢。昨此談話以引起美國使館之衝動，藍欽曾詢問沈昌煥，勸告言論界鎮定。

通報對原子彈勿作積極反應。中華日報貸款事，與鴻鈞談妥。

＊ 十二月二日星期六

通函各報對原子彈勿作積極反應。

函知道藩與財委會給辦中華貸款。

下午在研究院演講政治主張。

＊ 十二月三日星期日

韓境聯軍全部受威脅。平壤危急。麥帥發表談話答覆「冒險」之批評。

總裁召集岳軍、雪艇、少谷、昌煥、自誠及余商宣傳設計。諸人就反攻一點交換意見。決定每日到王秘書長處（上午九點三刻）會晤決定當日應說的話。

＊ 十二月四日星期一

艾德禮到華府，即與杜魯門舉行會談。

夜半美大使館有電來告，美曾不承認中共，反對中共入聯合國，但聽任聯合安理會允許中共代表代替我政府。我駐外使節甚為憂慮。

周參謀長晚間為改造委員會說明軍事形勢。

＊ 十二月五日星期二

上午九時總裁急召余與昌煥入府，與王秘書長及時次長商談話稿。十一時報告總統，中文稿經總統改訂後，對英文稿亦修改。下午二時總統接見外國記者發表文稿，下午四時昌煥在新聞界座談會上發中文稿。余繼起作宣傳指示。

＊ 十二月六日星期三

上午九時又商對抗周恩來廣播（參加對日和約）之政府發言人聲明。

＊ 十二月七日星期四

又總裁招雪艇、岳軍、辭修、國楨、少谷、昌煥及余商 World Report 雜誌十項問題之答案。

* **十二月八日星期五**

　　杜艾會談有為六點決定。

　　總裁對美國廣播公司談話，強調美如以海空軍支持，中國陸軍反攻大陸，可改變韓國局勢。

* **十二月九日星期六**

　　艾杜會談結束，公報今見報。

* **十二月十日星期日**

　　麥帥韓境視察，回東京後發表公報，士氣旺盛，撤退情況良好，匪軍與聯軍傷亡比例為十比一。

* **十二月十一日星期一**

　　成功湖和平空氣濃厚，英美法策畫邀蘇四國會商。印度等十三國策畫七國

會商（美、英、蘇、中、共、埃、杜）。

* **十二月十二日星期二**

下午在台大文學院演講。

麥帥公報今見報。

總裁答「美國新聞及世界報導」雜誌十個問題之答案昨該報發表。今將中文稿交中央社，英文稿交 China News。

* **十二月十三日星期三（空白）**
* **十二月十四日星期四（空白）**

* **十二月十五日星期五**

夜車赴高雄，應海總之邀，前往演講。

* 十二月十六日星期六

　　冷。

　　杜魯門宣佈美國進入緊急狀態，全文發表。

　　今上午，下午在海軍軍官學校及革命實踐訓練班演講「世界形勢與我們的立場」。住第一招待所。

* 十二月十七日星期日

　　冷－高雄最冷之日。

　　上午往高雄第十二碼頭水上招待所，新生報分社陳叔同邀集高雄三個報兩個電台及中華日報人士茶話。

　　下午往港口參觀。五時往屏東晤孫總司令等人，並晚餐。夜間回左營。

* 十二月十八日星期一

　　上午十時高雄市府演講。

　　下午遊港口。八時軍中電台廣播。

　　仍回左營。桂總司令夜車往台北，黎參謀總長玉璽來談。

* 十二月十九日星期二

　　上午乘小汽車由左營到岡山，為空軍四校演講，十二時半續往台南，下午三時在台南市府演講，五時半為中華日報編輯講話。

　　下午十一時半，臥車回台北。

* 十二月二十日星期三

　　上午八時到台北，總裁投書圖版模糊事件，甚嚴重。手令原有比共黨侮辱至甚之語，代電稍緩和，但指示交董事會擬主義處置負責人之語。第四組將代電轉該報董事會。

　　夜半得中央日報電話，孟真在參議會腦溢血死。

* 十二月二十一日星期四

　　上午九時往極樂殯儀館視孟真遺體，為之涕泣。

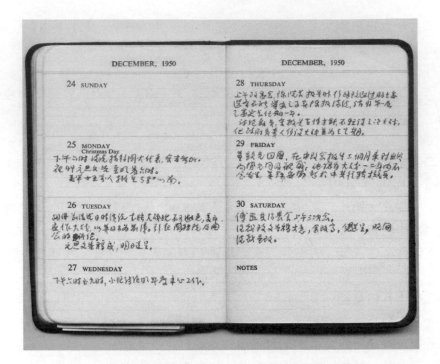

下午四時中央日報董事會，商圖版事件，未做具體決定，

* 十二月二十二日星期五

孟真上午十時大殮，到者甚多，志希哭出聲，辭修騮先等俱墮淚。
通訊參謀訓練班演講。

* 十二月二十三日星期六

谷正綱與省黨部主委倪文亞爭鐵路公路黨部隸屬問題至烈。

* 十二月二十四日星期日（空白）

* 十二月二十五日星期一

下午六時總統招待國大代表，余未參加。
夜草元旦文告至明晨六時。

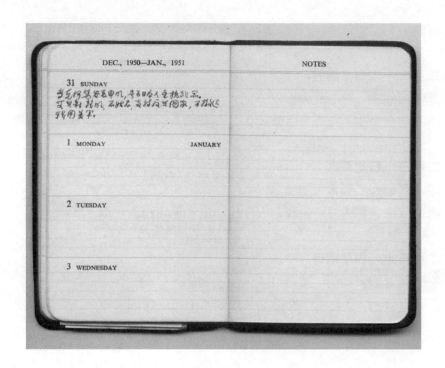

　　美軍廿五萬人撤至 38°以南。

* 十二月二十六日星期二

　　胡佛前總統日昨演說主張大戰現不可避免，美即應作大戰，以美日台為前
線。引起國務院及國會的評論。

　　元旦文告稿成，明日送呈。

* 十二月二十七日星期三

　　下午六時至九時，小組討論明年度中心工作。

* 十二月二十八日星期四

　　上午改委會，陳院長報告昨行政院通過將立委選舉不能舉辦之事實陳報總
統，請將第一屆立委延長任期一年。

　　討論動員，余報告宣傳方針，不輕談三次大戰，但政府負責人俟談大戰並

為之定期。

* 十二月二十九日星期五

董顯光回國，在中改會報告三個月來對世界局勢見聞及觀感。他認為大戰一二年內不會發生，美蘇妥協繫於中共從韓撤兵。

* 十二月三十日星期六

傅孟真治喪委員會三次會。

總裁改文告稿大意，余改寫，今晨送呈，晚間總裁重改。

* 十二月三十一日星期日

麥克阿瑟發表申明，號召日本人重執武器。

艾其森聲明，不姑息，支持反共國家，不撤退韓國美軍。

1951 年

* 一月一日星期一

上午十時，總統府中華民國開國紀念典禮，總統宣讀元旦告同胞書，並錄音。

中午一家全往陽明山，賀萬文俊結婚。陽明山遊人絡繹。回程經北投入市，在中山北路遇克難英雄行列。

崔書琴兄來談，研究性質月刊要四組解決紙的問題，英文半月刊要四組助預算之半（四千元）。

謝紹竑來拜年，便中談及四組秘書要全責全權，不當任張育德分權，又徐詠平辦事說話無分寸。紹竑將任中央日報董事會秘書。

* 一月二日星期二

上午十時半，總統府會談，總統指示黨的工作中重點在地方選舉，中央黨部要督率下級黨部改變作風。台北市長選舉，林紫貴大活動，打擊吳三連，應立即採取行動，加以制裁。

　　下午四時選舉小組開會，決定由陳辭修，吳國楨，王雪艇，張其昀邀集台北市各方分子林頂立蔣慰川等，及中央與省各機關主管舉行座談會，助吳三連投票。對林紫貴，各大報拒絕其登刊廣告。並由彭孟緝，吳國楨，倪文亞，袁守謙，陶一珊商檢討其劣跡之辦法。

＊　一月三日星期三

　　正午十二時半總統宴客，台北賓館。

　　下午三時半政治決策小組會，改委會開會，小組未參加。

　　郭鏡秋來商中國電影，正中，中華，香港時報等公司黨股代表人乃至董監事管理委員會均需擬定，望於兩星期內相告。

　　改委會決定吳三連競選，本黨支持之事公開。

＊　一月四日星期四

　　上午十時改委會。

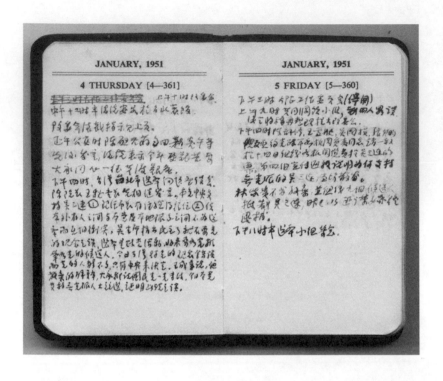

中午十二時半總裁宴客於台北賓館。

改委會總裁指示見上頁。（「如下」）

「改委會討論共同綱領時，總裁指示勿拘於憲法，明白規定領導權，收復後一切制度政策均由各方面公決。（召開國是會議之意）共同綱領應與各黨派，暨香港各方人士交換意見，共同決定。（四日正午之事）」

正午公宴時陳啟天蔣勻田趙炎午等餐後發言，總統表示今年更艱苦要大家同心一德共度艱苦。

下午四時，台灣台北市選舉問題座談會，陳院長王秘書長先相繼發言，本黨中央支持吳三連（1）現任市長有經驗及信任（2）使本外省人之間與本黨及本地派系之間不為選舉而互相衝突。吳主席指出民主了就不要黨的觀念之誤，選舉是政黨活動，將來要各黨推舉各黨的候選人。今日台灣對黨的觀念錯誤，而黨的人數不多，只有中央來決定。王成章說，他放棄的解釋，大家都說國民黨一黨專政，今日本黨支持無黨派人士競選，證明此說之誤。

* 一月五日星期五

　　下午三時大陸工作委員會（停開）。

　　上午九時共同綱領小組，到四人略談，決定將稿再整理提出改委會。

　　下午四時陳辭修、王雪艇、吳國楨、張其昀、倪文亞約黨政軍各機關負責同志，請一致於十四日組織各機關黨員投吳三連的票。第四組宣傳通報說明為何支持無黨派的吳三連，當場散發。

　　林紫貴不肯放棄，並組織小組候選人抵制吳三連，昨已以匪謀嫌疑逮捕。

　　下午八時半選舉小組集會。

* 一月六日星期六

　　上午十時中心工作小組。

　　下午四時黨員守則小組。

　　中心工作小組只到三人，略談之後，決就原稿增加總動員，並將聯合戰線列為一大項目，整理後逕提改委會。

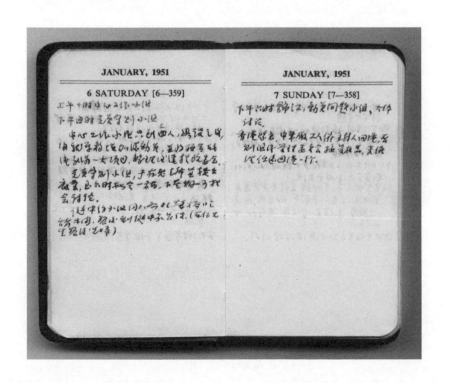

黨員守則小組，于右老主席並提出底案，至六時擬定一稿，下星期一可提會討論。

健中約小組同人齊往螢橋吃烤牛肉，餐後到健中家長談。（右任先生餐後先歸）

＊ 一月七日星期日

下午六時錦江，動員問題小組，大體討論。

香港緊急，中華廠工人催主持人回港，否則組織管理委員會接管機器，余催沈任遠回港一行。

＊ 一月八日星期一

上午十一時草山紀念週，上午九時中山堂聯合紀念週。

聯合紀念週，總裁說明一年準備二年反攻的計畫至今不變，對於地方選舉，國際形勢均有闡明。

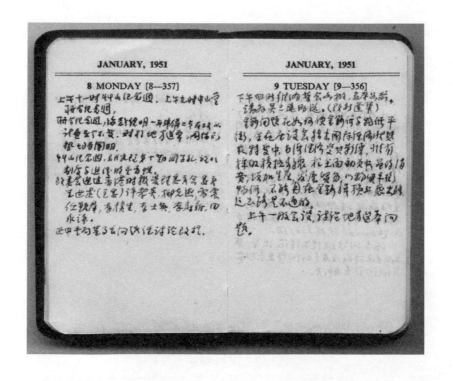

草山紀念週，研究院第十期開學禮，說明制度與組織的重要性。

改委會通過香港時報管理委員會委員王世杰（主委）、許孝炎、柳克述、雷震、任顯群、李樸生、李士英、李壽雍，田永謙。

正中書局董事長問題經討論改提。

下午改委會，聽取日本情況之報告。

葉部長報告，美正爭取聯大政委會之譴責中共為侵略者之票數。藍金曾詢問我國政府之態度。

＊ 一月九日星期二

下午四時，維納茶會各報，名單如前。請為吳三連助選。（改新蓬萊）

金鈔問題在如何使金鈔價與物價平衡，余在座談會指出國際經濟狀態在轉變中，台灣經濟受其影響，惟有採取積極步驟，於全面動員中節約消費，增加生產，發展貿易，以物貿平衡物價，不能再在金鈔掉換上想出路，這出路是不通的。

上午一般會議，討論地方選舉問題。

＊ 一月十日星期日三

下午二時草山第二賓館舉行檢討會。三時開始至六時晚餐，夜間續開至十時。草山大風雨，甚冷。對五個月來改委作風上，特別是制度未立，派系仍存，選舉失敗。下級黨部沒有作好，檢討甚嚴。昌煥提出改造要從一個運動中做起。余提出改造之本旨在改變黨的地位，黨有本身的工作，比政府走得前面，積極的，進取的，動的，才可領導青年。結果小組再對根本問題加以研討，續行討論。

派系問題雖提出討論，但第一第二組主任辭職及省黨部問題並未切實當作問題來解決。

＊ 一月十一日星期四

司法節－不平等條約之取消，平等新約的訂立。

上午八至十一，下午一至五，草山演講。下午開始演講時，頓感心臟不佳，徐徐講話，數分鐘後始轉好。

JANUARY, 1951

10 WEDNESDAY [10—355]

下午二時到以第二組談 举行末会谈会。
三時到附至六時晚餐，於同俊同上十
時。附上大風雨，甚冷。对五個月来的
意見作同上，对到兒判對反主，派别行
有，但字未改，下次意切提侬作好，检
讨甚激。此次案指本线進要従一個運
動中做起，不提本的運律台在政實
变的地位，至有本身的工作，OC的府
意味着而，精程的，延級的，名的，才
不领导拳斗。任某摄至火把反對很多
向反加以折冲，提行对范。

派系問題跳提出讨范，但第一第
二组生任研戍及有查判问题並未切实
当做问题未解决。

11 THURSDAY [11—354]

同俊都一不平學傅做三的情，毛拿起情
的打多。
上午八至十一，下午一至五，以以读通。
下午同俊读通时，玖感心腰不住，
往往海泥，毅今鐘心始特好。

JANUARY, 1951

12 FRIDAY [12—353]

上午十時梅张新同握至し商談。
下午一時十国山读通三民敦，以白
由本导考中心而各同说服。

13 SATURDAY [13—352]

下午一至五以以读通，对東诗多政
黄的残译为分析。
下午八時大陸工作委员会 至对考
陸文化考交宫及支援殘是反
安人土主文情，提案多件，
杨伶樣写会苦来简拥有陸影印
机犯拆问題。
大陸工作敎育诗陸書陸文化委宫时，
决定由东把西把宅各附稃常及以修
政，使及成为研宫战席的核心问
.说。

＊ 一月十二日星期五

上午十時關於新聞檢討之會談。下午一時半圓山演講三民主義，以自由平等為中心而展開說明。

＊ 一月十三日星期六

下午一至五草山演講，對思想與政策路線詳為分析。

下午八時大陸工作委員會，余對香港文化委員會及支援彼處反共人士之方法，提案兩件。

柯俊智託洪長茶（？）來商運香港彩印機往菲問題。

大陸工作委員會討論香港文化委員會時，決定由六組四組會商將提案加以修改，使其成為聯合戰線的核心組織。

＊ 一月十四日星期日

上午十時往板橋小學投票。（市長選舉）

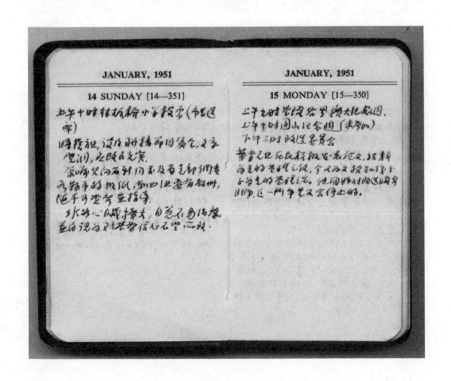

晤蔭祖，談及聯播節目貧乏，文章空洞，應改良充實。

余囑其向省新聞處及黨部調查各縣市的報紙，第四組要有底冊，隨手可查考並指導。

冰如心臟擴大，自覺不易治療，並自認為對基督信心不堅所致。

* 一月十五日星期一

上午九時基隆各界擴大紀念週。

上午十時圓山紀念週（未參加）。

下午三時改造委員會。

葉青元旦在民族報發表論文，駁青年為黨的基礎之說，今又為文駁知識份子為黨的基礎之說。他開始對改造綱要鬥爭，這一鬥爭是不會停止的。

* 一月十六日星期二

下午四時中央日報董事會。

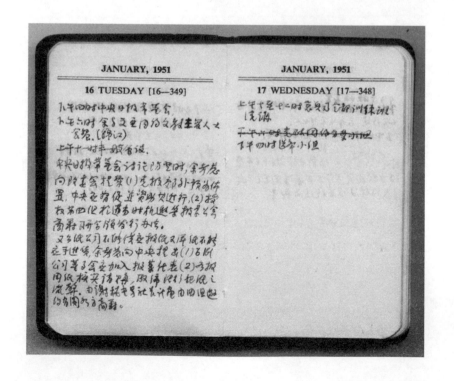

下午六時余與文亞同約文教主管人士會餐。（錦江）

上午十一時半一般會報。

中央日報董事會討論防空時，余考慮向改委會提案（1）黨報郊外預為佈置，中央應督促並資助其進行，（2）授權第四組於適當時機邀集報業公會商籌聯合版發行辦法。

又台紙公司不能供應報紙又洋紙不能應手進貨，余考慮向中央提出（1）台紙公司董事會應加入報業代表，（2）各報用紙核實請購，取締現行配紙之流弊。由謝秘書馬社長計畫由四組邀約有關各方商籌。

＊ 一月十七日星期三

上午十至十二時憲兵司令部訓練班演講。

下午四時選舉小組。

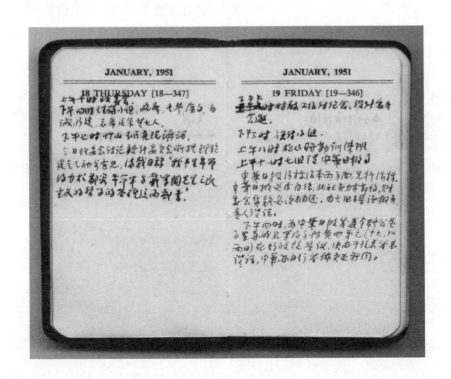

＊ 一月十八日星期四

上午十時改委會。

下午四時理論小組，曉峰、書琴、盧白、自誠、乃建、志希及余共七人。

下午七時草山研究院講課。

今日改委會討論設計委員會所提理論建言之初步意見，總裁自稱「我平生革命得力於鄒魯革命軍與戴季陶先生三民主義的努力的基礎這兩書。」

＊ 一月十九日星期五

下午三時對敵工作討論會，設計委員會邀。

下午三時檢討小組。

上午八時松山聯勤訓練班。

上午十一時七組談中華日報事。

中華日報治標治本兩方面，先行治標，中華日報必求自治，北社應力求節約，財委會貸款必須抽還。由七組召集該報負責人談話。

下午四時，為中華日報發表金融公業董事兼職名單及交際費四萬元。（十七、十八兩日）在行政院集議，決由于院長發表談話，中華亦自行發佈更正新聞。

＊ 一月二十日星期六

下午三時整肅問題小組。

原子核物理學解說（小谷正雄）

原子物理學概論（中山一郎）

日本陽明學（三冊、井上哲次郎）

衡陽街三省書局出售

＊ 一月二十一日星期日

冷，著皮大衣。

上午九時一刻往國語禮拜堂。

下午七時草動員綱要草案。

JANUARY, 1951

20 SATURDAY [20—345]

上午十時松冈晴隆的旅勤第八号罢
每日川東坡镜海。
下午二时整窗问整小组。
男子棺物陛考群院（山东各拓）
京亭物陛甚初纪这（中山一郎）
日吉的明宁（三册,井山摂·崎南）
　徐阳街三角書局出绍

JANUARY, 1951

21 SUNDAY [21—344]

洗,為次大表。
上午九时一刻社阎渡乱拜受。
下午七时对始各阎會作家。

JANUARY, 1951

22 MONDAY [22—343]

上午十时陪阳明山莊纪念週。
下午二时收茶会。

JANUARY, 1951

23 TUESDAY [23—342]

上午十二时一联宅受小组
入毛点时各由责高政阎俗小组

一般气投对将在中共事停火建议
问题,(1)反攻(2)本平洋公约西阎
彭要慢芗绞锅。
当京院各来教问该,要有整南。
日本舒约问麕宝传方针诺听讨论。
由王妮也亲趣笔。

下午立时区季小组。
下午六时去改阎小小组。
送季小组快后南小组多代南部及
北部季家第二茅二名日数市弘作送入之
小送。

＊ 一月二十二日星期一

　　上午十時陽明山莊紀念週。

　　下午三時改委會。

＊ 一月二十三日星期二

　　上午十一時一般會談。

　　下午三時心理作戰小組。

　　下午六時企業家黨政關係小組。

　　一般會報討論中共的停火建議問題（1）反攻（2）太平洋公約兩問題要慎重說話。

　　監察院發表案文問題，要有整肅。

　　日本和約的問題宣傳方針須即討論，由王秘書長邀集。

　　下午五時選舉小組。

　　下午六時黨政關係小組。

　　選舉小組決派兩小組往南部及北部考察第二第三期縣市長候選人之人選。

＊ 一月二十四日星期三

　　上午九時動員小組。正午乃建約吃飯。

　　動員小組討論時提出政策路線等根本問題，決定整理為一報告提會再討論。

　　心理作戰工作，討論結果設立心戰委員會為決策會議，下設研究部，為參謀機構，下設新聞，廣播，耳語，印文四部為工作單位。新聞部由四組指定專人去擔任。

　　四組預算今決定全年為 610,000，文藝獎金 210,000，香港時報每月三萬五千元在外。

＊ 一月二十五日星期四

　　改往大溪視察檔案。（未往）

　　上午十時改委會，道藩提出總裁手令追問兼職名單供與消息之監委，記者對黨團不能守秘密，其職業道德則應守秘密，請會決定一個方針。余報告四組

對中華日報一案處理之經過，陳院長說明採訪無責任，編輯有責任，少數監委則「余只有奮鬥到底」。會後道藩告余等以監委姓名。

＊ 一月二十六日星期五

下午四時新聞界茶會（政府發言人辦公室）

立春農民節總統廣播。

為中華日報事，謁見總統，明日上午去。

上午十一時總統府王秘書長約公超，慶育，顯光，昌煥及余商對日和約宣傳方針。下午新聞界茶會中余宣佈之：

（1）對日和約應積極的說話爭取日本人同情。

（2）主要論點為期待日本以獨立民主國家參加聯合國。

（3）再武裝問題，從日本本身安全著重說話，不就武裝本身發言。

（4）賠償問題，從經濟合作說話。

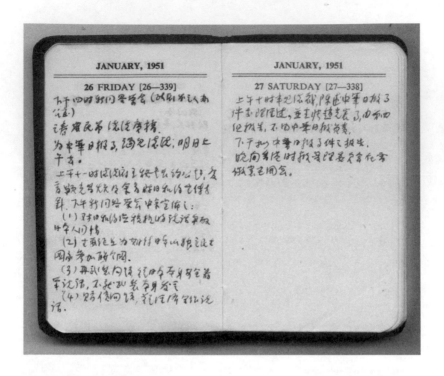

* 一月二十七日星期六

上午十時半見總裁，陳述中華日報事件處理過，並主張趙光宸事，由第四組報告，不由中華日報負責。

下午擬中華日報事件之報告。

晚間香港時報管理委員會在雷儆寰宅開會。

* 一月二十八日星期日

上午九時往國語禮拜堂。

下午草擬動員小組所提出之問題五項，並擬訂動員工作原則數案。

* 一月二十九日星期一

上午十時圓山紀念週，十一時院務會議，宣讀戴季陶先生「孫文主義哲學的基礎」。散後，將余與虛白前呈之「中心理論」交下，囑參考戴著及當前共匪所作所為，做演講稿，由總裁宣讀發表。院務會議未開。下午三時改委會。下

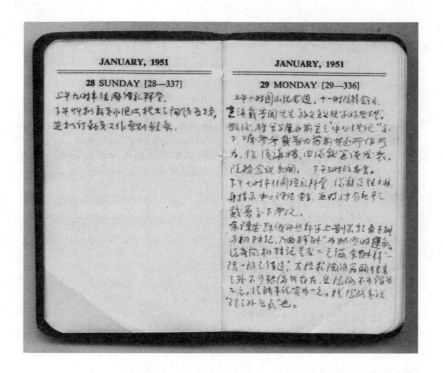

午七時半往國語禮拜堂。總統召往士林，再指示中心立論要旨，並將原有記號之戴著交下參考。

余陳述蘇俄自然科學上苦惱於原子能與相對論，乃曲解「能」為物質的運動。總裁問相對論是否二元論，余解釋「一陽一陰之謂道」，太極於陰陽翕闢（？）往來之外不可想像其存在，然陰陽不可謂為二元。從能來說實為一元。從陰陽來說「理之外無氣」也。

* 一月三十日星期二

二月四日農民節（1）總裁廣播（2）發宣傳週報指示各報為之擴大宣傳。

一般會談（1）國際形勢及對日和約問題，注意日本民主黨對台之態度。（2）選舉問題，台北縣桃園縣新竹縣現任市長均辭職競選，准其辭職。（3）地方黨部人才問題（4）港九人士只以友誼態度去表示歡迎，並不要他們來。

台北縣縣長選舉，梅達夫現任縣長辭職競選，李建興支持，但希望不大。

廖富本研究院第六期，縣府課長，余允於討論時提出。

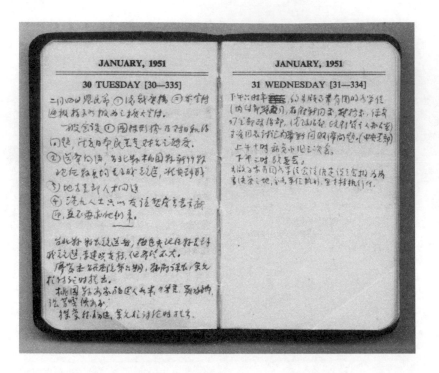

桃園縣客家福建人各半，徐言，吳鴻麟，張芳燮俱客家。

徐崇德福建，余允於討論時提出。

＊ 一月三十一日星期三

下午六時半，約出版事業有關的各單位（內政部警政司，省府新聞處，警務處，保安司令部政治部，總政治部，政府發言人辦公室）主管同志討論內幕新聞取締問題。（中央黨部）

上午十時動員小組三次會。

下午三時改委會。

出版事業有關各單位會談決定設立會報為最高決策之地，交各單位執行，並支持執行者。

昨晚（台北時間今晨）聯大改委會以 44-7 通過譴責中共為侵略者案。

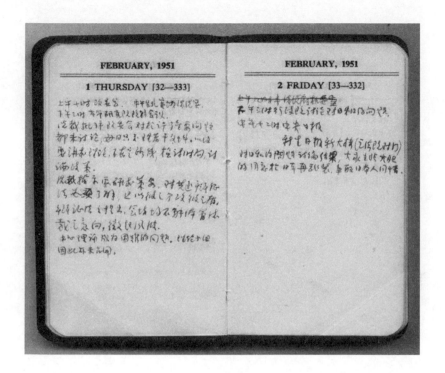

＊ 二月一日星期四

上午十時改委會。

中午台北賓館總統宴。

下午三時革命研究院院務會議。

總裁批評改委會對於許多重要問題都未討論，每日只處理若干文件。以後要講求理論，不在定路線，檢討時間，討論政策。

總裁指示要研究策略，對共匪辯證法必須瞭解且以彼之矛攻彼之盾。辯證法之提出，會場均不能體會總裁之意向，微起風波。

中心理論戰為困難的問題。理論小組因此亦未召開。

＊ 二月二日星期五

下午三時行政院討論對日和約問題。

中午十二時中央日報。

新生日報新大樓。（立法院對門）對日和約問題討論結果，大家主張大膽

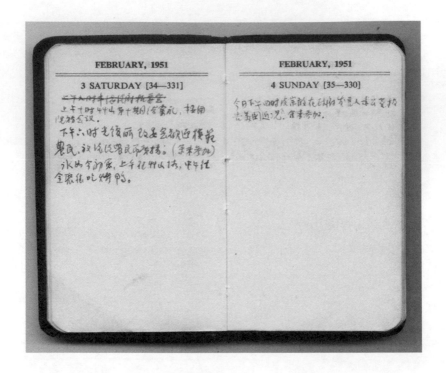

的同意於日本再武裝，爭取日本人同情。

* **二月三日星期六**

上午十時草山第十期結業禮，接開院務會議。

下午六時光復所改委會歡迎模範農民，放總統農民節廣播。（余未參加）

冰如今初癒，上午往草山路，中午往全聚德吃烤鴨。

* **二月四日星期日**

今日下午四時皮宗敢在政府發言人辦公室報告美國近況，余未參加。

* **二月五日星期一**

今日陰曆除夕，下午改委會停開。余上午往延平北路購物，下午在家準備總裁關於中心理論之演講稿。

夫妻寶（？）鑑（中共新婚姻法）寒山寺鐘（摩登太太）聲（條條大路）均

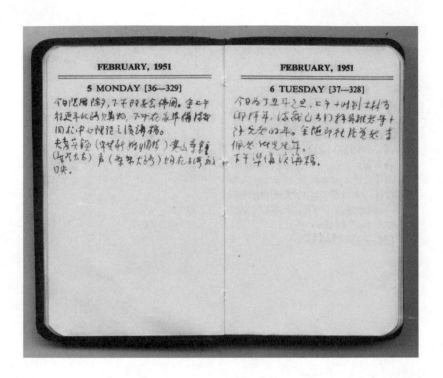

在台灣放映。

* **二月六日星期二**

今日為丁丑年元旦，上午十時到士林官邸拜年，總裁已出門拜吳稚老等十餘元老的年。余隨即往居覺老李佩老諸先生年。

下午準備演講稿。

* **二月七日星期三**

上午續拜年。下午三時改造委員會。關於理論刊物，余報告革命實踐研究院有一計畫，第四組準備與之合作。理論小組俟總裁演講稿有定局時再召集。

改委會預算，今日確定。四組預算，因香港時報經費勻支問題未決，每月只有二萬五千餘元之事業費。文藝獎金在印刷費中勻支。

繼續準備演講稿。

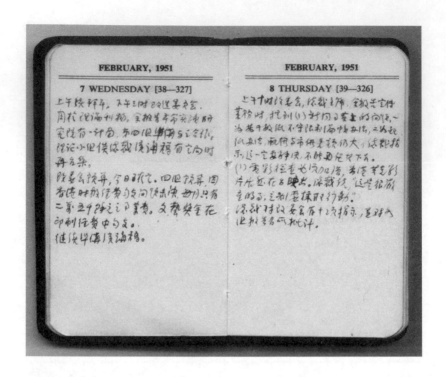

＊ 二月八日星期四

上午十時改委會，總裁主席，余報告宣傳業務時提到（1）新聞事業上的問題，一為若干報紙不守限制篇幅辦法，二為配紙辦法，配價與市價差額仍大，總裁指示這一定要解決，不能再任其下去。（3）電影檢查必須加強，香港共黨影片居然在臺映出，總裁說「這是很嚴重的事，立刻要採取行動」。總裁對改委會有十項指示，並對各組報告有所批評。

總統對菲記者談話，主張中菲韓在美協助下組成反共陣線。

＊ 二月九日星期五

下午三時續開會議，研討總裁指示，（1）政治通報由秘書長，一組、二組、三組、四組、五組、六組、設計委員會各主管同志舉行會議擬定要點，指定一人執筆擬稿。

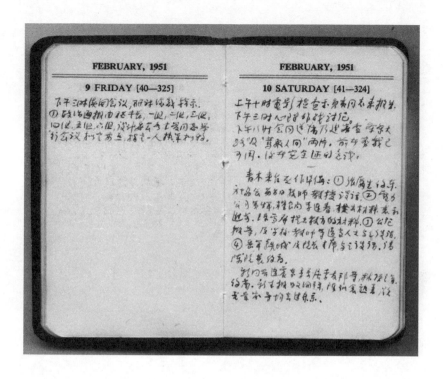

* 二月十日星期六

上午十時電影檢查處負責同志報告。

下午三時心理作戰討論。

下午八時同道藩審查「條條大路」及「鶯飛人間」兩片，前者剪裁已可用，後者完全匪的意識。

青木來台應做準備：（1）張厲生約東方學會留台日技師教授談話。（2）電力公司黃輝，糧食局李連春，提出材料表示進步，陳雪屏提出教育的材料。（3）公論報等及學校教師等適當人士與之談話。（4）岳軍鐵城及院長主席與之談話。謁陳院長約商。

新聞界連震東李萬居李友邦等，林頂立等約商。新生報日文編輯，陳訓悆熟悉，顯光景蒙等均去過東京。

* 二月十一日星期日

寫中心理論稿。

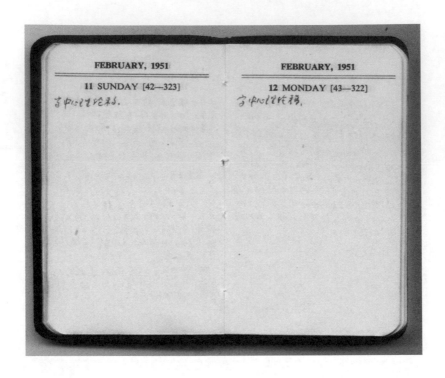

* 二月十二日星期一

　　寫中心理論稿。

* 二月十三日星期二

　　下午六時中央黨部約書刊審查小組便飯。決定（1）查禁中國新聞，星期六，澈底評論，諸雜誌。（2）由內政部令省府新聞處調查通訊社業務。（3）與新聞處保安司令部政治部警務處，會同邀集各雜誌及通訊社勸導其改正及確實辦理。（4）告各報總編輯刊佈新聞與通訊社共負責任。（5）記者法由內政部警政司研究再訂提出討論。

* 二月十四日星期三

　　正午十一時新聞政策討論會，中央黨部午餐。

　　下午六時海平先生約便餐。

　　上午九時看地皮。

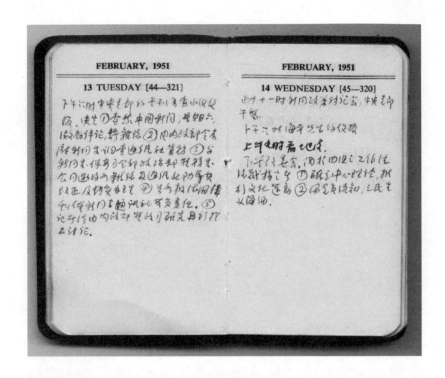

　　下午改委會。關於四組之工作經總裁指定者（1）確立中心理論，推行文化運動，（2）編書員須知三民主義簡論。

＊ 二月十五日星期四

　　下午四時政府發言人辦公室，新聞界座談會，賀君山報告蘇俄研究報告。

　　上午十時改委會。

　　下午三時貴陽街，革命實踐研究院講座會議。

＊ 二月十六日星期五

　　上午大陸戰略顧問委員會報告國際形勢。

　　下午三時南京路十號總政治部心理作戰座談會。

　　下午四時鐵路飯店中央日報董監事會。

　　立法院第七會期今開會。

FEBRUARY, 1951

15 THURSDAY [46—319]

下午四時政府發言人辦公室，新聞局
程滄波，資產山加生保僑總局葬志
加者。

上午十時改善念。

下午三時黄朝琴，李宇寬白秉張志仪
讀書会談。

FEBRUARY, 1951

16 FRIDAY [47—318]

上午九時张其饮向委员会加美国
际形狀。

下午三時 南京东路十字楼改進的人
阿托住代表談会。

下午四時 铁路颁座中央的拼普誓
召会。

主战从第七会加介围会。

FEBRUARY, 1951

17 SATURDAY [48—317]

上午八至十時英子院查五平杨升介
介演的会

上午十時围山，革名州陳国立期绩第，李今
实践敢究院十一期旧字典式。

下午七時开加实表表備送会。

FEBRUARY, 1951

18 SUNDAY [49—316]

十八日下午六時半，新台围党期蔵天歌
泳晚会二十分鐘话淡。

下午一時半至三時半，台北师究宮教（沙
平素路工院）的表彰辞部州课院，反失
技傲表义。

下午七時者加实表表備送会。

围子绍送英雨书介绍 Ludwig
von Mises, Human Action
一楊，以小经及行为的科学国定纹
家，将供先任。

＊ **二月十七日星期六**

上午八至十師範學院童子軍幹部冬令講習會。

上午十時圓山，軍官訓練團五期結業，革命實踐研究院十一期開學典禮。

下午七時參加賈嘉美佈道會。

＊ **二月十八日星期日**

十八日下午六時半，新公園星期露天歌詠晚會二十分鐘演講。

下午一時半至三時半，台北師範學校（和平東路三段）自衛幹部訓練班，反共抗俄要義。

下午七時參加賈嘉美佈道會。

周子約選其所著介紹 Ludwig von Mises, Human Action 之稿，以心理及行為解釋經濟現象，頗佳。

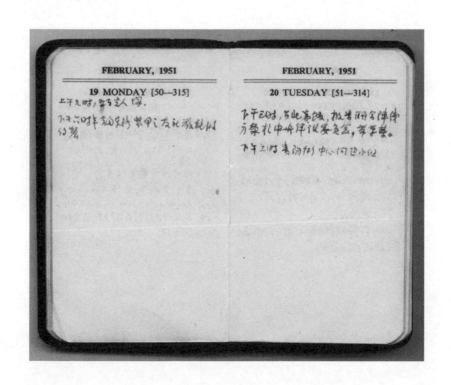

＊ 二月十九日星期一

上午九時，五百完人塚。

下午六時半青島東路裝甲之友社嚴鏡波約餐。

＊ 二月二十日星期二

下午三時，台北賓館，報告聯合陣線方案於中央評議委員會，帶草案。

下午三時貴陽街中心問題小組。

＊ 二月二十一日星期三

8-12 政治部幹部訓練班第七期宣傳工作理論與實際，國際形勢，改星期五上午。

上午八時至十二時陽明山講人民民主專政，改講馬克斯的辯證法與唯物史觀。

下午三時改委會檢討會，葉外長報告外交僑務以後，即開始檢討。

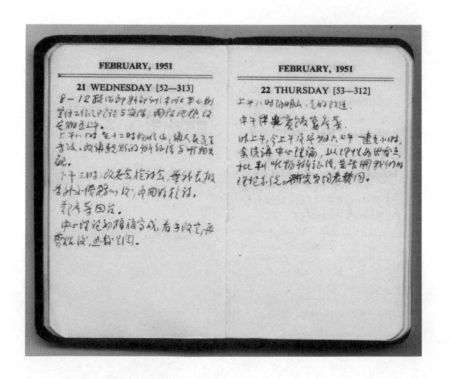

鄭彥棻回台。

中心理論初稿複寫成，著手改定，再剪貼後，然後呈閱。

＊ 二月二十二日星期四

上午八時陽明山，黨的改造。

中午台北賓館宴彥棻。

昨上午，今上午及星期六上午一連九小時，余演講中心理論，以理性為出發點，批判唯物辯證法，並展開我們的理論系統。研究員均表贊同。

＊ 二月二十三日星期五

上午往淡水，8-12 兩課。

下午六時半，長安東路經國約餐。

上午十時許發警報。昨防空演習。

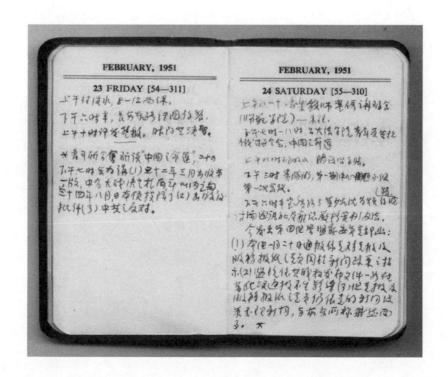

＊ 二月二十四日星期六

上午八—十，音樂教師寒假講習會（師範學院）未往。

下午七時—八時，台大法學院青年反共抗俄聯合會，中國之命運。

上午八時陽明山，講政治主張。

下午三時貴陽街，第一期中心問題小組，第一次會議。

下午六時半寶慶路與黃少谷沈昌煥約晚餐，討論通訊社及雜誌嚴格管制辦法。

今發出第四組答監察委員黨部函：（1）本組一月二十日通報係黨對黨報及服務報紙之黨員關於新聞政策之指示。（2）監院依其職權發佈文件一如往昔，此項通報不生影響。（3）但黨報及服務報紙之黨員仍依黨的新聞政策處理新聞，與前條所稱截然兩事。

青年聯合會研讀「中國之命運」，二十四下午七時余為講（1）三十二年三月出版第一版，中有大戰決定於兩年以內之句，三十四年八月，日本便投降了。（2）出版及批評。（3）中共之反對。

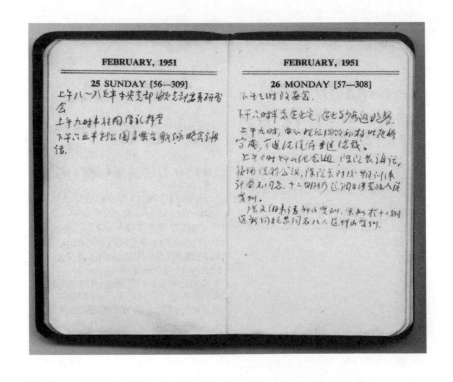

* **二月二十五日星期日**

上午八—八點半中央黨部海員黨部委員研習會。

上午九時半往國語禮拜堂。

下午六時半新公園音樂台歌詠晚會講話。

* **二月二十六日星期一**

上午三時改委會。

下午六時半袁企止宅，企止與少谷邀晚餐。

上午九時，中心理論綱領初稿昨夜複寫成，今送總統府呈送總裁。

上午十時草山紀念週，陳院長講話，接開院務會議，陳院長對後期訓練計畫不同意，十二期仍選調台灣黨政人員管訓。

張文伯來請草山管訓，余擬十二期選新聞從業同志八人送草山管訓。

* **二月二十七日星期二**

下午三時廣播公司常董會。

下午軍官訓練團講革命哲學。下午一時四十分至四時十分。此次講述似頗成功。

* **二月二十八日星期三**

下午改委會催開動員小組及黨員守則小組。

* **三月一日星期四**

上午七時半至九時省黨務訓練班（圓山）。

下午四時立法院法制委員會選舉召集人。

早年政綱與組織資料－君勱先生要－民社立委託辦。

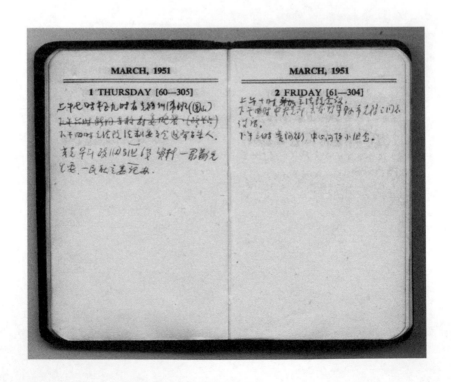

* 三月二日星期五

上午十時，參加立法院會議。

下午四時中央黨部，出發督導縣市黨部之同志談話。

下午三時貴陽街中心問題小組會。

* 三月三日星期六

下午六時錦江，新聞專校籌委會，無具體結果。

上午十二時曾乃健宅午餐。

下午四時新聞記者座談會。

今日看完關於哲學之一小書，將中心理論稿加入生死問題，Fate and Freedom 稿擬即送出。

中午會談，對聯合戰線意見不一致，健中主張，企止反對。

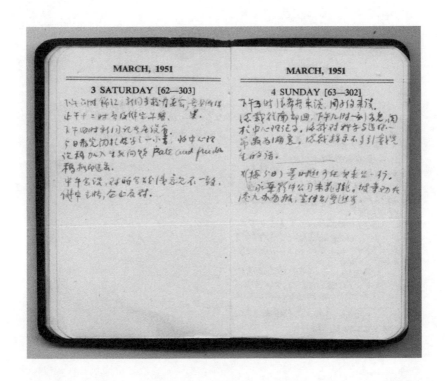

* 三月四日星期日

下午五時張希哲來談，周子約來談。

總裁從南部回，九時一刻召見，關於中心理論事，總裁對科學與道德一章最為滿意。總裁指示不多引戴先生的話。

* 三月五日星期一

下午七時陳院長請客（官邸）為國防部郭部長寄嶠及僑委會田委員長炯錚（？）而談。

董時進可任其來台一行。

永華影片公司未靠攏。彼等勸再港九辦畫報，宣傳台灣進步。

* 三月六日星期二

下午七時草山研究院加一次演講。

上午十一時一般會談。

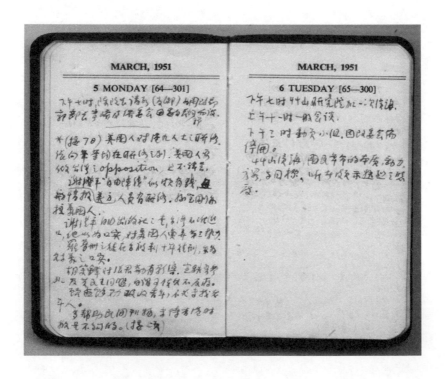

下午三時動員小組。因改委會而停開。

草山演講，國父革命的本質，動力，方略，與目標，聽者頗示熱烈之態度。

＊ 三月七日星期三

上午十一—十二，憲兵司令部訓練班。

下午四時行政院洪蘭友雷儆寰報告港行印象及事實：陳光甫已將港上海銀行在港註冊與上海總行脫離，中共不滿。

杜月笙決心來台，錢新之亦同。

紗廠共十餘萬錠，布廠若干台（？），港政府予以資金之便利，現亦徬徨，頗有欲往南美者，亦有欲來台者，但無意遷廠者有之，不敢公開來者亦有之。

立委國代有百二十人，其中生活極苦者六十人左右。

調景嶺領有飯票者六千餘人，學生有大陸流亡學生會二百餘人。

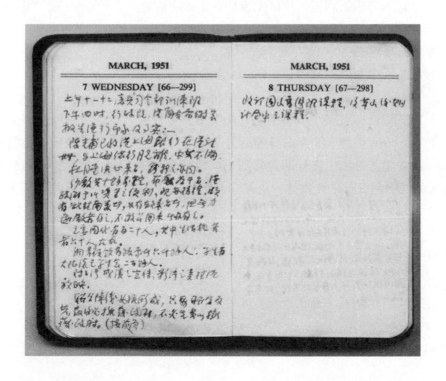

對台灣成績之宣傳，影片之類往港放映。

聯合陣線必須形成，只要聯合反共，最後必擁護政府，不必先責以擁護政府。

美國人對港九人士之聯絡，張向華等均在聯絡之列，美國人要做台灣之opposition 且不諱言，謝澄平「自由陣線」似頗有錢，且與美方情報人員有聯絡，孫寶剛亦拉美國人。

謝澄平自由出版社之書包，台灣不准進口。他以為口實，對美國任賣弄第三勢力。

羅夢洲之徒在台被判十年徒刑，亦為對美之口實。

胡宗鐸對張君邁有影響。宣鐵吾參加反共民主同盟，自謂其可不反蔣。

顧孟餘勸吸收青年，不必專找老年人。

多幫助民間刊物，專恃香港時報是不夠的。

＊ 三月八日星期四

改訂圓山高級班課程，及草山後期計畫中之課程。

＊ 三月九日星期五

下午民眾自衛幹部訓練班，（二點半）

正午約陳啟川袁企止陳雪屏蔣經國諸人午餐。─改下午六時半。

下午三時青島東路十號裝甲之友社報業公會代表大會，選舉理監事。

下午五時改委會，監委黨員談話對四組覆函抗議。余在會議宣佈必將做到監院公佈文件非經由中央社即各報不予登載。改委會可責四組，但必做到此點始可。（余將取締通訊社雜誌，及報告各報採用通訊社稿始可分擔責任，不用通訊社稿即各自負其責任，均在會議上宣佈。）

＊ 三月十日星期六

上午十時訓練委員會。

上午八至九點五十聯勤總部訓練班。

MARCH, 1951

9 FRIDAY [68—297]

上午十一—十二半分持此临事作饭, 吃
饭料还比较差忙事件. (略斟)

下午成立自然科学印刷班. (二三年)
正开的际厥川美治心际党届韵任
围诊人午跟. 一改下午六时来.

下午三时考另全厥十号发甲清社报
素公衔代表大会, 出席纪会了.

下午六时际素会, 盈委会讨论印刷的话覆
出报说. 家政会议宣饰, 拟的仅到当报
公饰父印私因由中央纪印条拟乙手会
裁. 段善会了奏回退, 但送何到印至吊
了. (余北政席通讯私刊稿, 只新会
奉报本因理通讯私奉都务多ら, 把意纪, 不
用通讯纪影印为自负完奇纪, 拟在奇
没上宣饰.)

MARCH, 1951

10 SATURDAY [69—296]

上午十时州续生大会.
上午八—九三〇酝酌约法郡训练班.

MARCH, 1951

11 SUNDAY [70—295]

上午九时半用药乱样置.
下午修改中的规范纲完判案.
(十二世上午修作成, 令借字, 号至
继立奇写成呈样.)

MARCH, 1951

12 MONDAY [71—294]

上午九时铁陈尚大孔号授大纪
念回.
下午训报素会, 吴玉峰就我信官长
粗线报告.

* 三月十一日星期日

上午九時半國語禮拜堂。

下午修改中心理論綱領草案。

（十二日上午修改成，發複寫，本星期五可寫成呈核。）

* 三月十二日星期一

上午九時鐵路局大禮堂擴大紀念週。

下午三時改委會，吳主席就政治主張提出報告。

* 三月十三日星期二

上午 10-11：50 淡水，唯物史觀批判。

上午一般會談（1）立法院地方自治通訊法案問題。（2）監察院為陳良青彈劾案不准出國問題，下午發出通報不准各報刊載監院關於此事之消息。

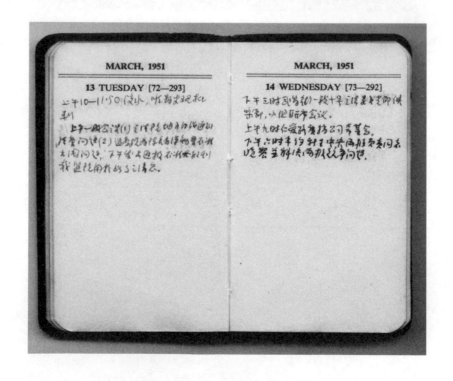

* 三月十四日星期三

　　下午三時武昌街一段十號立法委員黨部俱樂部，小組聯席會談。

　　上午九時仁愛路廣播公司常董會。

　　下午六時半約新生中央兩報負責同志晚餐並解決兩報競爭問題。

* 三月十五日星期四

　　下午四時動員小組。

　　下午七時台北賓館陳院長宴。

　　上午十時改委會。

　　下午七時半廣播公司，仁愛路三段，張董事長道藩約晚餐。（未能往）

* 三月十六日星期五

　　正午新聞政策討論會，（上午十時起）。

　　下午三時大陸工作委員會。

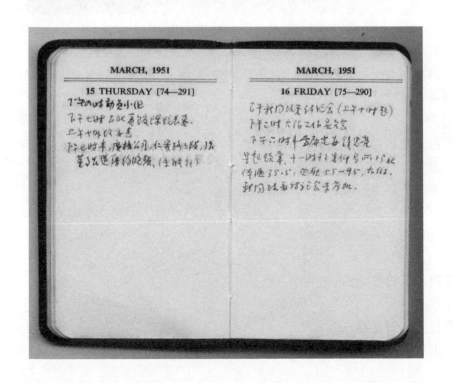

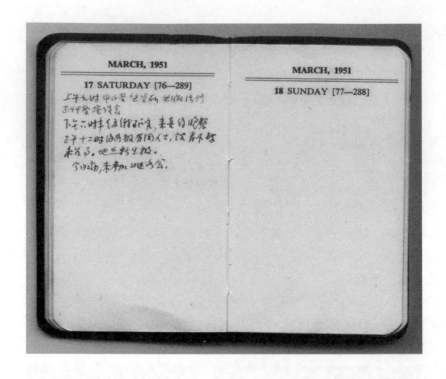

下午六時半雪屏宅宴錢思亮。

早起頭暈，十一時往朱仰高所診視體溫 35.5，血壓 55-95 太低。新聞政策討論會未參加。

* 三月十七日星期六

上午九時中山堂堡壘廳出版法修正草案座談會。

下午六時半蘇俄研究，來喜約晚餐。

正午十二時約各報有關人士，談青木繁來台事。地點新生報。

今日病，未參加上述各會。

* 三月十八日星期日（空白）

* 三月十九日星期一

上午草山紀念週，研究院十一期結業典禮。

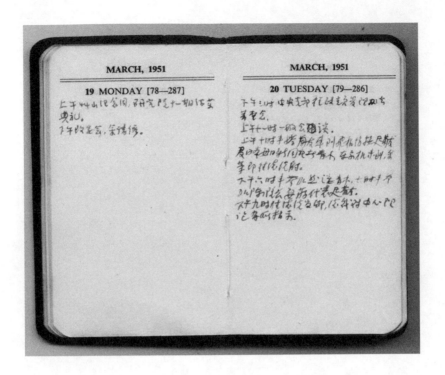

下午改委會，余請假。

* 三月二十日星期二

下午三時中央黨部從政黨員管理辦法審查會。

上午十一時一般會談。

上午十時半搭蘭友車到飛機場接廷黻及日本每日新聞記者青木，東京機未到，余等即往總統府。

下午六時半，參加然之宴青木，七時半參加陳院長宴蔣代表廷黻。

下午九時往總統官邸，總裁對中心理論有所指示。

* 三月二十一日星期三

正午十二時台北賓館總裁宴午餐，討論革命實踐研究院當時二期起後訓練計畫，曉峰反對改變辦法甚多。

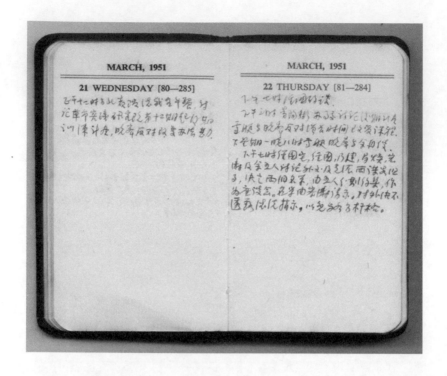

* 三月二十二日星期四

下午七時經國約談。

下午三時貴陽街辦事處，討論後期計畫，雪艇與曉峰反對增長時間改變課程。下星期一晚八時雪艇曉峰與余再談。

下午七時經國宅，經國，乃建，昌煥，宏濤及余五人討論外交及黨派兩謀略組事，決定兩組名單，由五人分別約集，作為座談會。名單由宏濤請示，對外絕不透露總統指示，以免於各方杆格。

* 三月二十三日星期五

正午十二時郭寄嶠部長在台北賓館招待午餐，立法院預算法制兩委員會委員。

十二至三，受難節為大陸受難同胞祈禱，蔣先生蔣夫人主領二次，張岳軍先生主領一次。

下午三時參加港澳問題談話會。

MARCH, 1951

23 FRIDAY [82—283]

下午六時仨奏訪問喻有才中
央也与北京新记者开宴会。
晚上十二時節貝山奏訪張九上書記
报告干部，至十一時結東後山回家
入睡甚久。

十二至一，与张事为大陸訪問同胞
分猪，秋只又見夫人去領二次以
生平多多達一次。

下午三時奏加港澳同地的談話会。

MARCH, 1951

24 SATURDAY [83—282]

MARCH, 1951

25 SUNDAY [84—281]

下午六時半松化時156卷8萬国
的晚餐。

MARCH, 1951

26 MONDAY [85—280]

下午川時半至李脓宅与王偉西科去隨
車参加鉄道研究院四十年度训练总结会。

* 三月二十四日星期六（空白）

* 三月二十五日星期日

下午六時半松江路 156 號 8 賀國光約晚餐。

* 三月二十六日星期一

下午八時往王雪艇宅與王張兩秘長談革命實踐研究院四十年度訓練計畫。

* 三月二十七日星期二

因病未辦公，晚八時往雪公家商後期訓練計畫。

* 三月二十八日星期三

上午十至十一時五十分淡水訓練班，宣傳理論。（因病未去）

下午六時中央社管委會。

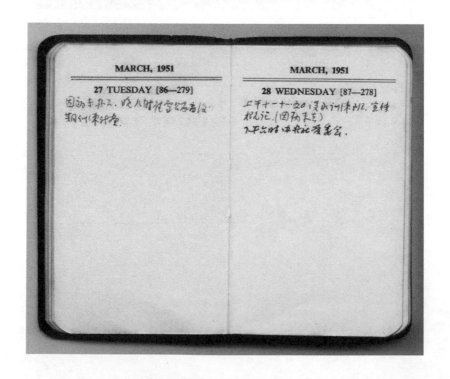

* 三月二十九日星期四

　　下午改委會討論自由聯盟消息發表事，余未參加。

* 三月三十日星期五

　　下午六時香港時報管委會。（未往）

　　上午九時中國廣播公司股東大會，余往參加。

* 三月三十一日星期六（空白）
* 四月一日星期日（空白）

* 四月二日星期一

　　下午七時人事審核委員會第一次會議。改開立委黨部小組長談話會。

　　下午四時行政院討論中央與新生兩報競爭的問題及軍民導問題。

APRIL, 1951

2 MONDAY [92—273]

下午七時人る考核委員会第一次会报.
陵洞主委書布四组出店钱家.
下午四時行政院討论中央与彩生两
校迁朵李的问题及軍民学校问额.

APRIL, 1951

3 TUESDAY [93—272]

下午七時三行企业系客室客供表.
下午三至五住国大陵資金
立至六串溪央.
上午十時院附国民月会,住院8时十
学俭洋到,时主因两陵称指考.
主住陵务出书以比左右,5行改化问
1械化衝突,今上中讨论陵洋俭
小陵都妄还宋主我毛住祛好孩,这
孩子笑序小他名所汇把修正李自住
持的住位修成额(1多修85)下午陵
会向垫完全事皇,修正李主国过.

APRIL, 1951

4 WEDNESDAY [94—271]

下午六時平董厚電晓晤.
甲午中央专部为府宣务文事.

APRIL, 1951

5 THURSDAY [95—270]

上午十時中央院送考布会,法住行
以皇完安理办左.
下午七時与柏的与国向客服仉
改治陵日诸垆.
下午八時中央专前,专分安后老研院院
第十二期13陵讯练考情.

* **四月三日星期二**

下午六時三十分企止宅公宴監委組長。

下午三至五經國公館茶會，五至六半繼續。

上午十時總統府國民月會，總統對各單位批判，對立監兩院有指責。立法院為進出口證事，與行政院間激起衝突，今上午討論政院將該辦法送審完成立法程序事，道藩與余及小組長聯名提修正案，（請行政院依戒嚴法修訂）下午院會通過重交審查，修正案未通過。

* **四月四日星期三**

下午六時半雪艇宅晚餐。

中午中央黨部研究委員事。

* **四月五日星期四**

上午十時中央改造委員會，討論從政黨員管理辦法。

下午七時與彭明熙同約高級班政治課目講師。

下午八時中央黨部，革命實踐研究院第十二期以後訓練辦法。

* **四月六日星期五**

下午六時經國約，裝甲之友。

下午三時土地政策討論。

* **四月七日星期六**

下午三時蔣廷黻談話會。

* **四月八日星期日**

下午六時錦江約哲學理論諸同志討論通俗哲學叢書。

下午四時半總統官邸會談管制金鈔辦法，吳主席反對，陳院長主張。此議似徐柏園嚴家淦所擬，而任顯群反對者。（昨上午財經會報中形勢如此）

APRIL, 1951

6 FRIDAY [96—269]

下午□□時在國防□簽呈乙方，
又于三時土地改革討論

APRIL, 1951

7 SATURDAY [97—268]

下午三時在□志鵬會□軍招宴。

APRIL, 1951

8 SUNDAY [98—267]

下午五時半在記□處蔣主席論□同
先生對記也倡議甚多意見。
下午四時半陪徐良部商改為制令
鈔本處，吳主席反對，陸院長亦□此。
此五處仍牽相同嚴重性而此□，而
任果意歧見對峙。（□上午外□□名刻
中刑務務時）。

APRIL, 1951

9 MONDAY [99—266]

上午十時圓山，官邸談同志與記
下午閒談中國日□□題答□□□任日
報。
又干三時改部會大陸工作討論，
下午四時半至六時半在行政院□□
面□□，全影□多故附官邸，七
時到中央黨部答志宣傳□報。

* **四月九日星期一**

上午十時圓山高級班開學典禮。

正午關於中國自由聯盟發佈責任問題。

下午三時改委會大陸工作檢討。

下午四時半至六時半在行政院聽取管制金鈔辦法最後定稿，七時到中央黨部發出宣傳通報。

* **四月十日星期二**

上午九時幹部管理小組。

下午三時檢討會議。

上午十一時一般會談，決由行政院設對日和約委員會討論我國是否簽約之根本問題。

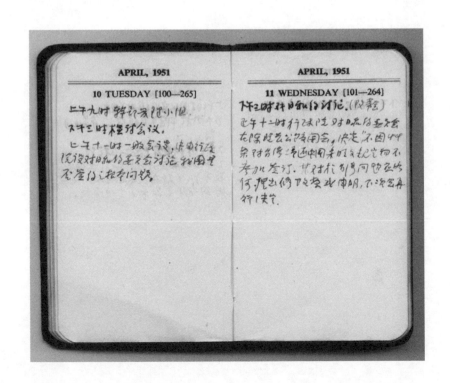

* **四月十一日星期三**

　　下午三時對日和約討論。（改委會）

　　正午十二時行政院對日和約委員會在陳院長公館開會。決定「不因草條對台灣歸還中國未明文規定而不參加簽訂」，其對於台灣問題應如何提出修改案或申明，下次會在行決定。

* **四月十二日星期四**

　　下午二時至三時廿分圓山高級班。

* **四月十三日星期五**

　　下午七時南京十五人約茶會。

　　下午三時茶會招待廣播節目會議同人。（新蓬萊四樓）

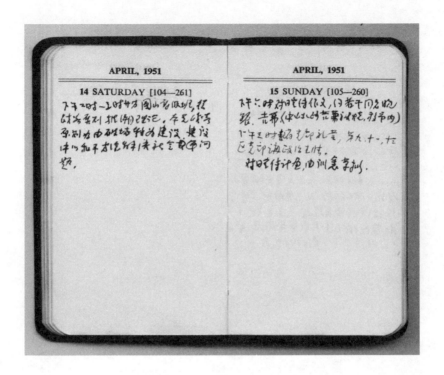

＊ 四月十四日星期六

　　下午二時至三時廿分圓山高級班，從戰略原則推溯理論。本黨戰略原則為由破壞轉為建設，建設中以和平方法解決社會問題。

＊ 四月十五日星期日

　　下午六時對日宣傳作文，約若干同志晚餐，吉弗（中山北路吉弗被燒，移市內）。下午三時起省黨部禮堂，第九、十一、十三區黨部講政治主張。

　　對日宣傳計畫，由訓念草擬。

＊ 四月十六日星期一

　　十二時陳院長公館對日和約會議。

　　上午九時中央黨部紀念週（未往圓山）下午五時中央日報常董會。

　　對日和約小組第一次會決定爭取簽約，今第二次會決定，即令草案一字不改，仍爭取簽訂，但外交部可向美聲明立場，即台灣應與千島南庫頁島一樣待

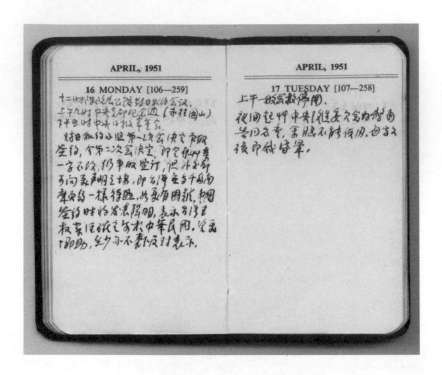

遇，如美有困難，中國簽約時將發表聲明，表示台灣主權業經確定屬於中華民
國，望美協助，至少亦不？下反對表示。

＊ 四月十七日星期二

上午一般會報停開。

夜間起草中央改造委員會為整肅告同志書，余腦不能使用，每寫文後即感
昏暈。

＊ 四月十八日星期三

下午三時改委會。

下午八時黨派問題座談會。

＊ 四月十九日星期四

下午二時半，高級班民生哲學第三次講話。

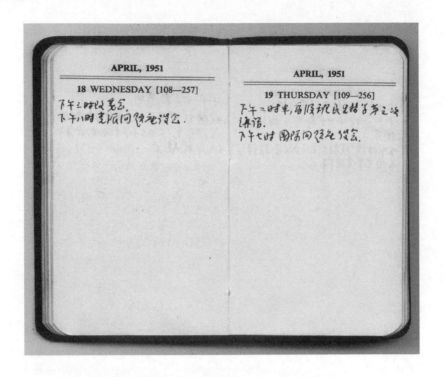

　　下午七時國際問題座談會。

* **四月二十日星期五**

　　上午九時起新聞政策討論會。

　　正午十二時中央黨部農民報小組開會。

　　下午四時，政府發言人辦公室，招待各報主筆編輯。

* **四月二十一日星期六**

　　下午二時半高級班民生哲學第四次講話。

　　下午四時心理作戰委員會。

　　下午六時半錦江，約內幕新聞雜誌數家談話。

　　下午七時連震東約晚餐，談中華日報事。下午小組會商美國新聞處在台灣辦農民報事。

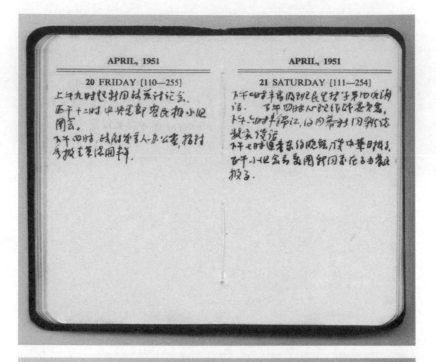

APRIL, 1951

20 FRIDAY [110—255]

上午九時起封固故荒詩記念.
西午十二時 中央黨部宮民指小組
開会.
下午四時,政府發言人一办公室,招待
各報去草後開车.

APRIL, 1951

21 SATURDAY [111—254]

下午四時半高內部訊民生持字罕四佈演
話. 下午四時人記作任务更复套,
下午.到時半得江,10内募对同鄉应
赴家了演話
下午七時選者東的晚稅,所筹中華日報去,
下午小但会易喜團部同来在名办裁版
报了.

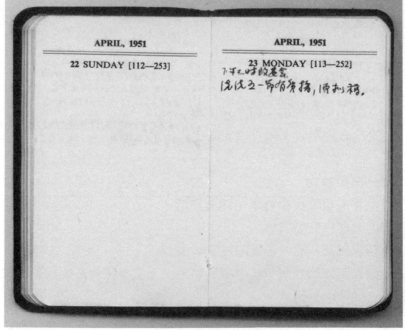

APRIL, 1951

22 SUNDAY [112—253]

APRIL, 1951

23 MONDAY [113—252]

下午三時政居会.
沈決立一案有質務,请判稿.

* 四月二十二日星期日（空白）

* 四月二十三日星期一

下午三時改委會。

總統五一節有廣播，須擬稿。

* 四月二十四日星期二

下午三時貴陽街講座會談。

下午三時改委會。

正午十二時乃建約討論聯合陣線。

* 四月二十五日星期三

上午八時聯勤第一倉庫軍需官訓練班講話。

十至十二憲兵司令部訓練班。

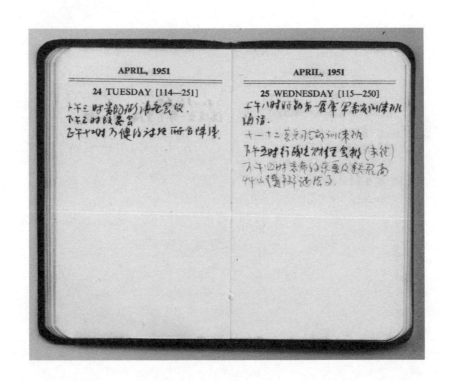

下午五時行政院財經會報（未往）。

下午四時志希約東美及鐵君商草山講辯證法事。

* 四月二十六日星期四

上午九時立法院立委黨部黨員大會。（上下午）

與七組商中華日報事，及中央日報貸款辦法。

下午理髮，再赴七組。

曾虛白來談洋紙配購，七組可配三十噸，秘書處可配三十噸。

* 四月二十七日星期五

國大代表黨團幹事會成立，下午四時半總裁訓話。

下午四時內政部日文書刊，三時內政部外國通訊記者。

下午六時半雪屏公館。

下午七時半寶慶路座談會。

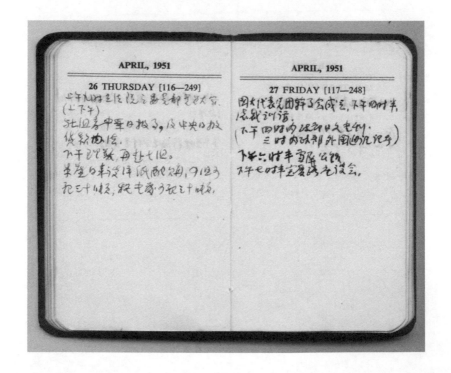

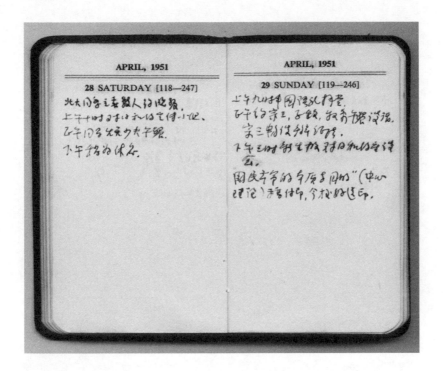

* **四月二十八日星期六**

　　北大同學數人約晚餐。

　　上午十時對日和約宣傳小組。

　　正午同昌煥少夫午餐。

　　下午稍為休息。

* **四月二十九日星期日**

　　上午九時半國語禮拜堂。

　　下午約宗三，子欽，叔京午餐談話，宗三暢談辯證法。

　　下午三時新生報對日和約座談會。

　　「國民革命的本質與目的」（中心理論）稿付印，今校好送印。

* **四月三十日星期一**

　　下午五時四十五分台灣電台廣播五一節。

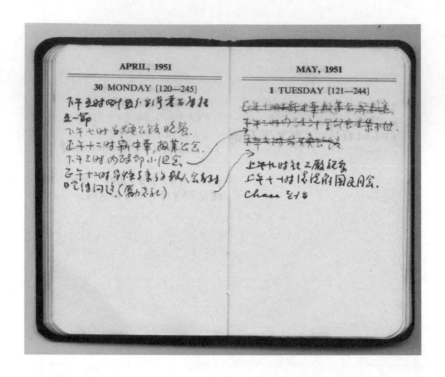

下午七時昌煥公館晚餐。

正午十二時新中華，報業公會。

* **五月一日星期二**

下午三時內政部小組會。

正午十二時昌煥與余約數人會商對日宣傳問題。（勵志社）

上午九時往工廠視察。

上午十一時總統府國民月會。

Chase 到台。

* **五月二日星期三**

下午八至十，文藝創作研究班，中國社會變遷中之文學。

下午七時鐵路飯店郭澄陳漢平邀。

下午七時半經國公館茶會。

＊五月三日星期四

下午二時半寫高級班戰爭論。

下午六時蕭自誠公館，遠東問題座談會。

今日講辯證法，及戰爭論中戰爭概念與實際之矛盾。

＊五月四日星期五

下午五時延平北路二段 80 山水亭五四紀念（北大同學會）。

下午七時半寶慶路茶會。

＊五月五日星期六

上午十一至十二時 20，剪報高級戰爭論。

＊五月六日星期日

下午七時吳鐵城公館。

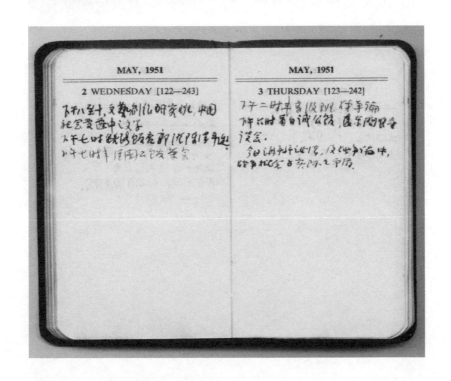

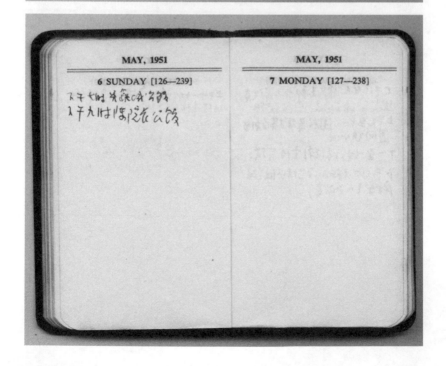

MAY, 1951

4 FRIDAY [124—241]

正午赴大使……二時潮海來談。
下午五時赴延平北路二段80山水亭
五四紀念 (北大同學會)
下午七時半宴黨部党会

MAY, 1951

5 SATURDAY [125—240]

上午十一十二，情報亭議州傳稿 (對
此較車話新民初
上午十一至十二時20, 看皮以后,往事院

MAY, 1951

6 SUNDAY [126—239]

下午七時英諒咏名錢
上午九時赴陳院長公餘

MAY, 1951

7 MONDAY [127—238]

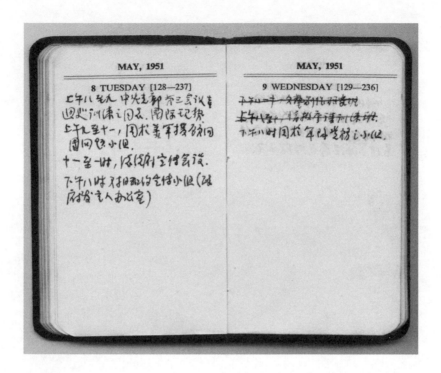

下午九時陳院長公館。

* **五月七日星期一（空白）**

* **五月八日星期二**

上午八至九中央黨部第三會議？迴巡訓練之同志，國際現勢。

上午九至十一，關於美軍援顧問團問題小組。

十一至一時，總統府宣傳會談。

下午八時對日和約宣傳小組。（政府發言人辦公室）

* **五月九日星期三**

下午八時關於軍隊黨務之小組。

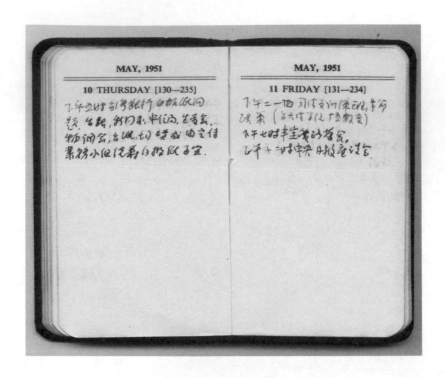

* **五月十日星期四**

　　下午五時台灣銀行白報紙問題，台銀，新聞處，中信局，生管會，物調會，台紙，均贊成由宣傳業務小組統籌白報紙事宜。

* **五月十一日星期五**

　　下午二至四司法官訓練班，革命政策（台大法學院十五教室）
　　下午七時辦寶慶路茶會。
　　正午十二時中央日報座談會。

* **五月十二日星期六**

　　上午十一至十二時，情報參謀訓練班。
　　下午六時中央日報常董會。
　　下午四時吳鐵老約茶會，商亞東協會事。
　　表示支持亞東協會，希望一致團結，對對日工作早日著手。

MAY, 1951

12 SATURDAY [132—233]

上午十一十二时，情報局开寻委讨论
决定。

下午三时中央财政委员会。

下午四时吴錶老作[涉]報告，高西哥访
会多。

了表示支持亚来协会，希望一致
团结，对日工作早日着手。

MAY, 1951

13 SUNDAY [133—232]

上午十时有说会，下江卡都返请
谈现情的致达时。

MAY, 1951

14 MONDAY [134—231]

下午三一四习法代课改革等时
来。

下午七时半中心广谈，五留
开卡街午山。（决政已时间）

下午九时半的多围为左支晚省，
青新同志修班讨问题。

MAY, 1951

15 TUESDAY [135—230]

下午五时到咖山，七时质诵，
（英留前，我怕九时下山）

下午三时行政院会议室，你看论第
委升室。

* **五月十三日星期日**

上午十一時省議會，第三區黨部邀請演講現階段政治主張。

* **五月十四日星期一**

下午二至四司法官訓練班革命政策。

下午七時草山中心演講，並留宿草山。（需改定時間）

下午七時半約有關各長官晚餐，商新聞專修班問題。

* **五月十五日星期二**

下午五時往草山，七時演講。（並留宿，或於九時下山）

下午三時行政院會議室，討論萬象計畫。

* **五月十六日星期三**

下午八至十，文藝創作研究班。

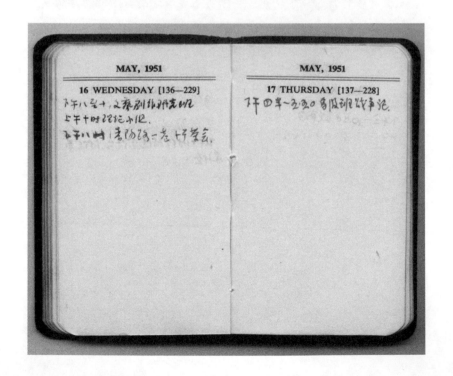

上午時時理論小組。

下午八時，瀋陽路一巷十號茶會。

* **五月十七日星期四**

下午四半至五點五十分，高級班戰爭論。

* **五月十八日星期五**

下午三至四點二十戰爭論。

下午八時發言人辦公室茶會。

* **五月十九日星期六**

下午三時瀋陽路一巷十號，心理作戰委員會。

* **五月二十日星期日（空白）**

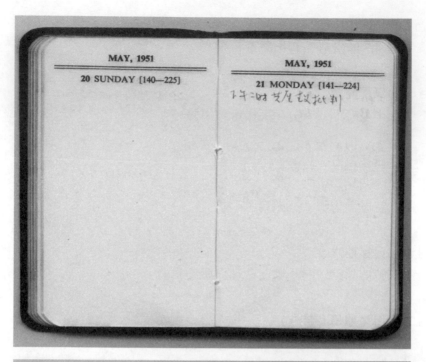

MAY, 1951

20 SUNDAY [140—225]

MAY, 1951

21 MONDAY [141—224]

下午二時 艾尾 致扶批判

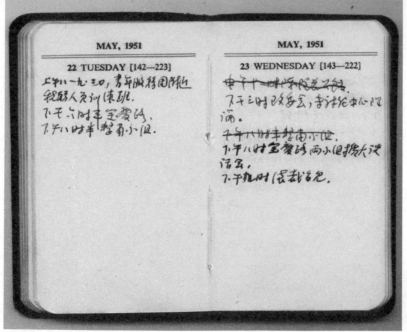

MAY, 1951

22 TUESDAY [142—223]

上午十一九三〇，青年服務團附近
我听人民訓練班。
下午六時半 宝寶時。
下午八時半 整南小坐。

MAY, 1951

23 WEDNESDAY [143—222]

上午十一時陳院長之話。
下午三時政委会，書評論中心問
題。
午午八時半 整南小坐。
下午八時 宝寶時，兩小旧擕大學
話会。
下午九時 張裁自己。

＊ **五月二十一日星期一**

下午二時共產主義批判。

＊ **五月二十二日期二**

上午八至九點三十，青年服務團附近稅務人員訓練班。

下午六時半寶慶路。

下午八時半整肅小組。

＊ **五月二十三日星期三**

下午三時改委會，未討論中心理論。

下午八時寶慶路兩小組擴大談話會。

下午九時總裁召見。

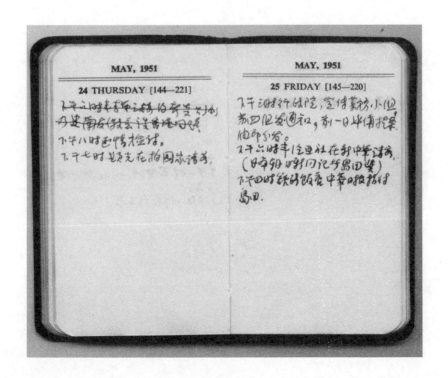

* 五月二十四日星期四

下午八時匪情檢討。

下午七時顯光在柏園家請客。

* 五月二十五日星期五

下午三時行政院，宣傳業務小組，第四組發通知，前一日準備提案，油印分發。

下午六時半泛亞社在新中華請客，（日本朝日新聞記者島田巽）下午四時鐵路飯店中華日報招待島田。

* 五月二十六日星期六

下午六時半吉甫同鄉立監委。

* 五月二十七日星期日（空白）

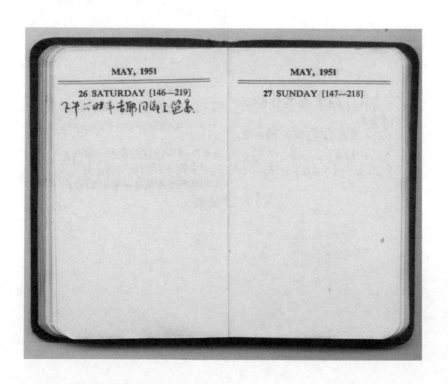

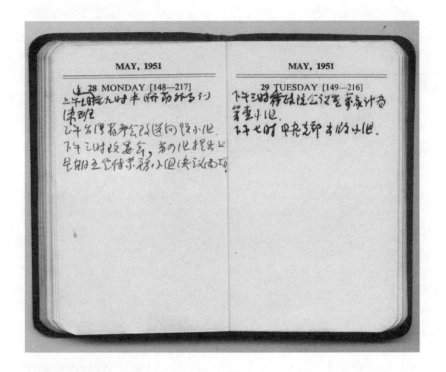

* **五月二十八日星期一**

    上午七時半至九時半聯勤外交訓練班。

    正午台灣省參議會改選問題小組。

    下午三時改委會，第四組提出上星期五宣傳業務小組決議兩項。

* **五月二十九日星期二**

    下午三時行政院會議室萬象計畫審查小組。

    下午七時中央黨部出版小組。

* **五月三十日星期三**

    上午十時寶慶路對外宣傳經費問題小組。

* **五月三十一日星期四**

    上午十時改委會，總裁離台北。本次會決定省參議會改選原則，（1）仍指

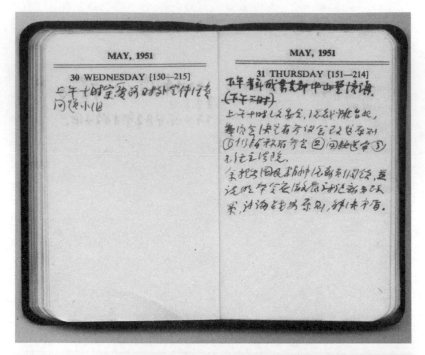

MAY, 1951

30 WEDNESDAY [150—215]

MAY, 1951

31 THURSDAY [151—214]

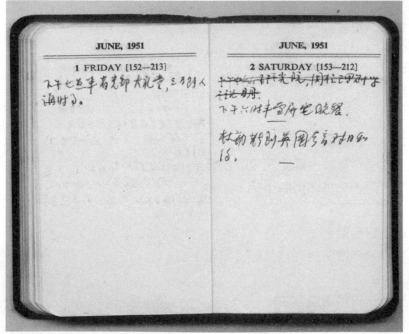

JUNE, 1951

1 FRIDAY [152—213]

JUNE, 1951

2 SATURDAY [153—212]

稱省參會（2）間接選舉（3）不經立法院。

余提出國民精神總動員綱領，並說明本會應澈底討論動員政策，討論戰略原則，解決矛盾。

＊ 六月一日星期五

下午七點半省黨部大禮堂，三百餘人，講時事。

＊ 六月二日星期六

下午六時半雪屏宅晚餐。

杜勒斯到英國去商對日和約。

＊ 六月三日星期日（空白）

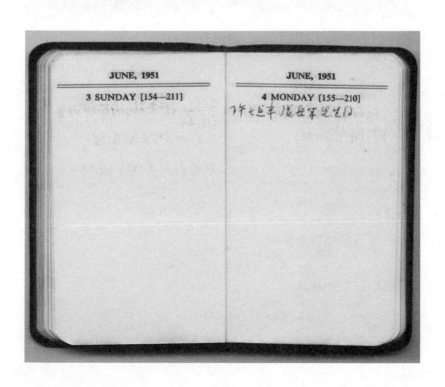

* **六月四日星期一**

　　下午七點半張岳軍先生約。

* **六月五日星期二**

　　下午三時至五時憲兵幹部訓練班。

　　下午八時整肅小組。

* **六月六日星期三**

　　下午六時半為農民報事請客。

* **六月七日星期四（空白）**

* **六月八日星期五**

　　下午八時政府發言人辦公室座談會。

JUNE, 1951

7 THURSDAY [158—207]

JUNE, 1951

8 FRIDAY [159—206]

下午電臺廣播第9期（三至五）
下午八時政研系全人加至薑毛洋先
下午五時史鐵城午飯聚会.
下午三時文博工作委員会.

JUNE, 1951

9 SATURDAY [160—205]

上午九·四〇—十一·五〇 保安习官
部軍名冊（特委的保安习諦
檢診所募批）
善等寺院公宿行党先彩营名.
下午三時召集小组
附午九時，自由中国批评保安
习官部多发作.余必須向口报告
告贺学之之志.今贺宣佈通报,
诸多报不佳体我要室此項
批评.下午五時从保安习官部
与明熙到习会晚饭.

JUNE, 1951

10 SUNDAY [161—204]

夜同与明熙化妆家再没斜1夹
自由中围向颂之引去.

下午五時吳鐵城公館茶會。

下午三時大陸工作委員會。

＊ 六月九日星期六

上午九時三十至十一時五十保安司令部軍官隊。（博愛路保安司令部檢診所舊址）

善導寺祝雪竹先生壽簽名。

下午三時夏令營小組。

昨下午九時，自由中國批評保安司令部事發作，余函經濟日報警告其響應文字。今發宣傳通報，請各報不傳佈或響應此項批評。下午五時往保安司令部與明熙副司令晤談。

＊ 六月十日星期日

夜間與明熙在少谷家再談解決自由中國問題之方法。

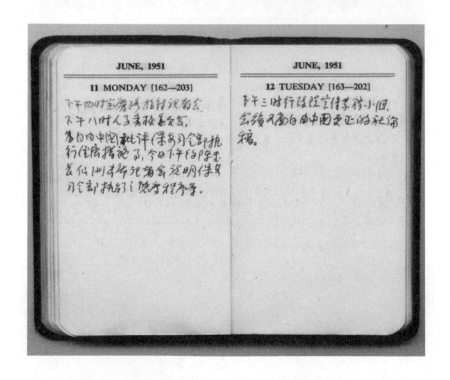

* **六月十一日星期一**

下午四時寶慶路招待記者會。

下午八時人事審核委員會。

為自由中國批評保安司令部執行經濟措施事，今日下午約陳處長先洲出席記者會說明保安司令部執行之態度程序等。

* **六月十二日星期二**

下午三時行政院宣傳業務小組。會後又商自由中國更正的社論稿。

* **六月十三日星期三**

下午六時半寶慶路宴邵毓麟。調解自由中國與保安司令部紛爭。

左舜生支持中國青年黨改革，發表電文。

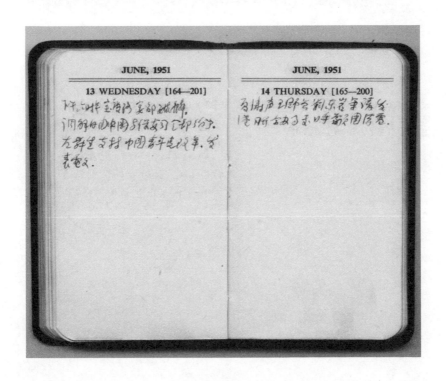

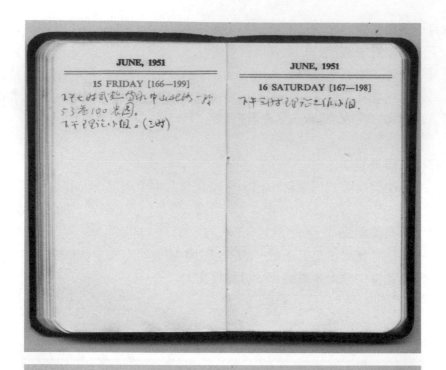

JUNE, 1951

15 FRIDAY [166—199]

上午七時武進，室外中山北路一段
53巷100號园。
下午理論小組。(三時)

JUNE, 1951

16 SATURDAY [167—198]

下午三時理論工作小組。

JUNE, 1951

17 SUNDAY [168—197]

下午三時的時率等材來報告
保護擴大會報，演講老區
情況

JUNE, 1951

18 MONDAY [169—196]

上午八時之十分，陶陶衣，王駱吉麦，
黄乾吉麦，黄外衣，家姑竟侍家
在家郵寄鲁及相片的向信相
該大使訓令，及偶住展陸。
十時率到陳道先台路舉行結陸
私的葵先気，至下午二時率，以
訓令法发，的跓陸玉房修叚。
由王林吉麦赴士林請示。下午
六時率中英文稿均内政厨各主
人办公室等出。
下午九時率，政区老死亡臨時
後語言，各处英文稿与日中文稿有
雨眾不同。快在内方本迥知音版
的中文稿政宣，以日報吉法陸。

* 六月十四日星期四

　　夏濤聲，王師曾，劉東岩等請發港聯合辦事處呼籲團結電。

* 六月十五日星期五

　　下午七時武樵雪冰中山北路一段 53 巷 100 忠園。

　　下午理論小組。（三時）

* 六月十六日星期六

　　下午三時理論工作小組。

* 六月十七日星期日

　　下午三至四時半警務處禮堂保警擴大會報，演講共匪情況。

* 六月十八日星期一

　　上午八時五十分，陳院長，王秘書長，黃秘書長，葉外長，昌煥及余在官邸會商對日和約問題，對顧大使訓令，及總統聲明。十時半到陳院長公館舉行對日和約委員會，至下午二時半，將訓令決發，將聲明稿修改。由王秘書長赴士林請示。下午六時半中英文稿均由政府發言人辦公室發出。

　　下午九時半，改造委員會臨時談話會，發見英文稿與中文稿有兩處不同，決定由少谷通知雪艇，將中文稿改定，明日報總統。

* 六月十九日星期二

　　上午十一時一般問題會談。

　　下午對日和約小組開會，決定多邊條約同時簽訂雙邊協定，內容與美商定，請美國通知日本簽訂。

* 六月二十日星期三

　　新生報南版兩週年紀念。原擬南行參加，因對日和約問題中止。

* 六月二十一日星期四（空白）

JUNE, 1951

19 TUESDAY [170—195]

上午十時一般同限宝设。
下午对日乱份小儿用气,快走北
傷的同時室引岁伦佛花,仍当与
文音堂,诸永国适和。吟蓋打。

JUNE, 1951

20 WEDNESDAY [171—194]

新生报南板雨週乎纪念,幸找
南行奇兆,固对时的同吗中心。

JUNE, 1951

21 THURSDAY [172—193]

JUNE, 1951

22 FRIDAY [173—192]

新生报刊片射放1版,克摘
足按四千之万美之子,份以向
注合行罗小咄蒸生美按金
到招太衣五茶醉专俘拍围画
坊知然无教宇礼求,到生报利
去,素多与教练的大族,余多学
礼礼。下午七時知果促.纪印室
书画报,诗与敢不作载,直不
到去如信念。

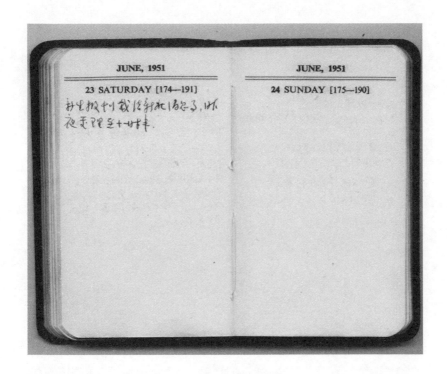

* 六月二十二日星期五

　　新生報刊載法新社消息，美撤經援四千五百萬美元事，係此間經合分署 Smith 密告美援會副秘書長王某轉告徐柏園而均知其應嚴守秘密，新生報刊出，美方與嚴徐均大駭。余事前不知，下午六時知悉後，立即發出通報，請各報不轉載，並不刊類似消息。

* 六月二十三日星期六

　　新生報刊載法新社消息事，昨夜處理至十一時半。

* 六月二十四日星期日（空白）

* 六月二十五日星期一

　　上午十時圓山紀念週。
　　下午三時草山，政治主張，余提出四個問題：

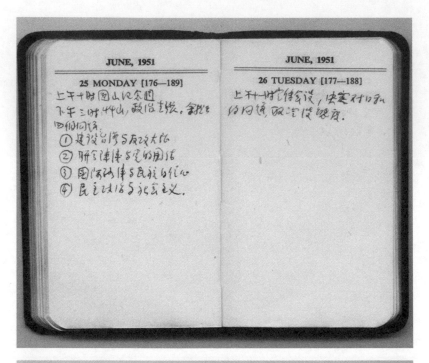

JUNE, 1951

25 MONDAY [176—189]

上午十時圓山紀念週
下午三時中山，政治書院。餘提出四個問題。
①建設台灣與反攻大陸
②聯合陣綫與黨的關係
③國際政律與民族的信心
④民主政治與社會主義.

JUNE, 1951

26 TUESDAY [177—188]

上午十時電信會議，決定對口私的口綫，政治惕態度.

JUNE, 1951

27 WEDNESDAY [178—187]

上午十一十二時報告廣州情形.
下午三時外交部與外僑晚餐
書款問覽

JUNE, 1951

28 THURSDAY [179—186]

下午四時對外宣傳小組準備
（金像說）

建設台灣與反攻大陸
聯合陣線與黨的團結
國際路線與民族自信心
民主政治與社會主義

* 六月二十六日星期二

上午十一時宣傳會談，決定對日和約問題，取冷淡態度。

* 六月二十七日星期三

上午十至十二情報參謀訓練班。
下午三時外交部海外僑胞贈書款問題。

* 六月二十八日星期四

下午四時對外宣傳小組準備。（寶慶路）

* **六月二十九日星期五**

下午四時中央黨部約各報社長總編輯茶會。

* **六月三十日星期六**

下午三時理論工作小組。

夜起草圓山講稿。

* **七月一日星期日**

起草圓山講稿。

二日上午六時廿分，泰來生子。

顯光如往法，須提預算美金四千或三千五百元。

王家松由倫敦去，須八百元。

此均須於七日前提行政院。

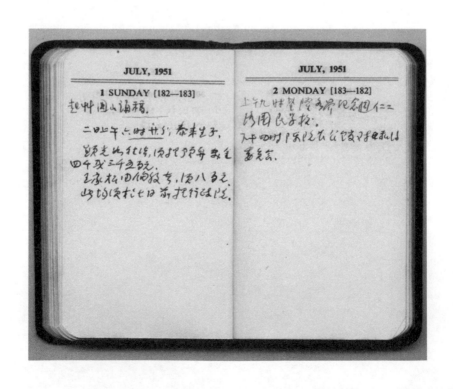

* **七月二日星期一**

　　上午九時基隆各界紀念週，仁二路國民學校。

　　下午四時陳院長公館對日和約委員會。

* **七月三日星期二**

　　上午十時總統府國民月會。

　　下午四時宣傳業務小組，白報紙配價採取根本政策，以市價出售，晚提中政會。

* **七月四日星期三**

　　下午三時至四時廿分，圓山高級班，本黨政策路線與戰略原則。

　　下午七時半小說創作班。（未去）

　　下午中改會，余提出白報紙廢除配紙辦法，通過。明日送行政院，請陳院長召集小組討論實施。

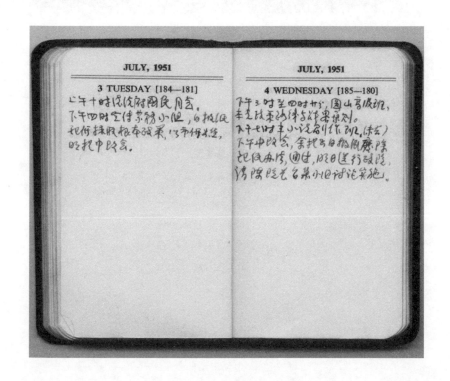

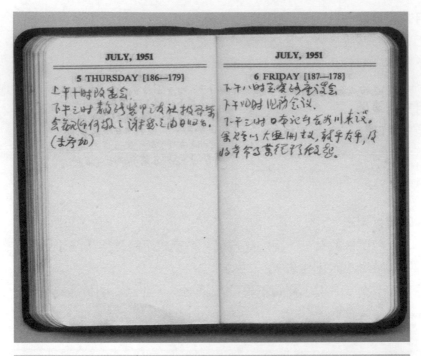

JULY, 1951

5 THURSDAY [186—179]

上午十時欧金会.
下午三時 靜讀 等紫甲讀社校稿等
会欸迎何报之 講演之由昭名.
(未参加)

JULY, 1951

6 FRIDAY [187—178]

下午八時至发時 承試受会
下午四時 比務会議.
下午三時 口市心与吉光川来谈.
苯名以 大垔洲 多枚,就平友平,仮
的幸本る 苯纪引 彼义起.

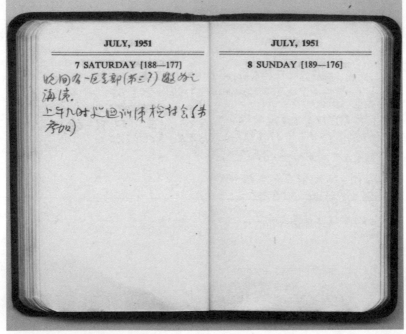

JULY, 1951

7 SATURDAY [188—177]

晚 同有一匡产部(弟三?)趣 妨之
海淩.
上午九時 上逾洲陳 检甘会(未
参以)

JULY, 1951

8 SUNDAY [189—176]

* 七月五日星期四

上午十時改委會。

下午三時青島路裝甲之友社報界茶會歡迎何敬之謝然之由日歸台。（未參加）

* 七月六日星期五

下午八時寶慶路座談。

下午四時組務會議。

下午三時日本記者長谷川來談。余贈以大亞洲主義，敵乎友乎，及將革命事業從頭做起。

* 七月七日星期六

晚間省一區黨部（第三？）邀為之演講。

上午九時巡迴訓練檢討會。（未參加）

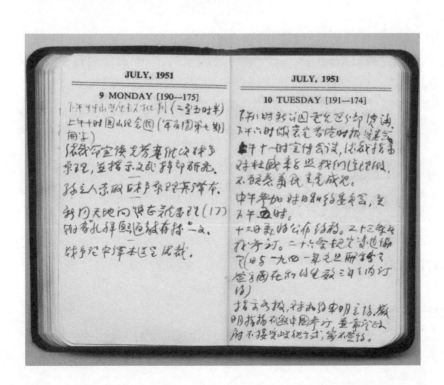

* **七月八日星期日（空白）**

* **七月九日星期一**

下午草山共產主義批判。（二至五時半）

上午十時圓山紀念週（軍官團第七期開學）

總裁命宣讀克勞基維茲戰爭原理。並指示文武幹部研究。

孫立人索取戰爭原理英譯本。

新聞天地問題甚難處理。（177 期有「孔祥熙通敵有據」一文。）

戰爭論中譯本呈總裁。

* **七月十日星期二**

下午八時新公園電台區分部演講。

下午六時儆寰宅香港時報管委會。

上午十一時宣傳會談，總裁指示對杜威來台照我們道理做，不顧慮美民主黨成見。

中午參加對日和約委員會，至下午五時。

十三日美將公佈約稿。二十三條無我簽訂。二十六條規定雙邊協定。（日與一九四一年元旦聯合？？簽字國在和約生效三年之內訂約）

指示各報，對日和約申明立場。嚴明指摘不邀中國簽訂，並希望政府不接受歧視方式，寧不簽約。

* **七月十一日星期三**

上午九時三十分至十時五十分民生哲學（圓山第七期）。

下午三時一女中歌仔戲協進會。（未參加）

下午三時改委會提出張道藩連震東蔣君章辭職問題。（通過）大部份時間討論對日和約問題。

* **七月十二日星期四**

上午十時，中改會，陳院長報告對日和約之三階段及現前之問題。

美政府今日公佈修正約稿，昨已通知各報依十日通報著論批評。陳院長告

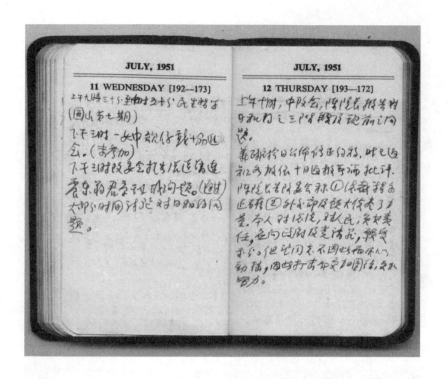

改委會稱（1）總裁指示正確（2）外交部及顧大使盡了力量，本人對總統，對人民，負其責任，應向政府及黨請罪，願受處分。但望同志不因此而信心動搖，因此打擊而更加團結，更加努力。

　　自由中國報紙發表社論，各民意機關民眾團體發表申明及電美抗議，並擁護葉外長聲明。

* 七月十三日星期五

　　上午十時，設計委員會邀談國際問題。（裝甲之友社）

　　下午三時三十分大陸工作指委會。

　　昨中改會後總裁指示宣傳不夠，據說曉峰少谷建議加強第四組，結果加副主任一人為李士英，又組織國際宣傳委員會，由董顯光主持。此為余預想之事，擬建議加強宣傳方法，余辭去第四組，專任宣傳會談及業務設計兩小組工作。進一步往制度上整飭，使力量集中。

JULY, 1951

13 FRIDAY [194—171]

一九五○年過部至他人的讀事物
事子十毛文批評（光拉和府中事）
（改录朋）
上午十時，設計委之氣區設用
際向隐（紫甲決社）
下午二时三十分大陈文化報委会。
他中庤会他信教招毒宣偶不
弘，投况晚署世为建议加1套
第四佃，店朱加乃佐任一人，为
孝土英，又他保用陈宣偶是不
会，由等题光主村。㗊的字鞖表
记为，拥建设加1套宣偶方化，
会辱好的佃，责任宣偶气设
及蒜辅設計両小組24代。世一
步程制府心整防，使力量集中。

JULY, 1951

14 SATURDAY [195—170]

上午十一至十二时二十分圃山喜順欢
改東路偶某子妹名承刷第二次。
剌图天地味老庸電偶詢向，高
乙ち乭呢1这经报号，好会救体裁
桉材料的有嚴厉教此示。

JULY, 1951

15 SUNDAY [196—169]

JULY, 1951

16 MONDAY [197—168]

下午六时中央的敉亭筆会。

* 七月十四日星期六

　　上午十一至十二時二十分，圓山高級班政策路線與戰略原則第二次。

　　新聞天地昨宏濤電話詢問，余以處理經過相告，彼簽報總裁，預料將有嚴屬批示。

* 七月十五日星期日（空白）

* 七月十六日星期一

　　下午六時中央日報常董會。

* 七月十七日星期二（空白）

* 七月十八日星期三

　　十一時至十一時二十分，本黨政略與戰略（圓山第七期）。

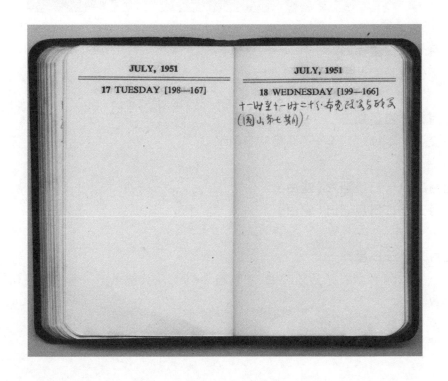

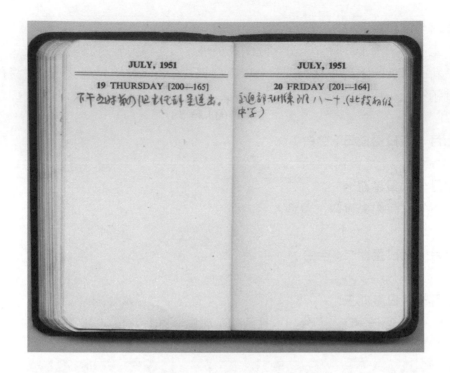

* 七月十九日星期四

　　下午五時第四組主任辭呈送出。

* 七月二十日星期五

　　交通部訓練班八至十（北投初級中學）。

* 七月二十一日星期六（空白）
* 七月二十二日星期日（空白）

* 七月二十三日星期一

　　下午六時半李君佩公館晚餐。（整肅小組十五次會畢事，李先生以召集人約宴致謝。）

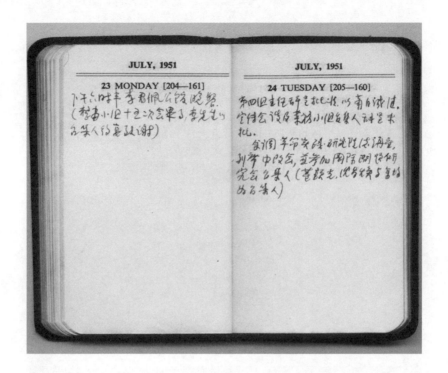

* **七月二十四日星期二**

　　第四組主任辭呈批准，以蕭自誠繼。宣傳會談及業務小組辭呈未批。

　　余調革命實踐研究院總講座，列席中改會，並參加國際問題研究會召集人。（董顯光，沈昌煥與余均為召集人）

* **七月二十五日星期三**

　　下午仍列席中央改委會，宣佈第四組主任辭職後，討論動員問題。

* **七月二十六日星期四**

　　下午五時三軍政治大考。（台北賓館，國防部周總長召集）

　　上午十時中改會，討論動員問題。

　　下午六時中央日報常董會。

　　下午三時半四組主任交代。

JULY, 1951

25 WEDNESDAY [206—159]

下午三時到常中央院委会，宣傳部の
任主任誠懇，討論動員问仗。

JULY, 1951

26 THURSDAY [207—158]

下午三時三軍球隊大赛（台北市
隊，国防部同志色名隊）
上午十时中院会，討論動員问题。
下午六时中央日报事筆会。
下午三時半の任主任委代。

JULY, 1951

27 FRIDAY [208—157]

上午九時半至十時半一女中"軍中
服務隊"国際廣播る中国青
年"演講。
下午八財宝客等方電会。

JULY, 1951

28 SATURDAY [209—156]

上午十一十二，省黨部刊陣班主教
庅坟批判。（圓山青湖段訓国内）
正午十二时任圓石院午蜂（苗市東
路）设心以化紡未成。
下午六时半国詩永开堂焼唐设
请学科紡內教会目行料快る。

* 七月二十七日星期五

　　上午九時半至十一時半一女中「軍中服務隊」國際現勢與中國前途演講。

　　下午八時寶慶路座談會。

* 七月二十八日星期六

　　上午十至十二，省黨部訓練班共產主義批判。（圓山青年服務團內）

　　正午十二時，經國公館午餐（長安東路）談心理作戰未成。

　　下午六時半，國語禮拜堂，晚餐談該堂糾紛由教會自行解決事。

* 七月二十九日星期日（空白）

* 七月三十日星期一

　　草山圓山均不舉行。

　　下午三時草山就總講座職。

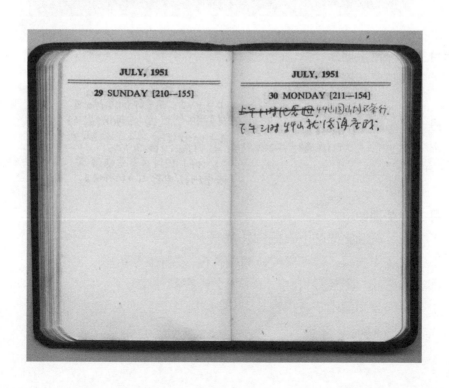

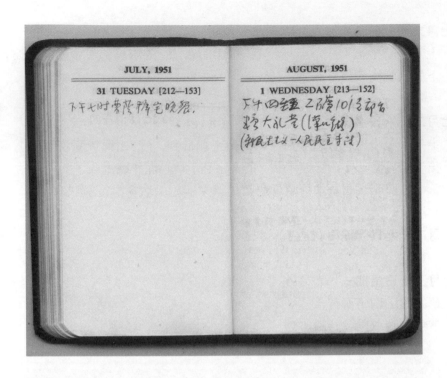

* **七月三十一日星期二**

　　下午七時曹蔭槐宅晚餐。

* **八月一日星期三**

　　下午四至五工礦 101 黨部台糖大禮堂。（漢口街）

　　（新民主主義－人民民主專政）

* **八月二日星期四**

　　下午三至五師範學院中學教員講習會。

　　下午七時中央政工幹部學校新聞科課程。（新生報新房子之樓）

　　鄧雪冰約談「實踐」月刊事。（下午七時在其住宅）

　　中華日報公司函中華廠指責其未訂約，並中傷以走私等。

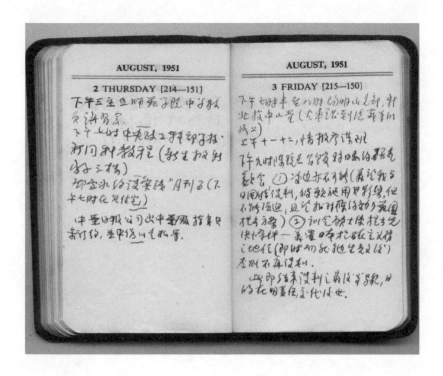

* **八月三日星期五**

下午七時半至九時，陽明山黨部，新北投中山堂。（火車站到法藏寺的路上）

上午十至十二，情報參謀班。

下午九時陳院長公館對日和約研究委員會，（1）雙邊亦不可能（美望我與日開始談判，彼願施用其影響，但不能強迫，且望我對條約效力範圍提出方案）。（2）訓令顧大使提出先決條件─美置日本於確定義務之地位（及時而非多邊生效後）否則不再談判。

此即結束談判之最後步驟，日約在明責任，交代後世。

* **八月四日星期六**

上午八時，國際問題研究委員會召集人會議。

上午九時省參議會問題小組會。

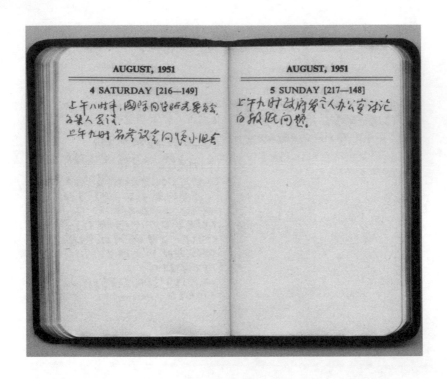

* **八月五日星期日**

　　上午九時政府發言人辦公室討論白報紙問題。

* **八月六日星期一**

　　下午二時至四時，一女中，三軍政治大學第二試場主考官，三民主義淺說。（命題何志浩）

* **八月七日星期二**

　　上午八至十二，一女中，三軍政治大學主考，監督閱卷。

　　上午八時半國際問題研究會，以後每星期二上午八時半至十時舉行本會。

　　下午三時講座會議。

　　下午四時宣傳業務小組，通過低價核實配紙辦法。

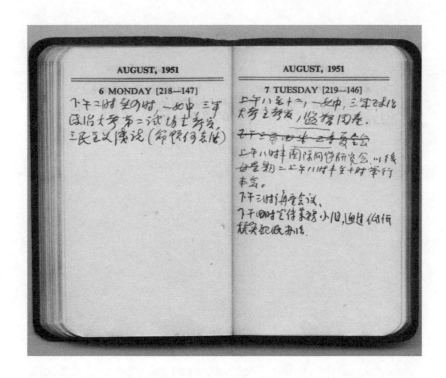

* **八月八日星期三**

  下午三至四點五十分夏令會。（工業學校內）

* **八月九日星期四**

  在家讀 "The nature and destiny of war"。

* **八月十日星期五**

  上午十至十二，成功中學，監獄人員訓練班，社會問題與犯罪問題。
  下午三時院務會議（貴陽街）。

* **八月十一日星期六**

  上午八至十工專夏令會。
  下午四時貴陽街第一週課務會議。

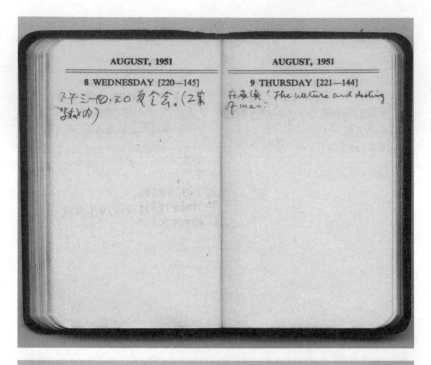

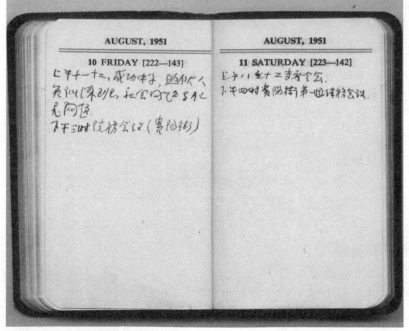

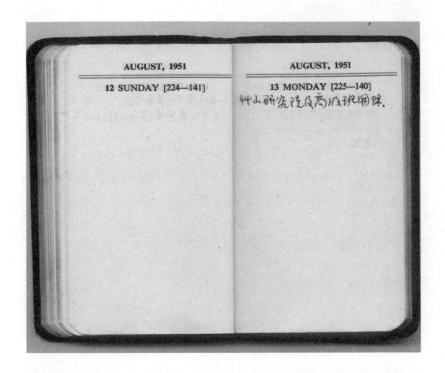

* 八月十二日星期日（空白）

* 八月十三日星期一

　　草山研究院及高級班開課。

* 八月十四日星期二

　　八時半國際問題研究會。

　　八至九點五十分建國中學大禮堂地方自治幹部訓練班反共抗俄要義。

* 八月十五日星期三

　　下午四至五點五十分公路黨部共產主義批判。（車站公路局附近大禮堂）

　　上午十至十二，師範學校就業訓練班國際現勢。

　　下午三至四點二十分圓山高級班，「民生哲學研究」。

AUGUST, 1951

14 TUESDAY [226—139]

八時半 國際問題研究會。
八—九.30 是民中各大乱争地
为16 8年部測未改及芸之
1我要之.

AUGUST, 1951

15 WEDNESDAY [227—138]

下午四—五 公時防空部 共委託私
制（車說名時同作征大乱号）

上午十—十二, 研究岩院 就菜洲
東沈圓保院報

下午3—4.20 圓山高服院"民生哲子
研究"

AUGUST, 1951

16 THURSDAY [228—137]

下午4.4山率更强信主法。
晚間 六時未, 4山未耳運動討
論小但名等人設惜会。

AUGUST, 1951

17 FRIDAY [229—136]

下午3—4.20 圓山高級班, 民生
哲学研究.
上午 青年運動討论（4山）
下午 所同.（未考加）

* **八月十六日星期四**

下午草山「本黨政治主張」。

晚間六時半，草山青年運動討論小組召集人談話會。

* **八月十七日星期五**

下午三至四點二十分圓山高級班，民生哲學研究。

上午青年運動討論（草山）

下午亦同。（未參加）

* **八月十八日星期六（空白）**
* **八月十九日星期日（空白）**

* **八月二十日星期一**

上午十時圓山紀念週。

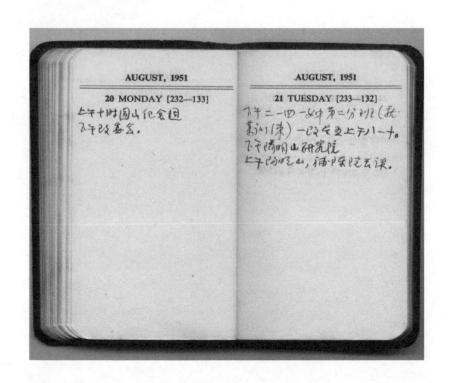

下午改委會。

* **八月二十一日星期二**

下午二至四一女中第二分班（就業訓練）改至星期五上午八至十。

下午陽明山研究院。

上午陽明山，補陳院長課。

* **八月二十二日星期三**

上午八－十工業學校夏令講習會。

下午四至五點五十分公路局黨部「時事分析」。

下午三至四時廿分圓山高級班。

* **八月二十三日星期四**

八至十一時中央政工幹部學校民生哲學研究。

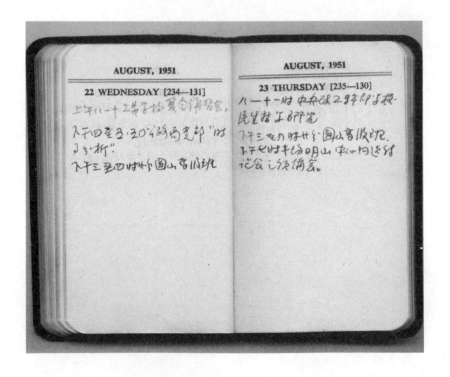

下午三至四時廿分圓山高級班。

下午七時半陽明山中心問題討論會之預備會。

* **八月二十四日星期五**

上午八至十，一女中第二分班。

下午七時半草山研究院座談會。

* **八月二十五日星期六**

上午國際問題研究會召集人會。

巡迴視察團講話。

下午草山研究院憲法與戰時措施討論會。

陳果夫先生逝世，（下午四時）余九時始得中央日報電話，為社論以悼念之。

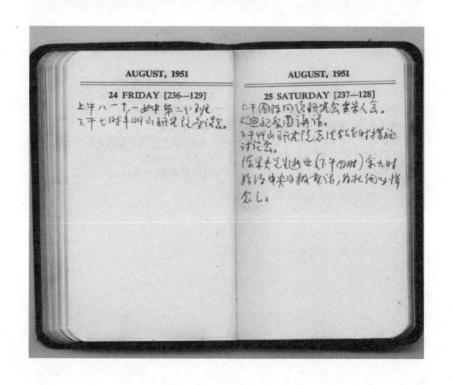

AUGUST, 1951

26 SUNDAY [238—127]

上午九時半起 經常接儀院希望大
先生之聲，陶有如信費否有念法
釋了，見印稿中央日報敦海等
丁在信先先之晚此，時外均不
及也。

AUGUST, 1951

27 MONDAY [239—126]

上午十時到三時到九子院會，十時
卅山起念過。

AUGUST, 1951

28 TUESDAY [240—125]

上午八時半國際向陷辨无会
上午十時 一般会設停用。
下午八時陷院表右院對日和约十分
促，本此對泥至十二時未得結泥。
小便主張不秀惹刻力範圍不惶
結束評判者，多主持事取營的
杜發及日签約之门案，拍拍不了。
但一生初汲為我為与我方資料知的
一切，日帝泥人未已將老半得可动
陪佐人去没判若干時间，须格物
装，利我佐費後，而表日不負去。
(日本末派一局務代表未召，共人內
河田)

AUGUST, 1951

29 WEDNESDAY [241—124]

下午四五五三〇，卅山得訪福德
研究。
下午八時宝爱的座设会。

＊ 八月二十六日星期日

上午九時往極樂殯儀館，弔果夫先生之喪，蘭友為治喪委員會總幹事，見即稱中央日報社論與于右任先生之唁函，此外均不及也。

＊ 八月二十七日星期一

上午十時總統府孔子紀念，十一時草山紀念週。

＊ 八月二十八日星期二

上午八時半國際問題研究會。

上午十一時一般會談停開。

下午八時陳院長公館對日和約小組，本晚討論至十二時未得結論。小組主張不考慮效力範圍，不惜結束談判者，與主張爭取簽約以杜共匪與日簽約之門者，相持不下，但一致認為我必與美方談判和約之一切，日本派人來只有簽字，始可。如日本派人來談判若干時間，終於破裂，則我徒受辱，而美日不負責。（日本或派一商務代表來台。其人為河田）

＊ 八月二十九日星期三

下午四至五點五十分，草山辯證法研究。

下午八時寶慶路座談會。

＊ 八月三十日星期四

下午三時起，草山動員問題之研究。（？愚講話，其餘指導者參加）

＊ 八月三十一日星期五

上午八至十一中國之命運。（中央政工幹部訓練班）

下午公路局黨部三至四點五十分。

下午七時半陳院長公館晚餐並討論對日和約問題。

＊ 九月一日星期六

上午九時保密局演講國際現勢。

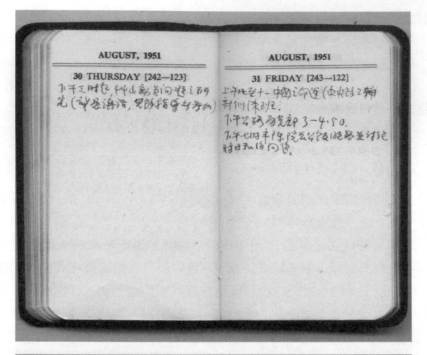

AUGUST, 1951

30 THURSDAY [242—123]

下午三時起，仲山新房向蔣之研完
（談及海活，見陳培等女考加）

AUGUST, 1951

31 FRIDAY [243—122]

上午九至十一中國之命運（中央社之稿
剖判除防止。
下午名磁有灵郡 3-4.50.
下午七時半陳院長公館晚器並討論
對日和約問題。

SEPTEMBER, 1951

1 SATURDAY [244—121]

上午九時借通內情海國傷記勢
下午三時起新知向保祛論会（44）
下午六時廿五，長防約去未与
不期洪女谋程。
自由中国三卷后期发表的陈自
信，指责与陈孟言论的仇。

SEPTEMBER, 1951

2 SUNDAY [245—120]

下午三時起動員問題討論會。（草山）

下午六時卅分，貴陽街辦事處商下期婦女課程。

自由中國五卷五期發表胡適之信，指責台灣無言論自由。

* 九月二日星期日（空白）

* 九月三日星期一

上午十時圓山忠烈祠，秋季陣亡將士典禮。

十時半圓山紀念週。

* 九月四月星期二

下午二至三點五十分，地方自治訓練班反共抗俄要義。（建國中學）

下午七時半草山理論座談會。

下午三時至五時半，草山匪黨政組織。

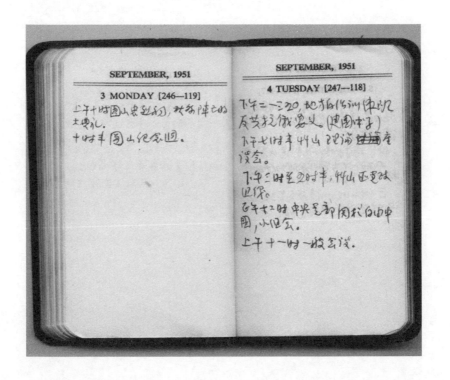

正午十二時中央黨部關於自由中國，小組會。

上午十一時一般會談。

*九月五日星期三

下午五時外國人來草山研究院譚總裁思想。（189 董仲山陪）

下午三時至四時廿分圓山第八期，板橋小學。（政治講話）

正午十二時訓練班委員會政治課程會議。（中央黨部）

*九月六日星期四

下午赴大溪。

上午十時中改會，總裁問自由中國事，自誠報告，總裁指示開除雷震黨籍，保安司令部公佈事實。（後改為交紀律委員會）

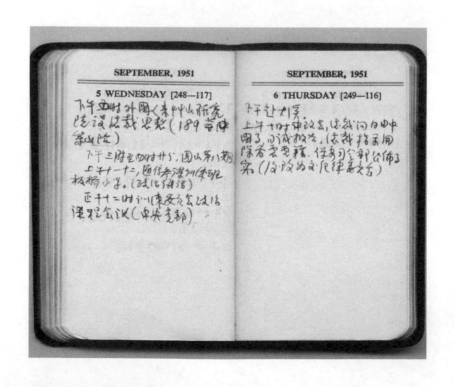

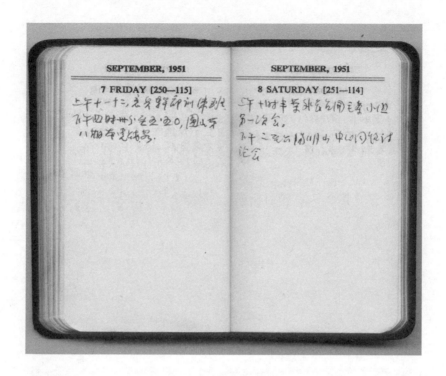

* **九月七日星期五**

上午十至十二，憲兵幹部訓練班，下午四時卅分至五點五十，圓山第八期本黨戰略。

* **九月八日星期六**

上午十時半葉外長召開毛案小組第一次會。

下午二至六陽明山中心問題討論會。

* **九月九日星期日**

Asrylum（1）本國不能強以公平審判（2）政治犯（3）有鉅款在手者不予庇護（4）有本國官吏外交官身份者不予庇護。

* **九月十日星期一**

上午十時圓山紀念週。

SEPTEMBER, 1951

9 SUNDAY [252—113]

Assylum(1)各國立場保以不予審判(2)因此批(3)有國認在
辜行不予庇護。(4)有各國因受此此
不發辜行者不予庇護。

SEPTEMBER, 1951

10 MONDAY [253—112]

上午九時半中央紀念週。
上午十時圓山紀念圖。
下午七時半在黨部餐館晚餐，胡秋原
完戰防素品。

教養美州日報（毛帝）
華僑區沿（記述受情）

SEPTEMBER, 1951

11 TUESDAY [254—111]

上午十時卿山評判會議（保
徑）
上午十時半毛寄市二次會，約成
三個委員會，以分此方地地
得排定一武二人社華府，台阿
在來委員在大伝路工作。最早
全綠色含義國人，大伝记名防洋秘
部，委員會由時會計師。
下午二時，周法京姝小川庭诔妻
兒，況拍潤查義不令安必逼，毛之
持節約的多家，系必闷去。

SEPTEMBER, 1951

12 WEDNESDAY [255—110]

從半十二時抖中央社稿各表毛毛南
繁救近發表。下午三時半在台私公
餒喬討至七時半。初临载捧君之
短府發客人發表申咬，少友利村
段，許人土時中央社答稿。（公
發，少友，良鋪，另失家，昨I廂，功
权，及家，戴多法到）

下午七時半彥棻公館晚餐。胡秋吾崔載陽來台。

寫文寄美洲日報。（毛案）

華僑通訊。（記述案情）

* 九月十一日星期二

上午八時草山評判會議。（未往）

上午十時半毛案第二次會，擬成立調查委員會，以台北為地址，得指定一或二人往華府，會同在美委員在大使館工作。委員會得包含美國人，大使館聘律師，委員得聘會計師。

下午五時，周總長對小組陳述意見，認為調查委員會無必要，毛之抗命為事實，不必調查。

葉外長首次發表談話謂「願與日本訂立雙邊條約」。

* 九月十二日星期三

夜半十二時擬中央社稿發表毛邦初案最近發展。下午三時半在公超公館商討至七時半。總裁指示政府發言人發表申明，少谷擬稿後，諸人主張中央社發稿。（公超，少谷，良鑑，昌煥，昭瀛，功權，及余，顯光後到）

* 九月十三日星期四

今上午十時總裁主持改委會，問及理論問題，決下星期四討論。

寫毛邦初案社論，並與四三兩組接洽宣傳指示。

擬陳院長致胡適之函。

夜在軍校同樂會參加改委會檢討立法院風潮。

* 九月十四日星期五

上午往立法院。

正午中央日報主筆編輯會談。

下午四時至七時半外交部，毛案小組，決定查良鑑夏功權等四人往美之事項。（後，總裁又加派宏濤前往）

SEPTEMBER, 1951

13 THURSDAY [256—109]

今上午十時○談主持政委員會，商
及紀律問題，決本星期日討
論。
字毛邦初案社論，至8の二○○
接信言待指示。
抄陳院長致胡適之函。
夜在家披日○會多加後至○會
接待主席○風潮。

SEPTEMBER, 1951

14 FRIDAY [257—108]

上午往法院。
五午中央日報主筆團○○院。
七午七時主筆陳院長○○院。
下午四時至七時半外小組，毛處小組，
決定言名○復二方教學四人○集言
各項。（注：依載又加注意讀○
社）

SEPTEMBER, 1951

15 SATURDAY [258—107]

下午三名の時井行同去本八期。
上午八時○○起二次，團○○
代刊"辟毛半改案"。
下午三時陳○半各先生社論○
中央日報。

SEPTEMBER, 1951

16 SUNDAY [259—106]

上午十一時參加記言可會後名果
夫先生。
下午三時往參加抗戰，到時
抄稿半得。
下午六時中央日報○筆會。
談大使軍先陳院法，美國○撥款
名召會議定主任軍援，在毛案○又美
○中國政府全部公佈，主席按院有
教育言上剛，皆○社論。（先年名相
不辭○言記，下次○期時新一個同城，
繼續續時哭）

* 九月十五日星期六

上午八時零分起二次，圓山高級班「戰略與政策」。

下午起草弔陳果夫先生社論，交中央日報。

* 九月十六日星期日

上午十一時參加記者公會公祭果夫先生。

下午三時往參加執紼，到時擁擠未得。

下午六時中央日報常董會。

顧大使電告陳院長，美國會撥款委員會決定三億軍援，在毛案未經中國政府全部公佈，並經採取有效辦法之前，暫緩討論。（如本會期不能籌款，下次會期明年一月開始，須待彼時矣）

* 九月十七日星期一

上午十時草山第十四期結業，國父紀念週。

雙十節文告應即準備。

* 九月十八日星期二

上午八時中央黨部地方自治研究課程討論。

正午十一時一般會談，總裁對教育制度及方針有嚴厲之指示。

下午理論討論（改委會）。

（？）秋告以震東對五常街廠房問題之態甚佳。余應先與俞先生說明，希望財委會能轉帳將此房買交中華公司。

* 九月十九日星期三

上午九時中山堂立法委員黨部黨員大會。

上午八時情報參謀訓練班。

下午四時毛案小組。

下午七時約中央日報主筆，屆時未能歸陪，至八時半始歸陪。

SEPTEMBER, 1951

17 MONDAY [260—105]

上午十時中山第十四期畢業，周
文化念週。

海十節兒生在印準備。

SEPTEMBER, 1951

18 TUESDAY [261—104]

上午八時中央書部 地方的 研究会
讲程讨论。

上午十一時一般会议後，(總裁对教
育制度及方針作散漫之指示。

下午以论讨向(段基臣)
說秋告以香东以主军組，政府
问你之聚若任。因東立光台俞
先生招呼，当以特委会临时决
作好有買主·中军出品。

SEPTEMBER, 1951

19 WEDNESDAY [262—103]

上午九時，中山堂董事各全党部
党員大会。

上午八時 情报考讲训陈期。

下午四時走学小組。

下午七時约中央日报女军，居内
丰餘歸陸，至八時半始歸陸。

SEPTEMBER, 1951

20 THURSDAY [263—102]

上午中改会。

上午十二時陸隊隊在名館。

* 九月二十日星期四

上午改委會。

正午十二時陳院長公館。

* 九月二十一日星期五

下午五時行政院，宣傳業務小組。

上午十一時總統府毛案小組。

下午八時外交部毛案小組至夜十一時。

* 九月二十二日星期六

起草毛案節略，可發表之稿。

上午九時行政院，對日和約小組，美勸我集中力量與日建立事實關係。晚間余為專論「從舊金山到渥太華」，指出美對歐強化，對亞妥協，暗示中日雙邊之不可能。

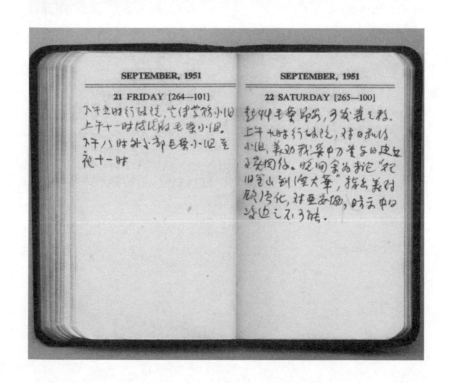

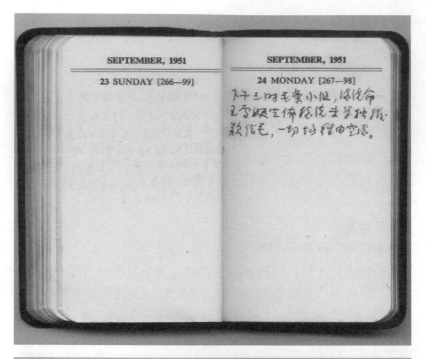

SEPTEMBER, 1951

23 SUNDAY [266—99]

SEPTEMBER, 1951

24 MONDAY [267—98]

下午三時王業小姐，係俞
王雪艇先生偕經濟專家辨理
款結匯，一切均經由空運。

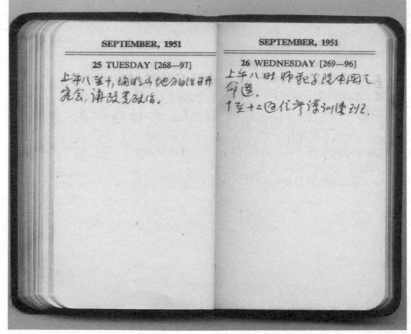

SEPTEMBER, 1951

25 TUESDAY [268—97]

上午八至十，偷敝玩地方自治日開
完會，請改造黨政信。

SEPTEMBER, 1951

26 WEDNESDAY [269—96]

上午八時師託寄陸東國之
命途。
十至十二回信考深刷陳列记.

* 九月二十三日星期日（空白）

* 九月二十四日星期一

下午三時毛案小組，總統命王雪艇宣佈總統未單獨撥款給毛，一切均經由空總。

* 九月二十五日星期二

上午八至十，陽明山地方自治研究會，講政黨政治。

* 九月二十六日星期三

上午八時師範學院中國之命運。

十至十二通信參謀訓練班。

* 九月二十七日星期四

下午四時瀋陽路一巷十號唐乃建召開座談會，討論聯合戰線問題。

上星期指定小組報告，主張雙十節總統文告作廣泛之號召，暗示聯合戰線。

「反共」不容「友俄」，反俄有民族意義，反共無分化作用。

* 九月二十八日星期五

下午八時寶慶路座談會，擬提出遠東局勢討論，莫斯科廣播主張召開四強會議，（俄、美、英、毛）重商對日和約，及解決遠東全盤問題。總裁對此甚為注意，他認為美華關係不佳，國會中之中國友人均不可恃，我應有對策，又曾囑外交部研究應否發一聲明。

* 九月二十九日星期六

上午研究雙十節文告材料。

下午寫文告。總裁往高雄三日，下星期一尚未擬回台北。

SEPTEMBER, 1951

27 THURSDAY [270—95]

下午四時參加防保一處十字會乃
建名開會設宴。飯後日本等林偉
同窓。

上午期擔空之小記報告，己決深
十希後促反生作廣论之考名，日事
研究此義。

"友苏"改為"友俄"，友俄有收敗之
義，友苏無分化作同。

SEPTEMBER, 1951

28 FRIDAY [271—94]

下午八時至黨研究室集会。封把去
逮東局報討記。英妹科度楊去
（為石開）四信会议（1税、象、英毛）
是其對口私係，反谷年快逮东全成向
资。店载日此为此志，他说为
新景困体不佳，国会中之內国友
人切不了解，找应有计東，又等峰
外人部研究室各给一條明。

SEPTEMBER, 1951

29 SATURDAY [272—93]

上午研究涤十部文艺材料。
下午写文章。饭後任育駒三日，下星
則一尚未拟回台北。

SEPTEMBER, 1951

30 SUNDAY [273—92]

上午八時開防部光部信讲，要领导
大记堂
上午十時地方日信研党本三期周
子
下午三時行連委员，（改下午十时林）
彼的中華日报菁名会款战時施
新玩款，封將立筆缴廠房委任
中華款，（信八筆涂之）注鲜对付
纪款。

＊ 九月三十日星期日

　　上午八時國防部黨部演講，警務處大禮堂。

　　上午十時地方自治研究會第二期開學。

　　下午三時訪連震東。（改下午十時半）

　　彼為中華日報董事會就職時能籌現款，擬將五常街廠房賣給中華廠，（約八萬餘元）望能籌付現款。

＊ 十月一日星期一

　　上午十一時圓山紀念週，陳院長主席。（宣讀草案的道理）

　　下午改委會通過中華公司董事名單，並責成主管督率董事會審查公司財產。（余未列席）

　　下午五時，將雙十節文告初稿送出。（七時有人攜送高雄）

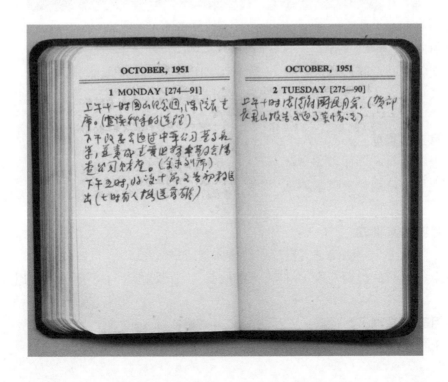

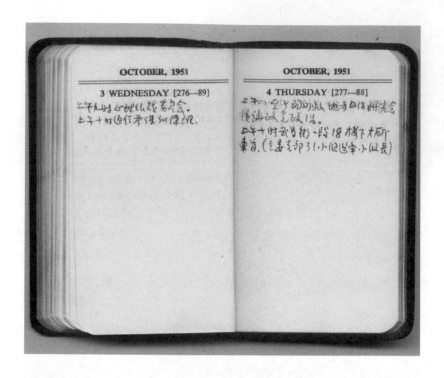

* **十月二日星期二**

上午十時總統府國民月會。（賀部長君山報告交通事業情況）

我同意日在台設海外代表。木村四郎七即將來台。

* **十月三日星期三**

上午九時心理作戰委員會。

上午時時通信參謀訓練班。

* **十月四日星期四**

上午八至十陽明山地方自治研究會演講政黨政治。

上午十時武昌街一段 18 樓下大廳東首。（立委黨部 31 小組選舉小組長）

* **十月五日星期五**

上午十一時立院大議場南首休息室湖北立委選舉資格審查委員會委員。

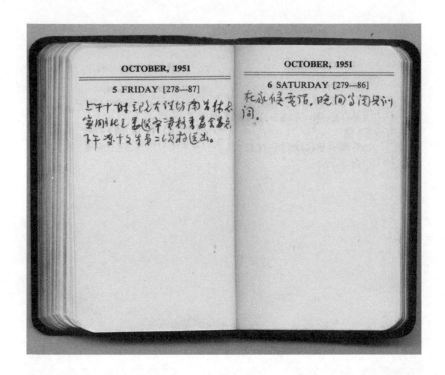

下午雙十文告第二次稿送出。

* 十月六日星期六

在家候電話。晚間寫閱兵訓詞。

* 十月七日星期日

下午，雙十文告政治軍事等五項刪去，於光復節再用。前後文接起，約三千字，今定稿。

雙十節閱兵典禮簡短訓話稿擬訂送出。

* 十月八日星期一

上午十時圓山紀念週。（軍訓團八期結業）

下午中改會未列席。

閱兵訓詞定稿。此稿較為緊湊。

OCTOBER, 1951

7 SUNDAY [280—85]

下午，設計文呈改稿率字等五項卅一支，
批先後部再用。為此文撰記，約三
十字，令去稿。

設計節目文典禮論題列法相
拋抓至去。

OCTOBER, 1951

8 MONDAY [281—84]

上午十時圓山紀念回（事列相八別
結業）

下午央改氣本列帝。

因急州行習定稿。此稿約好怀亥。

OCTOBER, 1951

9 TUESDAY [282—83]

海軍習全部參謀訓，上午八一十一時。
（亥必講發至十二日）

下午比時半苓四他衣空軍新生北
祝屋生産白歡匹依終您。（未参加
下午三時貴陽路誦先念誌。

OCTOBER, 1951

10 WEDNESDAY [283—82]

上午九時半始，往府用參典礼。（未参
九）

海軍習全研考謀訓体司段松十一月
初司，的生演誦，出稿了。（生任雜玉
重，別用沔禹句）

＊ **十月九日星期二**

　　海軍司令部參謀班，上午八至十一時。（去函請延至十二日）

　　下午六時半第四組在空軍新生社歡送曾虛白歡迎張彼德。（未參加）

　　下午三時貴陽路講座會議。

＊ **十月十日星期三**

　　上午九時總統府國慶典禮。（未參加）

　　海軍司令部參謀訓練班改於十一月初旬，約余演講，函覆可。（主任黎玉
璽，副冉鴻翮）

＊ **十月十一日星期四**

　　上午十時台北賓館中委談話會。

　　下午七時，黃少谷沈昌煥在寶慶路約晚餐。

　　八時唐乃建召開座談會。（瀋陽路一巷十號）

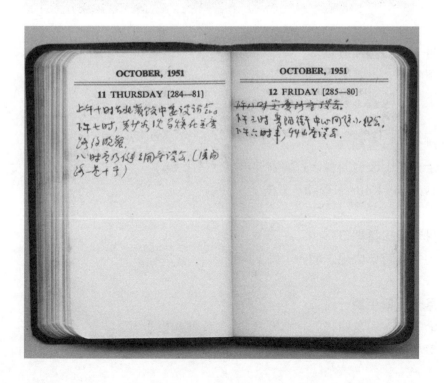

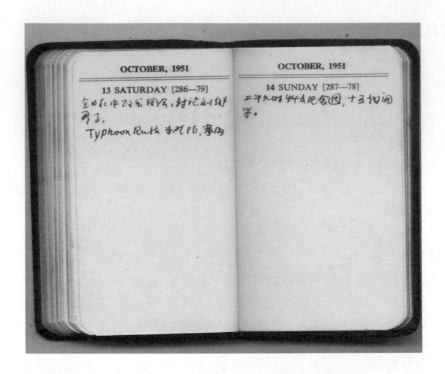

* 十月十二日星期五

下午三時貴陽街中心問題小組會。

下午六時半，草山座談會。

* 十月十三日星期六

全日在中改會開會，討論劉健群事。

Typhoon Ruth 未登陸，豪雨。

* 十月十四日星期日

上午九時草山紀念週，十五期開學。

* 十月十五日星期一

上午八時與董顯光同往官邸拜壽。（舊曆九月十五）

參加第一二三四五六七八九區黨部委員宣誓典禮。

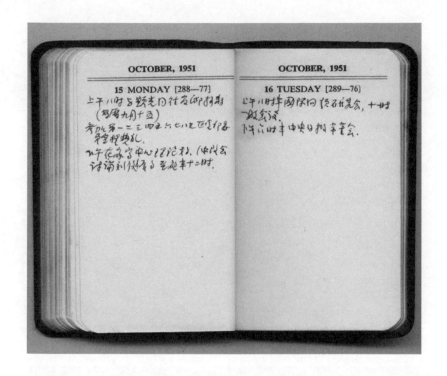

下午在家寫中心理論稿。中改會討論劉健群事至夜半十二時。

* 十月十六日星期二

上午八時半國際問題研究會，十一時一般會談。

下午六時半中央日報常董會。

* 十月十七日星期三

十至十二情報參謀訓練班。

十二時陳院長公館。

* 十月十八日星期四

下午陽明山，說明中心問題討論事項。

下午四時唐乃建召集座談會。（瀋陽路）

OCTOBER, 1951

17 WEDNESDAY [290—75]

十至十二時散步陽明山保泳，
千二時後保泳氣公路.

OCTOBER, 1951

18 THURSDAY [291—74]

千午晤明政，說明中心向問題如記
三之函.
上午四時宮乃建省黃店設宴（保陽村）

OCTOBER, 1951

19 FRIDAY [292—73]

上午至午晤勿出希三冷院，到建店
宴下午時來（1）陶音散軍宮在電
（2）劉討破，之外晤送比長.
下午七至九時加百晚院考設委.
從報四考後節改告，至一時半.

OCTOBER, 1951

20 SATURDAY [293—72]

千午二·三〇—四·二〇昆牌州保泳民
生活方.
上午政考後節文考稿.

* 十月十九日星期五

上午下午均出席立法院，劉健群案下午結束（1）調查報告專存查（2）劉辭職，定期改選院長。

下午七至九參加研究院座談會。

夜起草光復節文告，至一點半。·

* 十月二十日星期六

下午二點三十分至四點二十分石牌訓練班民生哲學。

上午改光復節文告稿。

* 十月二十一日星期日

下午四時台北賓館革命實踐研究院研究員湖北人集會。

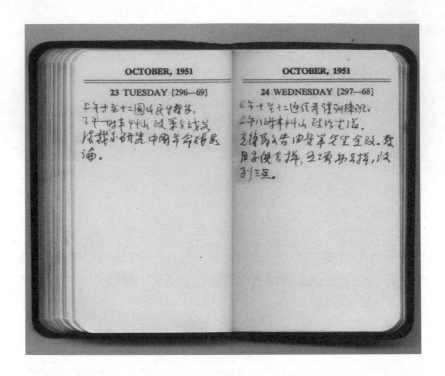

* **十月二十二日星期一**

下午七時，寶慶路，自誠昌煥彼德約晚餐。

上午十時圓山軍訓團九期開學及紀念週。

* **十月二十三日星期二**

上午十至十二圓山民生哲學。

下午一時半，草山政策與戰略。

總裁交研究中國革命戰略論。

* **十月二十四日星期三**

上午十至十二通訊參謀訓練班。

上午八時半草山政治主張。

光復節文告由岳軍先生全改。數目字俱去掉，五項亦去掉，改列三點。

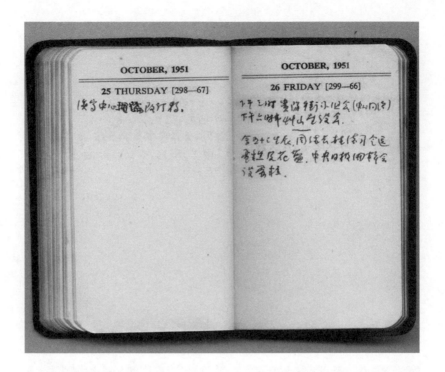

* **十月二十五日星期四**

續寫中心理論改訂稿。

* **十月二十六日星期五**

下午三時貴陽街小組會。（中心問題）

下午六時半草山座談會。

余五十三生辰，周總長桂總司令送蛋糕及花籃，中央日報編輯會設蛋糕。

* **十月二十七日星期六**

上午八時半國際問題研究會。

十一時草山留院研究員專題研究室會議。

下午一時半研究院中心問題討論會。（地方制度）

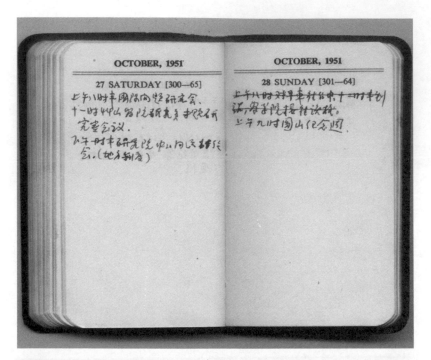

OCTOBER, 1951

27 SATURDAY [300—65]

上午八時半本國際問題研究会。
十一時半中央研究院顧先生 招院内有
完畢会議。
下午四時半研究院中山内这部理事
会。(地方制度)

OCTOBER, 1951

28 SUNDAY [301—64]

上午八時對斗委員会中央，十二時半到
話，留委員院招待談話。
上午九時国山紀念週。

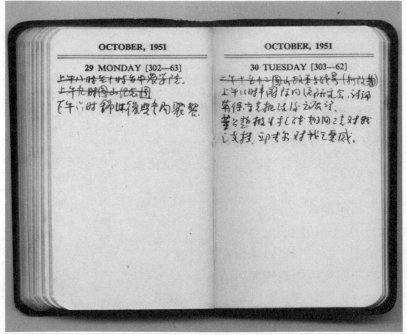

OCTOBER, 1951

29 MONDAY [302—63]

上午八時半十時名中党学院。
上午九時国山紀念週
下午六時錦江後興电内觀劇。

OCTOBER, 1951

30 TUESDAY [303—62]

下午七至十二国山故郷多绿号（新改制）
上午八時本国際問題研究会，討論
萬保守克批治分之討论。
蒋总裁招李克治内之支對我
之支持，即本家对我之熱威。

* **十月二十八日星期日**

上午九時圓山紀念週。

* **十月二十九日星期一**

下午六時錦江復興書局聚餐。

* **十月三十日星期二**

上午八時半國際問題研究會，討論英保守黨執政後之展望。
葉公超報告抗戰期間工黨對我之支持，邱吉爾對我之惡感。

* **十月三十一日星期三**

今在家續成中心理論改訂稿。
下午改委會未參加。晚間上街看祝壽晚會。已過時，即歸。
上午十一時往立委黨部簽名祝壽，（總裁六十五壽）余名列立委同志之最

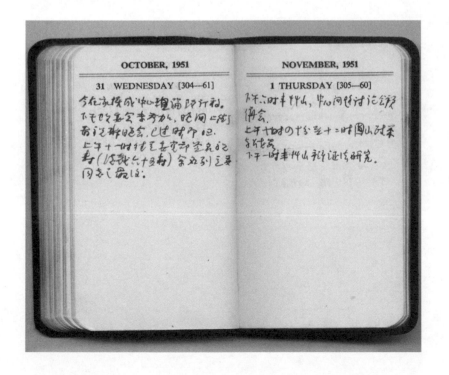

後。

* **十一月一日星期四**

　　下午六時半草山，中心問題討論會預備會。

　　上午十時四十分至十二時圓山政策與戰略。

　　下午一時半草山辯證法研究。

* **十一月二日星期五**

　　下午七時寶慶路座談會。

　　上午十時，行政院張副院長室，中心問題小組。（研究院）

* **十一月三日星期六**

　　下午六時半錦江，郭鏡秋，陳漢平約餐。

　　下午陽明山中心問題討論會。

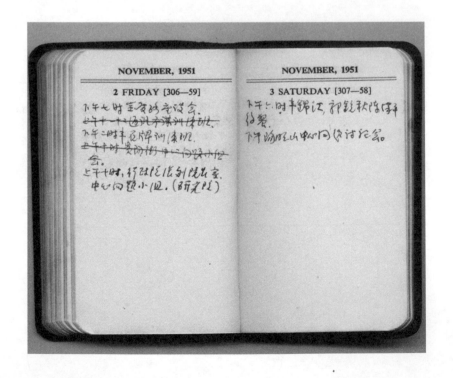

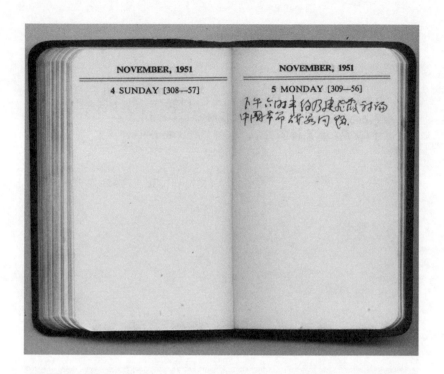

* 十一月四日星期日（空白）

* 十一月五日星期一

　　下午六時半約乃建飛霞討論中國革命戰略問題。

* 十一月六日星期二

　　下午七時至九時陽明山革命理論問題討論會。

　　上午陽明山匪黨政組織。

* 十一月七日星期三

　　下午中改會，兩星期來未出席，今一往。

* 十一月八日星期四

　　左營參謀訓練班特約演講在明日，今晚須乘車前往。下午十時半開車，

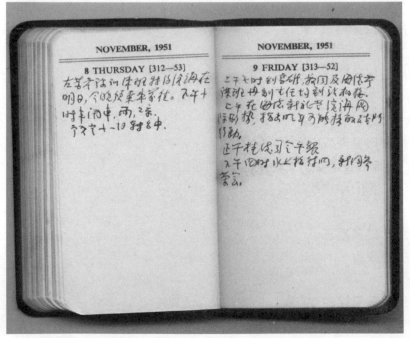

雨，涼。

　　預定十一日轉台中。

* 十一月九日星期五

　　上午七時到高雄，叔同與海總參謀班冉副主任均到站相接。

　　上午在海總新禮堂演講國際形勢，指出明年可能採取戰鬥行動。

　　正午桂總司令午餐。

　　下午四時水上招待所，新聞界茶會。

* 十一月十日星期六

　　上午八時半，一女中講科學與人性，散後訪陶子欽談。

　　下午市長宅午餐。（市長葉挺強）

　　下午市政府禮堂講民主政治之演進。

　　下午二至四高雄要塞司令部講演國際現勢。

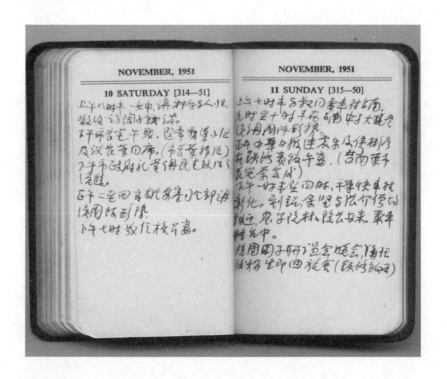

下午七時幾位校長宴。

* 十一月十一日星期日

上午七時半與叔同乘車往台南。

九時至十時半在台南中學大禮堂演講國際形勢。

正午中華日報連震東及侯彬彥在鐵路賓館午宴。（台南葉市長宅茶會後）

下午一時半至四時，平等快車往彰化。到站，余堅與張介僧均到相迎，農學院林院長亦來。乘車轉台中。

院（？）團同學聯誼會晚會，講後稍坐即回旅舍（鐵路飯店）。

* 十一月十二日星期一

上午八時半在農學院，十一時在裝甲兵學校演講，即在後者午餐。

下午訪諸同鄉。

晚餐軍人服務社，防衛司令部請客，楊市長徐議長在坐。夜二時一刻乘車

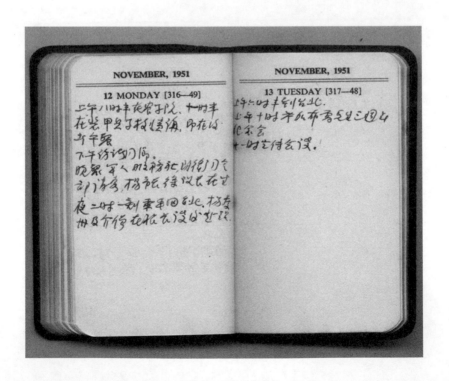

回台北。楊虔舟及介僧在旅（？）長談後赴站。

* **十一月十三日星期二**

　　上午六時半到台北。

　　上午十時參加布雷先生三週年紀念會。

　　十一時宣傳會談。

* **十一月十四日星期三**

　　下午中央改造委員會。

* **十一月十五日星期四**

　　下午三時乃建約小組會，討論經濟作戰。

　　夜參加改委會，討論行政院施政計畫綱要。

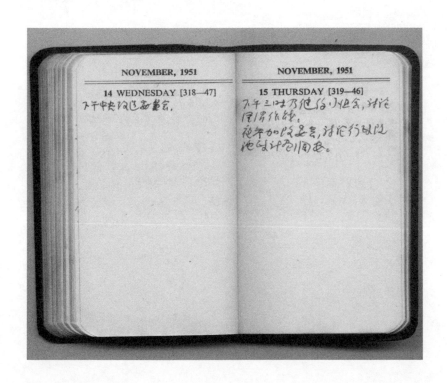

* 十一月十六日星期五

　　下午七時寶慶路小組會。

　　上午赴中和鄉一訓練班講中國社會之演變。

　　下午六時中央日報常董會。

* 十一月十七日星期六

　　下午三時中央黨部區分部講國際問題。

　　下午六時復興書局董監事聯席會。（南陽街十五號）未出席。

　　下午七時半至十二時黨政聯席會。（糧業公司三樓，中央改造委員會邀行政院與立法院一部分同志討論預算與施政計畫問題）

* 十一月十八日星期日

　　上午七時半，陸軍總司令部國民月會演講國際形勢。

　　下午四時半參加總商會歡迎日本商業代表團之酒會。

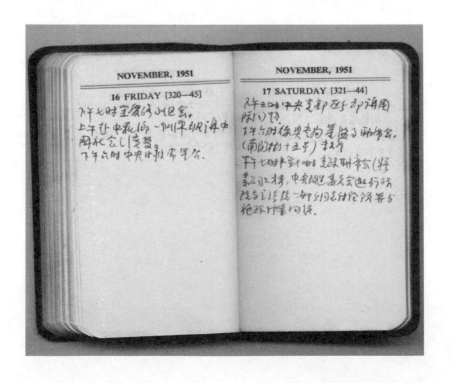

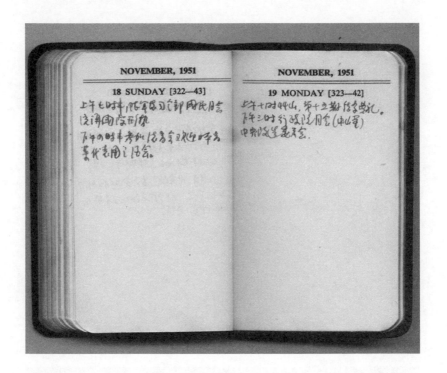

* **十一月十九日星期一**

　　上午十時草山，第十五期結業典禮。

　　下午三時行政院月會（中山堂）

　　中央改造委員會。

* **十一月二十日星期二（空白）**
* **十一月二十一日星期三（空白）**
* **十一月二十二日星期四（空白）**

* **十一月二十三日星期五**

　　夜十一時半居覺老無疾坐化。

　　下午七時座談會。

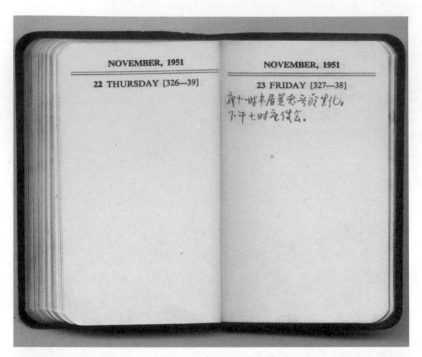

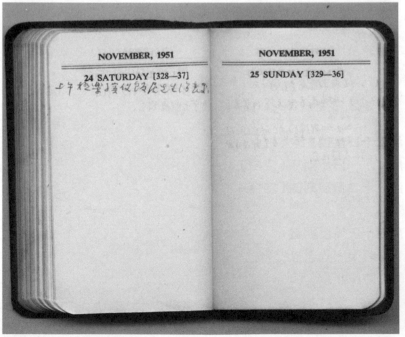

* **十一月二十四日星期六**

上午極樂殯儀館居先生治喪處。

* **十一月二十五日星期日（空白）**

* **十一月二十六日星期一**

上午九時林產局黨部演講。

下午三時半居覺老大殮治喪委員會致祭。

下午二時刑警總隊檢討會演講。

下午七時半中央黨部立委黨部及小組組長談話會。

* **十一月二十七日星期二**

上午八時半國際問題研究會。

十一時宣傳會談。

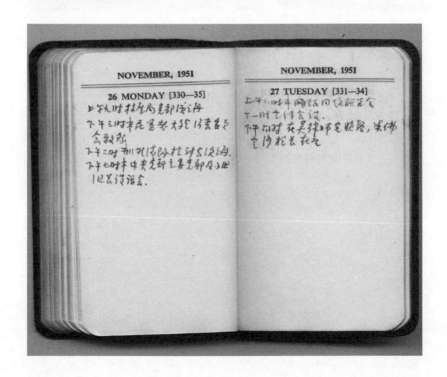

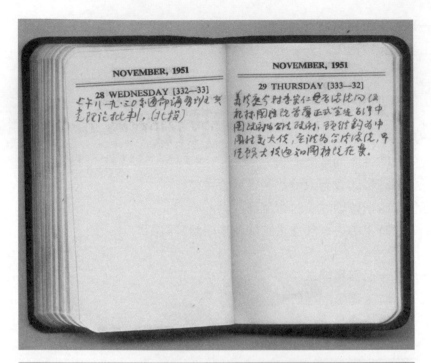

NOVEMBER, 1951

28 WEDNESDAY [332—33]

上午十一－九・三〇至國防部海軍少文
克將軍談批判。(北援)

NOVEMBER, 1951

29 THURSDAY [333—32]

美修廷令對李宗仁昆若述徒向伊
扎拉國務院普遍正式宣告另得中
國依南指令此政府，預結約為中
國駐美大使，至洗為台灣瀋陽，早
伊領太技迎知國務院在案。

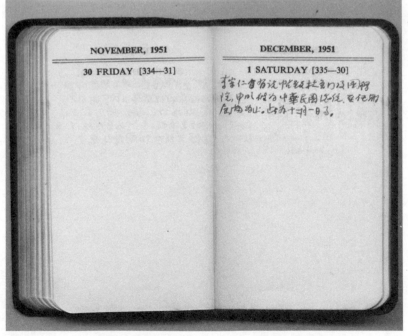

NOVEMBER, 1951

30 FRIDAY [334—31]

DECEMBER, 1951

1 SATURDAY [335—30]

李宗仁會前述中信致杜立門及國務
院，申以任為中華民國總統，至紀冊
任尚為止。此為十月一日事。

下午六時在吳律師宅晚餐，朱佛宣沙於（？）長在坐。

* 十一月二十八日星期三
上午八至九點半交通部講習班共黨理論批判。（北投）

* 十一月二十九日星期四
美法庭今對李宗仁是否總統問題根據國務院答覆正式宣告台灣中國政府為合法政府，顧維鈞為中國駐美大使，至誰為合法總統，即經顧大使通知國務院在案。

* 十一月三十日星期五（空白）

* 十二月一日星期六
李宗仁有說帖至杜魯門及國務院，申明彼為中華民國總統，至任期屆滿為止。此為十二月一日事。

* 十二月二日星期日
上午九時法學院居先生公祭；下午三時出殯火葬。
往交通部區分部演講。

* 十二月三日星期一
上午九時圓山紀念週。
李宗仁向地方法院書面證明其為總統，書面有李簽名。另有外交部所給通行證（李前年出國時所給）及甘介侯以「法學家」名義解釋憲法上李仍總統。此為十二月三日事。

* 十二月四日星期二（空白）
* 十二月五日星期三（空白）
* 十二月六日星期四（空白）

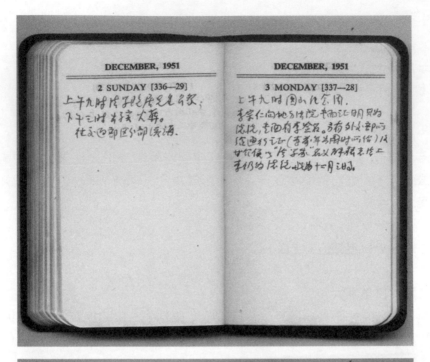

DECEMBER, 1951

2 SUNDAY [336—29]

上午九時陶孟和來見岳軍先生白家；
下午三時查良鑒大辦。
往夏西都區分部候海。

DECEMBER, 1951

3 MONDAY [337—28]

上午九時國民化會開。
李宗仁向地方法院申兩證明與為
法院，專西省李登記。另有外交部所
經過行記正（考查年為用時所俗）及
女院侯為"有子家"名及好報老後上
年仍約候兒，此場十二月江訪。

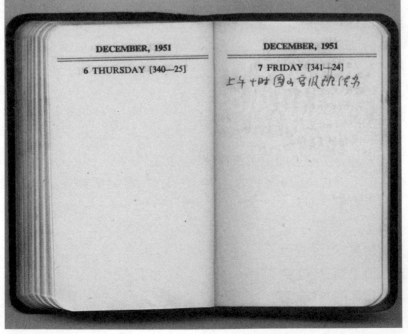

DECEMBER, 1951

6 THURSDAY [340—25]

DECEMBER, 1951

7 FRIDAY [341—24]

上午十時國民官假院信务

* 十二月七日星期五

上午十時圓山高級班結業。

* 十二月八日星期六

上午九時陳院長在聯合國同志會發表「如何到安全和平之路」。

上午心理作戰委員會。

下午三時研究講座會議。瀋陽路設酒會。

* 十二月九日星期日

夜間得知張秘書長在省議員黨員會議上宣佈總裁提名黃朝琴為議長候選人之後，群情不服。邀林頂立來談並同往晤倪文亞主委。十二時始歸。

下午在板橋中山堂講民族的救恩。

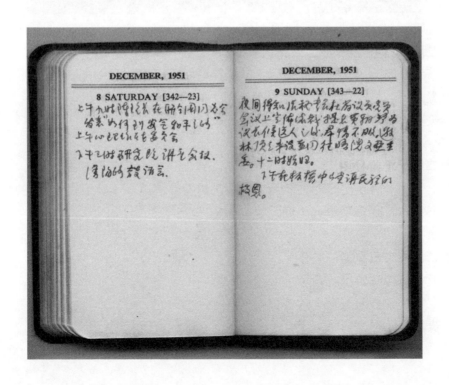

＊ 十二月十日星期一

下午三時列席中央改造委會，就議長選舉事分析，通過提名林頂立為副議長候選人。

美聯邦地方法院裁決本庭不許再提政治問題。

＊ 十二月十一日星期二

上午十一時至十二時省議會選舉，黃朝琴當選議長，林頂立副議長。

下午六時謁張岳軍先生商元旦文告要點。

＊ 十二月十二日星期三

上午石牌政幹訓練班。

上午中改會討論七全代會召開諸問題。

夜起草元旦文告。

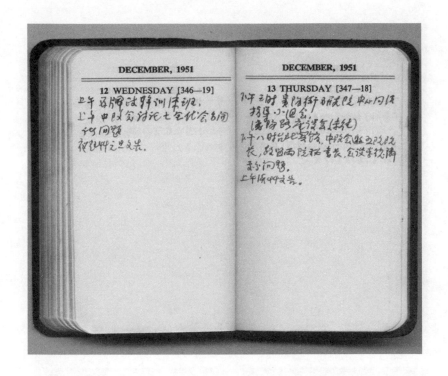

* 十二月十三日星期四

下午三時貴陽街研究院中心問題指導小組會。

潘陽路座談會。（未往）

下午八時台北賓館，中改會邀五院院長，政監兩院秘書長，會談李德鄰處分問題。

上午續草文告。

* 十二月十四日星期五

下午七時寶慶路座談會。

上午八時半國際問題研究會。（加開一次，討論韓國停火問題）

上午九時五十分，中和鄉演講「中國社會政治之演變」。

* 十二月十五日星期六

冷。

DECEMBER, 1951

14 FRIDAY [348—17]

下午七時宴廖的祖逸宗.
上午八時牟國際问逄研究会（加開一次），討論韓國停火问题）
上午九時五十分,中纪師演講"中国社会改造と译誓".

DECEMBER, 1951

15 SATURDAY [349—16]

阵立时,又生和私送女（法我在哥剖/?）
下午三時ぞ党沱工作小但弘治"国民革命第三域的讨论阅璧.
下午九兰半作诛し以新台兆車站,坐車車纪寫框.

DECEMBER, 1951

16 SUNDAY [350—15]

上午七時浮剠哥瓶,拮肉肉东巴,九此牟立十時走元竟聆把宦为孝弘肉七十九回相会会省州陳說浅说.（一）招看肉荤时的展发,阳上九吃灶芬亡宣生.（二）纪前用际局坒,如拤寥全找色孫移上工丁器涕浅.（二）阳上此此記一壶晚值睬,宫阎灯瓶,一致对扑.
阵三時牟伙兴同栗車起台南.
下午四时充中革め路务剁同旨講话.

夜車回台北.

DECEMBER, 1951

17 MONDAY [351—14]

阵三时,中山堂,北大旬学纪念庆.

下午五時，文告初稿送出（總裁在高雄）。

下午三時理論工作小組討論「國民革命第三期理論綱要」。

下午九點半偕冰如龍生赴車站，余乘車往高雄。

* 十二月十六日星期日

上午七時許到高雄，招商局來迎，九時半至十一時半在市府禮堂為招商局七十九週年紀念會及訓練班演說。（一）招商局苦鬥歷史，海上心理培養之重要。（二）現前國際局勢，將台灣安全拴在韓戰之上之心理錯誤。（三）海上心理—高瞻遠矚，冒險進取，一致對外。

下午二時半偕叔同乘車赴台南。下午四時在中華日報為新聞界講話。

夜車回台北。

* 十二月十七日星期一

下午三時，中山堂，北大同學會紀念校慶。

* 十二月十八日星期二

下午七時許接高雄閻參謀菊村電話，九時乘車赴高。

* 十二月十九日星期三

上午十時五十分圓山軍訓十期，民生哲學。（未到）

上午六時三十五分到高雄，即往行邸。下午四時見總裁，囑寫兩篇，一告僑胞，一告國內。前者重在民主陣線之信心及聯合戰線，後者重在動員。以香港時報社論所就中國大陸由第二階段至第三階段之轉變。（人民民主專政變為蘇俄國防計畫之一部，即領土之一部）為目標，而喚起警惕。

七時看電影。（糊塗英雄）

* 十二月二十日星期四

上午十時五十分圓山軍訓十期本黨政策及戰略。（未到）

上午十時台大傅孟真安葬禮。（未到）

下午七時草山中心問題討論預備會。（未到）

DECEMBER, 1951

18 TUESDAY [352—13]

下午七時許赴臺就周秀漢等相電
話，九時來車往宴。

DECEMBER, 1951

19 WEDNESDAY [353—12]

上午十時五十分圖山車到十謝日，民生勤
營。(未到)

上午九時三十五分到臺雄，即在行邸。
下午四時見偉戲以另寫兩省。一告傍
阮，一告國防。所省主在民主連係
之信心及時合戰候，以坦事在動
員。以省遠時披剝於而況中國
大陸由第二階段至第三階段之
轉變，(人民民主專政變為為電承術
圍防計電之一部，即領土之一部)為
目標，而唤起整場。
七時看電影(翔望英雄)

DECEMBER, 1951

20 THURSDAY [354—11]

上午十時五十分圖山車到十勒幸差及
東及鐵營。(未到)
上午十時各大伴遊客宴記(未到)
下午七時四山由心同區村給發偉
會。(未到)
在臺雄，告偉昭七稍令早宮園。
告宝民同阮下午三時四分尤。
下午七時半看最新"新"電引，任
圍幸素。

DECEMBER, 1951

21 FRIDAY [355—10]

上午八時許坐快車回台北。

在高雄，告僑胞書稿今早呈閱。

告軍民同胞下午三時草就。

下午七時半看「永不分離」電影，經國帶來。

* 十二月二十一日星期五

上午八時特快車回台北。

* 十二月二十二日星期六（空白）

* 十二月二十三日星期日（空白）

* 十二月二十四日星期一

上午十時圓山第十期及研究院第十六期開學典禮（補行）。

下午一點半本黨政策及方略。

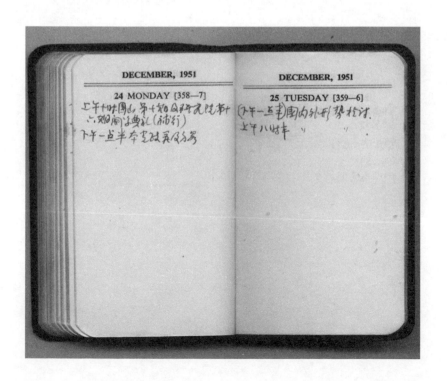

* **十二月二十五日星期二**

　　（下午一點半）國內外形勢檢討。

　　上午八時半國內外形勢檢討。

* **十二月二十六日星期三**

　　下午三時貴陽街中心問題討論小組會議。

　　中央信託局貸款十四萬元，接洽就緒。

　　元旦文告定稿。

* **十二月二十七日星期四**

　　上午八時政工幹部講習會，國內外形勢。

　　上午十時五十分圓山民生哲學。

　　下午七時陳院長公館。

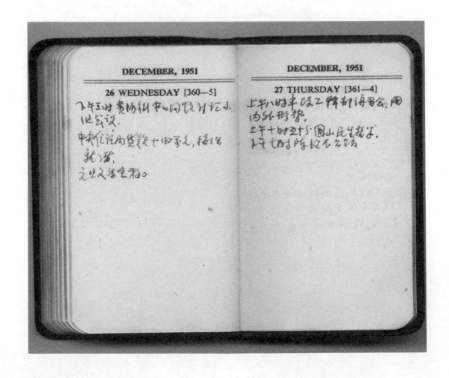

* 十二月二十八日星期五

　　正午林頂立公館（改明日）。

　　下午六時半長安東路蔣經國公館。

　　下午改委會討論文告動員部份，建議四項，余以電話達新竹，未經採納。

　　下十二時半，李炯文（？）問地方法院檢察處告余吃中華日報空款案，余到地方法院與范檢察官談話。

* 十二月二十九日星期六

　　上午，元旦文告完稿。

* 十二月三十日星期日

　　上午十時五十分圓山，本黨戰略。

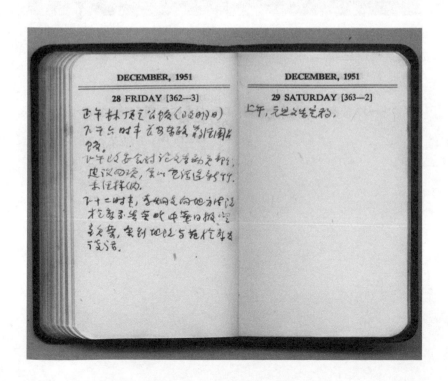

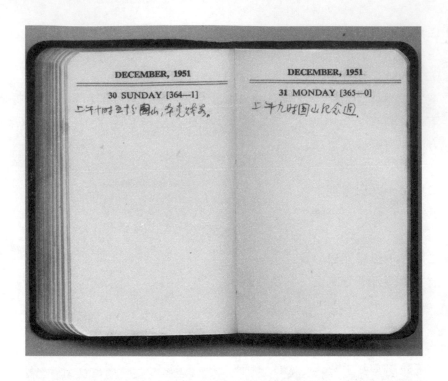

* **十二月三十一日星期一**

　　上午九時圓山紀念週。